IL PADRE

NATALE 1999

P. NINO CAVOTO

Tanti tanti auguguri a te
cara zia Anna e a tutta la
tua famiglia

Buon Natale

Imprimatur

† Nicola Rotunno, Arcivescovo

Stigliano, 1.6.1997

Le più belle preghiere della Bibbia

i Salmi

SHALOM

Hanno collaborato:
Commenti: Suor Maria Fabrizia dell'Agnello Immolato
Suor Maria Therese dell'Incarnazione CMOP

ISBN 88-86616-22-8

SHALOM

Per gli ordini rivolgersi alla:

Editrice Shalom
Via San Giuseppe, 57
60020 Camerata Picena (An)

Tel. 071. 74 50 440 r.a.
dal lunedì al venerdì
dalle 9 alle 19.00

Numero Verde
800 90 10 48

Fax 071. 74 50 140
in qualsiasi ora del giorno
e della notte, festivi compresi.

e-mail: ordina@editriceshalom.it
http:// www.editriceshalom.it

INDICE

Introduzione

Nella Lettera Apostolica Novo millennio ineunte ho auspicato che la Chiesa si distingua sempre di più "nell'arte della preghiera" apprendendola sempre nuovamente dalle labbra del divino Maestro (cfr n. 32). Tale impegno deve essere vissuto soprattutto nella Liturgia, fonte e culmine della vita ecclesiale. In questa linea è importante riservare una maggiore cura pastorale alla promozione della Liturgia delle Ore come preghiera di tutto il Popolo di Dio (cfr ivi, 34). Se, infatti, i sacerdoti e i religiosi hanno un preciso mandato di celebrarla, essa è però proposta caldamente anche ai laici. A questo mirò, poco più di trent'anni or sono, il mio venerato predecessore Paolo VI, con la costituzione Laudis canticum in cui determinava il modello vigente di questa preghiera, augurandosi che i Salmi e i Cantici, struttura portante della Liturgia delle Ore, fossero compresi "con rinnovato amore dal Popolo di Dio" (AAS 63 [1971], 532).

Potremmo introdurci alla comprensione dei Salmi attraverso varie vie. La prima consisterebbe nel presentare la loro struttura letteraria, i loro autori, la loro formazione, i contesti in cui sono nati. Suggestiva poi sarebbe una lettura che ne mettesse in evidenza il carattere poetico, che raggiunge talvolta altissimi livelli di intuizione lirica e di espressione simbolica. Non meno interessante sarebbe ripercorrere i Salmi considerando i vari sentimenti dell'animo umano che essi manifestano: gioia, riconoscenza, rendimento di grazie, amore, tenerezza, entusiasmo, ma anche intensa sofferenza, recriminazione, richiesta di aiuto e di giustizia, che sfociano talvolta in rabbia e imprecazione.

Nei Salmi l'essere umano ritrova se stesso interamente. La nostra lettura mirerà soprattutto a far emergere il significato religioso dei Salmi, mostrando come essi, pur essendo stati scritti tanti secoli fa per dei credenti ebrei, possono essere assunti nella preghiera dei discepoli di Cristo. Ci lasceremo per questo aiutare dai risultati dell'esegesi, ma insieme ci metteremo alla scuola della Tradizione, soprattutto ci porremo in ascolto dei Padri della Chiesa. Questi ultimi, infatti, con profonda penetrazione spirituale, hanno saputo discernere e additare la grande "chiave" di lettu-

ra dei Salmi in Cristo stesso, nella pienezza del suo mistero. I Padri ne erano ben convinti: nei Salmi si parla di Cristo. Infatti Gesù risorto applicò a se stesso i Salmi quando disse ai discepoli: "Bisogna che si compiano tutte le cose scritte su di me nella Legge di Mosè, nei Profeti e nei Salmi" (Lc 24,44). I Padri aggiungono che nei Salmi si parla a Cristo o è addirittura Cristo a parlare. Dicendo questo, essi non pensavano soltanto alla persona individuale di Gesù, ma al Christus totus, al Cristo totale, formato da Cristo capo e dalle sue membra. Nasce così, per il cristiano, la possibilità di leggere il Salterio alla luce di tutto il mistero di Cristo. Proprio quest'ottica ne fa emergere anche la dimensione ecclesiale, che è particolarmente evidenziata dal canto corale dei Salmi. Si comprende così come i Salmi abbiano potuto essere assunti, fin dai primi secoli, come preghiera del Popolo di Dio. Se, in alcuni periodi storici, emerse una tendenza a preferire altre preghiere, è stato grande merito dei monaci tenere alta nella Chiesa la fiaccola del Salterio. È interessante a tal proposito una stupenda lettera che sant'Atanasio scrisse a Marcellino nella prima metà del IV secolo, mentre l'eresia ariana imperversava attentando alla fede nella divinità di Cristo. Di fronte agli eretici che attiravano a sé la gente anche con canti e preghiere che ne gratificavano i sentimenti religiosi, il grande Padre della Chiesa si dedicò con tutte le sue forze a insegnare il Salterio trasmesso dalla Scrittura (cfr PG 27,12 ss.). Fu così che al "Padre Nostro", la preghiera del Signore per antonomasia, si aggiunse la prassi, presto divenuta universale fra i battezzati, della preghiera salmodica.

Grazie anche alla preghiera comunitaria dei Salmi, la coscienza cristiana ha ricordato e compreso che è impossibile rivolgersi al Padre che abita nei cieli senza un'autentica comunione di vita con i fratelli e le sorelle che abitano sulla terra. Non solo, ma inserendosi vitalmente nella tradizione orante degli ebrei, i cristiani impararono a pregare raccontando le grandi meraviglie compiute da Dio sia nella creazione del mondo e dell'umanità, sia nella storia di Israele e della Chiesa.

Udienza generale del 28 marzo 2001

Joannes Paulus pp. II

ABBREVIAZIONI BIBLICHE

Antico Testamento

Gn	Genesi
Es	Esodo
Lv	Levitico
Nm	Numeri
Dt	Deuteronomio
Gs	Giosuè
Gdc	Giudici
Rt	Rut
1 Sam	I libro di Samuele
2 Sam	II libro di Samuele
1 Re	I libro dei Re
2 Re	II libro dei Re
1 Cr	I libro delle Cronache
2 Cr	II libro delle Cronache
Esd	Esdra
Ne	Neemia
Tb	Tobia
Gdt	Giuditta
Est	Ester
1 Mac	I libro dei Maccabei
2 Mac	II libro dei Maccabei
Gb	Giobbe
Sal	Salmi
Prv	Proverbi
Qo	Qoelet
Ct	Cantico dei cantici
Sap	Sapienza
Sir	Siracide
Is	Isaia
Ger	Geremia
Lam	Lamentazioni
Bar	Baruc
Ez	Ezechiele
Dn	Daniele
Os	Osea
Gl	Gioele
Am	Amos
Abd	Abdia
Gio	Giona
Mic	Michea
Na	Naum
Ab	Abacuc
Sof	Sofonia
Ag	Aggeo
Zc	Zaccaria
Ml	Malachia

Nuovo Testamento

Mt	Vangelo di Matteo
Mc	Vangelo di Marco
Lc	Vangelo di Luca
Gv	Vangelo di Giovanni
At	Atti degli Apostoli
Rm	Lettera ai Romani
I Cor	I lettera ai Corinzi
II Cor	II lettera ai Corinzi
Gal	Lettera ai Galati
Ef	Lettera agli Efesini
Fil	Lettera ai Filippesi
Col	Lettera ai Colossesi
I Ts	I lettera ai Tessalonicesi
2 Ts	II lettera ai Tessalonicesi
ITm	Prima lettera a Timoteo
2Tm	Seconda lettera a Timoteo
Tt	Lettera a Tito
Fm	Lettera a Filemone
Eb	Lettera agli Ebrei
Gc	Lettera di Giacomo
I Pt	I lettera di Pietro
2 Pt	II lettera di Pietro
I Gv	I lettera di Giovanni
2 Gv	II lettera di Giovanni
3 Gv	III lettera di Giovanni
Gd	Lettera di Giuda
Ap	Apocalisse

SEGNI PER LA RECITA CORALE

1. — LA LINEETTA DOPO UN VERSETTO O A FINE PAGINA INDICA CHE LA STROFA CONTINUA E VA UNITA AL VERSETTO O ALLA PAGINA SEGUENTE.
2. * L'ASTERISCO DIVIDE IL VERSETTO IN DUE PARTI E INDICA UNA LEGGERA PAUSA.
3. † LA CROCE INDICA UN VERSETTO A TRE PARTI, VI SI FA UNA BREVISSIMA PAUSA O UNA FLESSIONE DEL TONO.

I salmi

Libro I

Salmo 1

Le due vie degli uomini

1 Beato l'uomo che non segue il consiglio degli empi, †
non indugia nella via dei peccatori *
e non siede in compagnia degli stolti;

2 ma si compiace della legge del Signore, *
la sua legge medita giorno e notte.

3 Sarà come albero piantato lungo corsi d'acqua, *
che darà frutto a suo tempo
e le sue foglie non cadranno mai; *
riusciranno tutte le sue opere.

4 Non così, non così gli empi: *
ma come pula che il vento disperde;
5 perciò non reggeranno gli empi nel giudizio, *
né i peccatori nell'assemblea dei giusti.

6 Il Signore veglia sul cammino dei giusti, *
ma la via degli empi andrà in rovina.

Due vie, due destini diversi: il giusto e l'empio. Il primo non aderisce ai vani discorsi e alle massime perverse degli empi, non si conforma, nella sua condotta, al loro cattivo comportamento e rifugge dalla compagnia corruttrice di coloro che si beffano della religione. Trova, invece, nella legge del Signore la sua gioia, la medita, ripetendone tra sé e sé le parole. Tutte le sue opere ed imprese avranno successo. L'empio, invece che come pula spazzata via dal vento, troverà in giudizio la sua condanna, e per lui non ci sarà posto nelle assemblee dei giusti. Al di sopra dell'uno e del-

l'altro, un giudice supremo, Dio, di fronte al quale, in direzione completamente opposta, si muovono la via del giusto, illuminata dalla verità e quella dell'empio che inevitabilmente porta alla rovina. Preghiamo affinché le radici della nostra vita spirituale siano ben profonde e ben piantate in un terreno fecondo; solo così potranno sempre nascere buoni frutti, maturati al sole dell'amore del Signore, e non foglie, figlie del peccato, che il vento non può fare altro che disperdere.

Preghiera

Padre, siamo come pula dispersa dal vento, pietà di noi peccatori. Aiuta la nostra fede perché possiamo ogni giorno mostrarti più amore. Fa' che le radici di ogni nostra azione siano ben salde in te e che, meditando e osservando la tua legge, siamo sempre fedeli ai nostri impegni, possiamo vivere nella tua grazia e così riconoscerci in quell'albero piantato sulle rive del fiume, carico di frutti di vita eterna. **Amen.**

SALMO 2

IL RE MESSIA

1 Perché le genti congiurano, *
perché invano cospirano i popoli?

2 Insorgono i re della terra †
e i principi congiurano insieme *
contro il Signore e contro il suo Messia:

3 “Spezziamo le loro catene, *
gettiamo via i loro legami”.

4 Se ne ride chi abita i cieli, *
li schernisce dall’alto il Signore.

5 Egli parla loro con ira, *
li spaventa nel suo sdegno:
6 “Io l’ho costituito mio sovrano *
sul Sion mio santo monte”.

7 Annunzierò il decreto del Signore. †
Egli mi ha detto: “Tu sei mio figlio, *
io oggi ti ho generato.

8 Chiedi a me, ti darò in possesso le genti *
e in dominio i confini della terra.
9 Le spezzerai con scettro di ferro, *
come vasi di argilla le frantumerai”.

10 E ora, sovrani, siate saggi, *
istruitevi, giudici della terra;
11 servite Dio con timore *
e con tremore esultate;

12 che non si sdegni
e voi perdiate la via. †
Improvvisa divampa la sua ira. *
Beato chi in lui si rifugia.

La successione, spesso oscura e fragile, delle vicende umane apparentemente sembra muoversi nel caos, in realtà, segue un itinerario ben tracciato da Dio; non un cieco agitarsi di destini o un processo meccanico di forze che si superano; esiste un filo conduttore che pur nascosto sotto la superficie, spesso non entusiasmante, dei fatti, porta verso il punto definitivo: il Cristo.
È proprio nel cuore di ogni uomo che Cristo intende stabilire il proprio regno. Satana continua a raccogliere alleati nella sua ribellione, e ogni giorno si rinnovano le congiure dei re della terra e il tumulto dei popoli contro chi, ancora peregrinante in terra, segue le orme del Signore nella tribolazione e nella persecuzione. Ma coloro che perseverano in Cristo nelle prove, in Cristo saranno glorificati. Con la nostra fede e la nostra condotta collaboriamo con il Signore all'instaurarsi del suo regno nel mondo.

Preghiera

Dio, Padre dei credenti che hai costituito nostro re Cristo crocifisso e risorto, ascolta la nostra preghiera: concedici di servirlo con timore, superando le insidie dei nemici, per poter partecipare, con gioia, alla sua eterna gloria. **Amen.**

SALMO 3

INVOCAZIONE DEL GIUSTO PERSEGUITATO

1 *Salmo di Davide quando fuggiva il figlio Assalonne.*

2 Signore, quanti sono i miei oppressori! *
Molti contro di me insorgono.
3 Molti di me vanno dicendo: *
"Neppure Dio lo salva!".

4 Ma tu, Signore, sei mia difesa, *
tu sei mia gloria e sollevi il mio capo.
5 Al Signore innalzo la mia voce *
e mi risponde dal suo monte santo.

6 Io mi corico e mi addormento, *
mi sveglio perché il Signore mi sostiene.

7 Non temo la moltitudine di genti †
che contro di me si accampano. *
8 Sorgi, Signore, salvami, Dio mio.

Hai colpito sulla guancia i miei nemici, *
hai spezzato i denti ai peccatori.
9 Del Signore è la salvezza: *
sul tuo popolo la tua benedizione.

L'esistenza umana è come un campo di battaglia, essa trascorre in mezzo a pericoli, insidie e miserie di ogni genere. Se guardiamo dentro al nostro cuore ci scopriamo inclinati al male e immersi in tante miserie che non possono certo derivare da Dio che è buono. Allora, scopriamo che i nostri veri oppressori sono le nostre stesse inclinazioni al male, le cattive passioni, le varie tentazioni della vita; ma il Signore è attento al grido della nostra anima ed è pronto a correre in aiuto per confortarci con la sua benevolenza e con la sua forza divina. Egli ha subito per noi il sonno della morte, perché noi non ci addormentassimo più nella morte: preghiamo, allora, perché la sua risurrezione ci aiuti a rialzarci dal letto dei nostri peccati e, dopo essere stati salvati a prezzo del suo sangue, possiamo sfuggire al castigo riservato ai peccatori.

Preghiera

Padre, fa' che partecipando ogni giorno alla Passione di Cristo, nelle piccole e grandi difficoltà della nostra vita, possiamo anche essere partecipi della sua risurrezione. **Amen.** X

Salmo 4

Rendimento di grazie

Al maestro del coro. Per strumenti a corda.
Salmo. Di Davide.

2 Quando ti invoco, rispondimi,
Dio, mia giustizia: †
dalle angosce mi hai liberato; *
pietà di me, ascolta la mia preghiera.

3 Fino a quando, o uomini, sarete duri di cuore? *
Perché amate cose vane
e cercate la menzogna?

4 Sappiate che il Signore
fa prodigi per il suo fedele: *
il Signore mi ascolta quando lo invoco.

5 Tremate e non peccate, *
sul vostro giaciglio riflettete e placatevi.

6 Offrite sacrifici di giustizia *
e confidate nel Signore.

7 Molti dicono: "Chi ci farà vedere il bene?". *
Risplenda su di noi, Signore,
la luce del tuo volto.

8 Hai messo più gioia nel mio cuore, *
di quando abbondano vino e frumento.

9 In pace mi corico e subito mi addormento: *
tu solo, Signore, al sicuro mi fai riposare.

Il nostro vero riposo è Dio, in lui solo si pacifica la nostra agitata esistenza terrena, come il corso impetuoso di un fiume si placa nella misteriosa e calma profondità del mare.
Rivolgiamo con fiducia la nostra preghiera al Signore, invochiamo il suo aiuto perché egli fa prodigi per chi in lui crede e ascolta coloro che lo invocano. A chi diffida del Signore, mostriamo quella gioia interiore che soltanto Dio può dare e che è di gran lunga superiore alla felicità che deriva dal possesso dei beni terreni. Al termine della nostra giornata andiamo a riposare con animo sereno, avvolti dalla pace del Signore.

Preghiera

O Dio, giorno senza tramonto, illumina con la luce del tuo volto questa notte, affinché possiamo coricarci nella tua pace e riposare al sicuro; all'alba del nuovo giorno potremo, nella letizia, cantare le nostre lodi al Cristo risorto. **Amen.**

SALMO 5

PREGHIERA DEL MATTINO PER AVER L'AIUTO DEL SIGNORE

1 *Al Maestro del coro. Per flauti. Salmo. Di Davide.*

2 Porgi l'orecchio, Signore, alle mie parole: *
intendi il mio lamento.

3 Ascolta la voce del mio grido, †
o mio re e mio Dio,
perché ti prego, Signore.

4 Al mattino ascolta la mia voce; *
fin dal mattino t'invoco e sto in attesa.

5 Tu non sei un Dio che si compiace del male; †
presso di te il malvagio non trova dimora; *
6 gli stolti non sostengono il tuo sguardo.

Tu detesti chi fa il male, †
7 fai perire i bugiardi. *
Il Signore detesta sanguinari e ingannatori.

8 Ma io per la tua grande misericordia †
entrerò nella tua casa; *
mi prostrerò con timore nel tuo santo tempio.

9 Signore, guidami con giustizia
di fronte ai miei nemici; *
spianami davanti il tuo cammino.

10 Non c'e sincerità sulla loro bocca, *
è pieno di perfidia il loro cuore;
la loro gola è un sepolcro aperto *
la loro lingua è tutta adulazione.

11 Condannali, o Dio, soccombano alle loro trame, †
per tanti loro delitti disperdili, *
perché a te si sono ribellati.

12 Gioiscano quanti in te si rifugiano, *
esultino senza fine.
Tu li proteggi e in te si allieteranno
quanti amano il tuo nome.

13 Signore, tu benedici il giusto: *
come scudo lo copre la tua benevolenza.

Dio odia il male, fa perire i bugiardi e detesta i sanguinari e gli ingannatori e benedice il giusto e lo protegge con lo scudo della sua benevolenza. Adeguiamo la nostra preghiera e la nostra vita a questo modo di agire di Dio e collaboriamo con lui per il trionfo della giustizia e dell'amore contro ogni forma di corruzione e di male. Ispiriamo a questi sentimenti la nostra preghiera all'inizio di ogni giornata, quando stiamo per accostarci alla santità del Signore nella celebrazione dell'Eucaristia, affinché egli ci guidi nella sua giustizia e ci aiuti durante la giornata a vivere secondo la sua volontà.

Preghiera

Signore, che non ti compiaci del male, ma lo detesti, porgi l'orecchio alla nostra preghiera: guida i nostri passi nel retto cammino segnato da Cristo affinché possiamo entrare nella tua casa ed allietarci in te senza fine. **Amen.**

Salmo 6

Un malato implora il suo Dio

1 *Al maestro del coro. Per strumenti, a corda.*
Sull'ottava. Salmo.

2 Signore, non punirmi nel tuo sdegno, *
non castigarmi nel tuo furore.
3 Pietà di me, Signore: vengo meno; *
risanami, Signore: tremano le mie ossa.

4 L'anima mia è tutta sconvolta, *
ma tu, Signore, fino a quando?
5 Volgiti, Signore, a liberarmi, *
salvami per la tua misericordia.

6 Nessuno tra i morti ti ricorda. *
Chi negli inferi canta le tue lodi?

7 Sono stremato dai lunghi lamenti, †
ogni notte inondo di pianto il mio giaciglio, *
irroro di lacrime il mio letto.

8 I miei occhi si consumano nel dolore, *
invecchio fra tanti miei oppressori.

9 Via da me voi tutti che fate il male, *
il Signore ascolta la voce del mio pianto.

10 Il Signore ascolta la mia supplica, *
il Signore accoglie la mia preghiera.

11 Arrossiscano e tremino i miei nemici, *
confusi, indietreggino all'istante.

Il vero e più grave male che può colpire l'uomo è il peccato, radice di tutti gli altri mali fisici e morali.
La presenza del peccato nella vita dell'uomo è causa di angoscia, di inquietudine; il peccato avvolge l'esistenza di un'atmosfera di inferno, perché è privazione di Dio, della sua luce, della sua libertà, del suo amore.
Per risorgere da questa morte, per risanare le nostre infermità spirituali, il Signore ci invita a porre nel nostro cuore odio e avversione al peccato.

Preghiera

O Dio, consolatore e nostro salvatore, che in Cristo vinci la morte e doni la vita, riconosciamo di essere peccatori; fiduciosi nei meriti di Gesù, ti supplichiamo di risanarci, affinché lontani dal peccato, possiamo per sempre godere della pace che solo tu sai dare e cantare in eterno le tue lodi. **Amen.**

Salmo 7

Preghiera di un giusto calunniato

1 *Lamento che Davide rivolse al Signore*
per le parole di Cus il Beniaminita.

2 Signore, mio Dio, in te mi rifugio: *
salvami e liberami da chi mi perseguita,
3 perché non mi sbrani come un leone, *
non mi sbrani senza che alcuno mi salvi.

4 Signore mio Dio, se così ho agito: *
se c'è iniquità sulle mie mani,
5 se ho ripagato il mio amico con il male, *
se a torto ho spogliato i miei avversari,

6 il nemico m'insegua e mi raggiunga, †
calpesti a terra la mia vita *
e trascini nella polvere il mio onore.

7 Sorgi, Signore, nel tuo sdegno, †
levati contro il furore dei nemici, *
alzati per il giudizio che hai stabilito.

8 L'assemblea dei popoli ti circondi: *
dall'alto volgiti contro di essa.

9 Il Signore decide la causa dei popoli: †
giudicami, Signore, secondo la mia giustizia, *
secondo la mia innocenza, o Altissimo.

10 Poni fine al male degli empi; †
rafforza l'uomo retto, *
tu che provi mente e cuore, Dio giusto.

11 La mia difesa è nel Signore, *
egli salva i retti di cuore.
12 Dio è giudice giusto, *
ogni giorno si accende il suo sdegno.

13 Non torna forse ad affilare la spada, *
a tendere e puntare il suo arco?
14 Si prepara strumenti di morte, *
arroventa le sue frecce.

15 Ecco, l'empio produce ingiustizia, *
concepisce malizia, partorisce menzogna.
16 Egli scava un pozzo profondo *
e cade nella fossa che ha fatto;

17 la sua malizia ricade sul suo capo, *
la sua violenza gli piomba sulla testa.
18 Loderò il Signore per la sua giustizia *
e canterò il nome di Dio, l'Altissimo.

Dio ha posto nell'uomo, creandolo a sua immagine e somiglianza, un profondo sentimento di giustizia e di verità e gli rivolge il suo invito a collaborare in difesa della giustizia, ricordando le parole del Cristo "tutto ciò che farete al più piccolo dei miei fratelli, lo avrete fatto a me".

Preghiera

Padre, ogni uomo ha in sé chi lo giudica e lo condanna nell'atto stesso in cui pecca: è la propria coscienza, che fa conoscere in modo mirabile una legge che tu hai posto nel nostro cuore e che trova compimento solo nell'amore volto a te e al prossimo. Fa' che io ti cerchi sempre con cuore puro, e che la giustizia e la verità siano sempre ii fari che illuminano le mie giornate. **Amen.**

Salmo 8

Grandezza del Signore e dignità dell'uomo

1 *Al maestro di coro. Sul canto: "I torchi...".*
Salmo. Di Davide.

2 O Signore, nostro Dio, †
quanto è grande il tuo nome
su tutta la terra: *
sopra i cieli si innalza la tua magnificenza.

3 Con la bocca dei bimbi e dei lattanti †
affermi la tua potenza contro i tuoi avversari, *
per ridurre al silenzio nemici e ribelli.

4 Se guardo il tuo cielo, opera delle tue dita, *
la luna e le stelle che tu hai fissate,
5 che cosa è l'uomo perché te ne ricordi *
e il figlio dell'uomo perché te ne curi?

6 Eppure l'hai fatto poco meno degli angeli, *
di gloria e di onore lo hai coronato:
7 gli hai dato potere sulle opere delle tue mani, *
tutto hai posto sotto i suoi piedi;

8 tutti i greggi e gli armenti, *
tutte le bestie della campagna;
9 gli uccelli del cielo e i pesci del mare, *
che percorrono le vie del mare.

10 O Signore, nostro Dio, *
quanto è grande il tuo nome su tutta la terra!

Creato ad immagine di Dio, l'uomo ha ricevuto il comando di sottomettere a sé la terra con tutto quanto essa contiene e di governare il mondo nella giustizia e nella santità, come anche di riportare a Dio se stesso e l'universo intero, riconoscendo in lui il creatore di tutte le cose; in modo che, nella subordinazione di tutta la realtà all'uomo, sia glorificato il nome di Dio su tutta la terra.

Preghiera

O Dio, che in modo mirabile ci hai creati, redenti e rinnovati, accogli la nostra lode per le tue meraviglie, ed aiutaci ad essere degni della grandezza alla quale ci hai elevati. Il dominio dell'uomo sul creato non conosce confini, o Padre; concesso in amministrazione da te, spesso si rivela piuttosto una tirannia vanitosa, cieca e crudele. Insegnaci ad avere rispetto di tutto il creato e a compiere tutte le nostre azioni allo scopo di conseguire una maggiore giustizia, una più estesa fraternità e un ordine più umano nei rapporti sociali. Solo tu, o Dio, regni sull'universo con quel dominio di pace e di amore che prepara il nuovo mondo coi nuovi cieli e la nuova terra. **Amen.**

SALMO 9-10

DIO ABBATTE GLI EMPI E SALVA GLI UMILI

1 *Al maestro del coro. In sordina. Salmo. Di Davide.*

2 Ti loderò, Signore, con tutto il cuore *
e annunzierò tutte le tue meraviglie.
3 Gioisco in te ed esulto, *
canto inni al tuo nome, o Altissimo.

4 Mentre i miei nemici retrocedono, *
davanti a te inciampano e periscono,
5 perché hai sostenuto il mio diritto e la mia causa; *
siedi in trono giudice giusto.

6 Hai minacciato le nazioni, †
hai sterminato l'empio, *
il loro nome hai cancellato in eterno, per sempre.

7 Per sempre sono abbattute le fortezze del nemico, *
è scomparso il ricordo
delle città che hai distrutte.

8 Ma il Signore sta assiso in eterno; *
erige per il giudizio il suo trono:
9 giudicherà il mondo con giustizia, *
con rettitudine deciderà le cause dei popoli.

10 Il Signore sarà un riparo per l'oppresso, *
in tempo di angoscia un rifugio sicuro.
11 Confidino in te quanti conoscono il tuo nome,
perché non abbandoni chi ti cerca, Signore.

12 Cantate inni al Signore, che abita in Sion, *
narrate tra i popoli le sue opere.
13 Vindice del sangue, egli ricorda, *
non dimentica il grido degli afflitti.

14 Abbi pietà di me, Signore, †
vedi la mia miseria, opera dei miei nemici, *
tu che mi strappi dalle soglie della morte,

15 perché possa annunziare le tue lodi, †
esultare per la tua salvezza *
alle porte della città di Sion.

16 Sprofondano i popoli
nella fossa che hanno scavata, *
nella rete che hanno teso
si impiglia il loro piede.

17 Il Signore si è manifestato, ha fatto giustizia; *
l'empio è caduto nella rete,
opera delle sue mani.

18 Tornino gli empi negli inferi, *
tutti i popoli che dimenticano Dio.
19 Perché il povero non sarà dimenticato, *
la speranza degli afflitti non resterà delusa.

20 Sorgi, Signore, non prevalga l'uomo: *
davanti a te siano giudicate le genti.
21 Riempile di spavento, Signore, *
sappiano le genti che sono mortali.

22 Perché, Signore, stai lontano, *

nel tempo dell'angoscia ti nascondi?
23 Il misero soccombe all'orgoglio dell'empio *
e cade nelle insidie tramate.

24 L'empio si vanta delle sue brame, *
l'avaro maledice, disprezza Dio.

25 L'empio insolente disprezza il Signore: †
"Dio non se ne cura: Dio non esiste"; *
questo è il suo pensiero.

26 Le sue imprese riescono sempre. †
Son troppo in alto per lui i tuoi giudizi: *
disprezza tutti i suoi avversari.

27 Egli pensa: "Non sarò mai scosso, *
vivrò sempre senza sventure".

28 Di spergiuri, di frodi e d'inganni ha piena la bocca, *
sotto la sua lingua sono iniquità e sopruso.

29 Sta in agguato dietro le siepi, *
dai nascondigli uccide l'innocente.

30 I suoi occhi spiano l'infelice, *
Sta in agguato nell'ombra come un leone nel covo.
Sta in agguato per ghermire il misero, *
ghermisce il misero attirandolo nella rete.

31 Infierisce di colpo sull'oppresso, *
cadono gl'infelici sotto la sua violenza.
32 Egli pensa: "Dio dimentica, *
nasconde il volto, non vede più nulla".

33 Sorgi, Signore, alza la tua mano, *
non dimenticare i miseri.
34 Perché l'empio disprezza Dio *
e pensa: "Non ne chiederà conto"?

35 Eppure tu vedi l'affanno e il dolore, *
tutto tu guardi e prendi nelle tue mani.
A te si abbandona il misero, *
dell'orfano tu sei il sostegno.

36 Spezza il braccio dell'empio e del malvagio; *
punisci il suo peccato e più non lo trovi.

37 Il Signore è re in eterno, per sempre: *
dalla sua terra sono scomparse le genti.

38 Tu accogli, Signore, il desiderio dei miseri, *
rafforzi i loro cuori, porgi l'orecchio
39 per far giustizia all'orfano e all'oppresso; *
e non incuta più terrore l'uomo fatto di terra.

Quando all'uomo è tolta ogni altra possibilità fuorché quella di sperare nel Signore, allora si manifesta in lui la vera povertà interiore e Dio trova una strada per rientrare nell'uomo. La preghiera conforti il nostro animo nel momento della prova. Al momento opportuno, il Signore farà giustizia, allora, apparirà tutta la nullità dell'esistenza degli uomini malvagi, sui quali ricadrà il male da essi compiuto e i poveri possederanno il Regno dei cieli.

Preghiera

O Dio, infinitamente buono, porgi l'orecchio al grido di tutti i sofferenti, affinché possa ogni uomo riconoscerti consolatore nella tristezza e aiuto nella tribolazione. Sii il nostro conforto nel momento della prova e ridesta nei nostri cuori la speranza. Quando il mondo si rivolta contro di noi e sembra aver ragione, fa' in modo, o Padre, che la morte di Cristo sempre ci ricordi che proprio a questo punto ha inizio la rivincita di chi accetta con Cristo la persecuzione e il dolore. **Amen.**

Salmo 10

Nel Signore è la fiducia del giusto

1 *Al maestro del coro. Di Davide.*

Nel Signore mi sono rifugiato, come potete dirmi: *
"Fuggi come un passero verso il monte"?

2 Ecco, gli empi tendono l'arco, †
aggiustano la freccia sulla corda *
per colpire nel buio i retti di cuore.

3 Quando sono scosse le fondamenta, *
il giusto che cosa può fare?

4 Ma il Signore nel tempio santo, *
il Signore ha il trono nei cieli.

I suoi occhi sono aperti sul mondo, *
le sue pupille scrutano ogni uomo.
5 Il Signore scruta giusti ed empi, *
egli odia chi ama la violenza.

6 Farà piovere sugli empi,
brace, fuoco e zolfo, *
vento bruciante toccherà loro in sorte.

7 Giusto è il Signore, ama le cose giuste; *
gli uomini retti vedranno il suo volto.

Quando sono scosse le fondamenta, il giusto cosa può fare? Assediato e premuto esternamente da mille pericoli e contrasti, egli vive interiormente nella luce e nella pace di Dio ed è una fortezza inespugnabile, perché Dio è la sua difesa. L'anima del giusto diviene come un tempio santo, un piccolo cielo, un castello interiore, una cella dove abita Dio e dove è necessario saper rientrare e rifugiarsi col raccoglimento e la preghiera per riprendere forza contro la minaccia che viene dal di fuori. Raccogliersi in tal modo diventa un modo per stare al cospetto di Dio ed essere a lui rivolti attraverso la fede.

Preghiera

Signore, quando tutto sembra perduto, fa' che io possa ricordare che tu sei sempre presente, tu osservi ogni cosa e al momento opportuno entri in azione e porti conforto e salvezza. Questa certezza mi aiuti in tutte le prove che incontrerò e porti pace ai miei giorni. **Amen.**

Salmo 11

Supplica contro il mondo menzognero

1 *Al maestro del coro. Sull'ottava. Salmo. Di Davide.*

2 Salvami, Signore! Non c'è più un uomo fedele; *
è scomparsa la fedeltà tra i figli dell'uomo.
3 Si dicono menzogne l'uno all'altro, *
labbra bugiarde parlano con cuore doppio.

4 Recida il Signore le labbra bugiarde, *
la lingua che dice parole arroganti,

5 quanti dicono: "Per la nostra lingua siamo forti, †
ci difendiamo con le nostre labbra: *
chi sarà nostro padrone?".

6 "Per l'oppressione dei miseri e il gemito dei poveri, †
io sorgerò, dice il Signore, *
metterò in salvo chi è disprezzato".

7 I detti del Signore sono puri, †
argento raffinato nel crogiuolo, *
purificato nel fuoco sette volte.

8 Tu, o Signore, ci custodirai, *
ci guarderai da questa gente per sempre.
Mentre gli empi si aggirano intorno, *
emergono i peggiori tra gli uomini.

Perseguitato da bocche menzognere e condannato a morte da false testimonianze; questa è la storia del Cristo, questa è la storia di ogni cristiano che ogni giorno, in un mondo dominato dalla menzogna, è costretto a lottare contro la falsità e l'ipocrisia di uomini che deliberatamente scelgono di essere servitori delle tenebre. Chiediamo al Signore di essere custoditi e protetti da coloro che hanno fatto della menzogna il principio primo della propria esistenza, e allo stesso tempo di fare in modo che non abbia mai ad insinuarsi, nel nostro modo di pensare o di agire, ombra alcuna di falsità e slealtà.
Rivestiti della fede in Cristo, volgiamoci esclusivamente al giusto giudizio di Dio ed accogliamo con cuore sincero i suoi comandi.

Preghiera

Padre, fa' che io possa sempre essere un figlio della luce per portare ovunque giustizia e che l'amore, il rispetto della verità, il retto uso della parola siano sempre il mio segno distintivo.
Che nessuna parola cattiva esca più dalla mia bocca, ma piuttosto parole buone che possano servire per l'edificazione di chi mi ascolterà. **Amen.**

Salmo 12

Lamento di un giusto nella prova

1 *Al maestro del coro. Salmo. Di Davide.*

2 Fino a quando, Signore, continuerai a dimenticarmi? *
Fino a quando mi nasconderai il tuo volto?

3 Fino a quando nell'anima mia proverò affanni, †
tristezza nel cuore ogni momento? *
Fino a quando su di me trionferà il nemico?

4 Guarda, rispondimi, Signore mio Dio, †
conserva la luce ai miei occhi, *
perché non mi sorprenda il sonno della morte,

5 perché il mio nemico non dica: "L'ho vinto!" *
e non esultino i miei avversari quando vacillo.

6 Nella tua misericordia ho confidato. †
Gioisca il mio cuore nella tua salvezza *
e canti al Signore, che mi ha beneficato.

Nei momenti di tentazione, di aridità spirituale, di sofferenza fisica e morale, il Signore ci assicura che è vicino e che attende il grido della nostra fede per venirci in aiuto. Egli non potrebbe dare la sua salvezza a chi non la desidera. Confidiamo nel suo amore, esultiamo nella sua salvezza.

Preghiera

Gesù, se dovessi camminare sul mare tra venti e onde, non temerei perché tu sei con me.

Ma se un giorno il timore dovesse sorprendermi, allora griderò con tutta la mia forza il tuo nome: tu stenderai la tua mano per camminare con me e io sarò salvo. **Amen.**

Salmo 13

Stoltezza degli esempi

1 *Al maestro del coro. Di Davide.*

Lo stolto pensa: “Non c’è Dio”. †
Sono corrotti, fanno cose abominevoli: *
nessuno più agisce bene.

2 Il Signore dal cielo si china sugli uomini †
per vedere se esista un saggio: *
se c’è uno che cerchi Dio.

3 Tutti hanno traviato, sono tutti corrotti; *
più nessuno fa il bene, neppure uno.
4 Non comprendono nulla tutti i malvagi, *
che divorano il mio popolo come il pane?

5 Non invocano Dio: tremeranno di spavento, *
perché Dio è con la stirpe del giusto.
6 Volete confondere le speranze del misero, *
ma il Signore è il suo rifugio.

7 Venga da Sion la salvezza d’Israele! †
Quando il Signore ricondurrà il suo popolo, *
esulterà Giacobbe e gioirà Israele.

La ragione più alta dell’uomo consiste nella sua comunione con Dio. Fin dal suo nascere l’uomo è chiamato al dialogo con Dio principio e fine della sua vita. È l’amore di Dio, infatti, l’origine della creazione dell’uomo, della sua conservazione e, quindi, anche del senso e della pienezza della sua esistenza. Per cui, solo affidandosi a Dio e al suo amore, l'uomo trova il vero se stesso e la verità della sua esistenza. Purtroppo, però, la stoltezza grava sulla mente e sul cuore di ogni uomo, s'insinua nei pensieri, nelle parole e nelle azioni e lo porta a dubitare di Dio fino a negare la sua esistenza o a vivere come se non esistesse. Ma l'uomo non si rende conto che negando o ignorando Colui alla cui immagine e somiglianza è stato fatto, egli rinnega e distrugge se stesso.

Preghiera

Signore, abbi pietà di me tutte le volte che penserò di poter fare qualcosa senza di te. Aiutami a riscoprire il tuo amore misericordioso e a capire che soltanto vicino a te posso raggiungere la vera gioia. **Amen.**

Salmo 14

Chi è degno di stare davanti al Signore?

1 *Salmo. Di Davide.*

Signore, chi abiterà nella tua tenda? *
Chi dimorerà sul tuo santo monte?
2 Colui che cammina senza colpa, *
agisce con giustizia e parla lealmente,

3 chi non dice calunnia con la lingua, †
non fa danno al suo prossimo *
e non lancia insulto al suo vicino.

4 Ai suoi occhi è spregevole il malvagio, *
ma onora chi teme il Signore.

Anche se giura a suo danno, non cambia; †
5 presta denaro senza fare usura, *
e non accetta doni contro l'innocente.

Colui che agisce in questo modo *
resterà saldo per sempre.

Cosa deve fare l'uomo per ottenere la vita eterna? Gesù stesso ha risposto che i suoi discepoli si riconosceranno da quanto si amano: ecco il segreto! Non può essere ospite di Dio chi non rispetta e ama il suo prossimo e non agisce con lealtà e sincerità nei suoi confronti. Tale rispetto è la base di ogni convivenza sociale; perfezionato dalla carità evangelica, che è donazione disinteressata, diviene espressione di vita perfetta nel mistico corpo di Cristo.

Preghiera

Padre, chi non ama rimane nella morte e chiunque odia il proprio fratello è omicida e in se stesso non possiede la vita eterna. Dal Cristo che ha dato la sua vita per noi, abbiamo conosciuto l'amore; fa', o Padre, che anch'io sia sempre pronto a dare la mia vita per i miei fratelli e che il mio non sia un amore fatto solo di parole, ma di gesti concreti e, se necessario, anche di sacrifici e privazioni. **Amen.**

Salmo 15

Il Signore è mia eredità

1 *Miktam. Di Davide.*

Proteggimi, o Dio: *
in te mi rifugio,
2 Ho detto a Dio: "Sei tu il mio Signore, *
senza di te non ho alcun bene".

3 Per i santi, che sono sulla terra, uomini nobili, *
è tutto il mio amore.

4 Si affrettino altri a costruire idoli: †
io non spanderò le loro libazioni di sangue *
né pronunzierò con le mie labbra i loro nomi.

5 Il Signore è mia parte di eredità e mio calice: *
nelle tue mani è la mia vita.
6 Per me la sorte è caduta su luoghi deliziosi, *
la mia eredità è magnifica.

7 Benedico il Signore che mi ha dato consiglio; *
anche di notte il mio cuore mi istruisce.
8 Io pongo sempre innanzi a me il Signore, *
sta alla mia destra, non posso vacillare.

9 Di questo gioisce il mio cuore, †
esulta la mia anima; *
anche il mio corpo riposa al sicuro,

10 perché non abbandonerai la mia vita nel sepolcro, *
né lascerai che il tuo santo veda la corruzione.

11 Mi indicherai il sentiero della vita, †
gioia piena nella tua presenza, *
dolcezza senza fine alla tua destra.

Per il cristiano Dio è l'unico e sommo bene; ogni idolo che entra nella nostra vita la impoverisce fino a distruggerla, perché toglie a Dio i suoi diritti e esaurisce la fonte vitale dell'esistenza umana. Solo nel Signore è la nostra gioia, la nostra pace e la promessa sicura di una vita eterna.

Preghiera

Signore, tu sei la sola ragione della mia gioia, vicino a te è felicità senza fine. Dolcezza infinita è saperti alla mia destra.
Ti ho cercato in tanti luoghi, nelle cose più strane e particolari, poi stanco mi sono fermato, ho semplicemente pronunciato il tuo nome e finalmente ti ho trovato. **Amen.**

Salmo 16

Dio speranza dell'innocente perseguitato

1 *Preghiera. Di Davide.*

Accogli, Signore, la causa del giusto, *
sii attento al mio grido.
Porgi l'orecchio alla mia preghiera: *
sulle mie labbra non c'è inganno.

2 Venga da te la mia sentenza, *
i tuoi occhi vedano la giustizia.
3 Saggia il mio cuore, scrutalo di notte, *
provami al fuoco, non troverai malizia.

La mia bocca non si è resa colpevole, *
4 secondo l'agire degli uomini;
seguendo la parola delle tue labbra, *
ho evitato i sentieri del violento.

5 Sulle tue vie tieni saldi i miei passi *
e i miei piedi non vacilleranno.

6 Io t'invoco, mio Dio: *
dammi risposta;
porgi l'orecchio, *
ascolta la mia voce,

7 mostrami i prodigi del tuo amore: *
tu che salvi dai nemici
chi si affida alla tua destra.

8 Custodiscimi come pupilla degli occhi, *
proteggimi all'ombra delle tue ali,
9 di fronte agli empi che mi opprimono, *
ai nemici che mi accerchiano.

10 Essi hanno chiuso il loro cuore, *
le loro bocche parlano con arroganza.
11 Eccoli, avanzano, mi circondano, *
puntano gli occhi per abbattermi;

12 simili a un leone che brama la preda, *
a un leoncello che si apposta in agguato.

13 Sorgi, Signore, affrontalo, abbattilo; *
con la tua spada scampami dagli empi,
14 con la tua mano, Signore, dal regno dei morti *
che non hanno più parte in questa vita.

Sazia pure dei tuoi beni il loro ventre, *
se ne sazino anche i figli *
e ne avanzi per i loro bambini.

15 Ma io per la giustizia contemplerò il tuo volto, *
al risveglio mi sazierò della tua presenza.

Nelle difficoltà della vita è un grande conforto poter parlare con Dio, soprattutto quando la nostra coscienza ci può rassicurare sulla nostra innocenza; egli è buono e misericordioso, ci ascolta e ci risponde nell'istante stesso in cui lo invochiamo. Se la nostra preghiera è fatta davvero con il cuore, essa diventa un vero dialogo con Dio; e proprio nella preghiera il Signore ci reca conforto, ci rasserena, ci dà la possibilità di sentire la sua presenza accanto a noi. L'apparente successo dei cattivi non turbi mai la nostra fede.

Il vero cristiano sa, infatti, che Dio è preferibile al mondo intero e che la vera felicità consiste nel vivere con lui, in attesa del momento in cui i nostri occhi si apriranno alla vera vita.

Preghiera

Dio, speranza di ogni innocente perseguitato, dona a noi serenità nelle persecuzioni; siamo certi che superate le nostre difficoltà, incontreremo un giorno il tuo volto radioso. **Amen.**

SALMO 17

CANTO DI RINGRAZIAMENTO

1 *Al maestro del coro. Di Davide, servo del Signore,*
che rivolse al Signore le parole di questo canto,
quando il Signore lo liberò dal potere
di tutti i suoi nemici,
2 *e dalla mano di Saul. Disse dunque:*

Ti amo, Signore, mia forza, *
3 Signore, mia roccia,
mia fortezza, mio liberatore;

mio Dio, mia rupe, in cui trovo riparo; *
mio scudo e baluardo, mia potente salvezza.

4 Invoco il Signore, degno di lode, *
e sarò salvato dai miei nemici.

5 Mi circondavano flutti di morte, *
mi travolgevano torrenti impetuosi;
6 già mi avvolgevano i lacci degli inferi, *
già mi stringevano agguati mortali.

7 Nel mio affanno invocai il Signore, *
nell'angoscia gridai al mio Dio:
dal suo tempio ascoltò la mia voce, *
al suo orecchio pervenne il mio grido.

8 La terra tremò e si scosse; †
vacillarono le fondamenta dei monti, *
si scossero perché egli era sdegnato.

9 Dalle sue narici saliva fumo, †
dalla sua bocca un fuoco divorante; *
da lui sprizzavano carboni ardenti.

10 Abbassò i cieli e discese, *
fosca caligine sotto i suoi piedi.
11 Cavalcava un cherubino e volava, *
si librava sulle ali del vento.

12 Si avvolgeva di tenebre come di velo, *
acque oscure e dense nubi lo coprivano.
13 Davanti al suo fulgore si dissipavano le nubi *
con grandine e carboni ardenti.

14 Il Signore tuonò dal cielo, †
l'Altissimo fece udire la sua voce: *
grandine e carboni ardenti.

15 Scagliò saette e li disperse, *
fulminò con folgori e li sconfisse.

16 Allora apparve il fondo del mare, *
si scoprirono le fondamenta del mondo,
per la tua minaccia, Signore, *
per lo spirare del tuo furore.

17 Stese la mano dall'alto e mi prese, *
mi sollevò dalle grandi acque,

18 mi liberò da nemici potenti, †
da coloro che mi odiavano *
ed eran più forti di me.

19 Mi assalirono nel giorno di sventura, *
ma il Signore fu mio sostegno;

20 mi portò al largo, *
mi liberò perché mi vuol bene.

21 Il Signore mi tratta secondo la mia giustizia, *
mi ripaga secondo l'innocenza delle mie mani;
22 perché ho custodito le vie del Signore, *
non ho abbandonato empiamente il mio Dio.

23 I suoi giudizi mi stanno tutti davanti, *
non ho respinto da me la sua legge;
24 ma integro sono stato con lui *
e mi sono guardato dalla colpa.

25 Il Signore mi rende secondo la mia giustizia, *
secondo l'innocenza delle mie mani
davanti ai suoi occhi.

26 Con l'uomo buono tu sei buono, *
con l'uomo integro tu sei integro,
27 con l'uomo puro tu sei puro, *
con il perverso tu sei astuto.

28 Perché tu salvi il popolo degli umili, *
ma abbassi gli occhi dei superbi.

29 Tu, Signore, sei luce alla mia lampada; *
il mio Dio rischiara le mie tenebre.
30 Con te mi lancerò contro le schiere, *
con il mio Dio scavalcherò le mura.

31 La via di Dio è diritta, †
la parola del Signore è provata al fuoco; *
egli è scudo per chi in lui si rifugia.

32 Infatti, chi è Dio, se non il Signore? *

O chi è rupe, se non il nostro Dio?
33 Il Dio che mi ha cinto di vigore *
e ha reso integro il mio cammino;

34 mi ha dato agilità come di cerve, *
sulle alture mi ha fatto stare saldo;
35 ha addestrato le mie mani alla battaglia, *
le mie braccia a tender l'arco di bronzo.

36 Tu mi hai dato il tuo scudo di salvezza, †
la tua destra mi ha sostenuto, *
la tua bontà mi ha fatto crescere.

37 Hai spianato la via ai miei passi, *
i miei piedi non hanno vacillato.

38 Ho inseguito i miei nemici e li ho raggiunti, *
non sono tornato senza averli annientati.
39 Li ho colpiti e non si sono rialzati, *
sono caduti sotto i miei piedi.

40 Tu mi hai cinto di forza per la guerra, *
hai piegato sotto di me gli avversari.

41 Dei nemici mi hai mostrato le spalle, *
hai disperso quanti mi odiavano.
42 Hanno gridato e nessuno li ha salvati, *
al Signore, ma non ha risposto.

43 Come polvere al vento li ho dispersi, *
calpestati come fango delle strade.

44 Mi hai scampato dal popolo in rivolta, *
mi hai posto a capo delle nazioni.
Un popolo che non conoscevo mi ha servito; *
45 all'udirmi, subito mi obbedivano,

stranieri cercavano il mio favore, †
46 impallidivano uomini stranieri *
e uscivano tremanti dai loro nascondigli.

47 Viva il Signore e benedetta la mia rupe, *
sia esaltato il Dio della mia salvezza.

48 Dio, tu mi accordi la rivincita †
e sottometti i popoli al mio giogo, *
49 mi scampi dai nemici furenti,

dei miei avversari mi fai trionfare *
e mi liberi dall'uomo violento.

50 Per questo, Signore, ti loderò tra i popoli *
e canterò inni di gioia al tuo nome.

51 Egli concede al suo re grandi vittorie, †
si mostra fedele al suo consacrato, *
a Davide e alla sua discendenza per sempre.

La vita di ogni uomo è un continuo susseguirsi di lotte, ma il tutto avviene alla costante presenza di Dio e dei suoi prodigiosi interventi. Ringraziamo il Signore per le grazie e i doni che continuamente ci offre nei sacramenti, e per la sua assistenza nelle varie situazioni. Impariamo a vigilare su noi stessi e domandiamo al Signore di accompagnarci in questa lotta. Nostra forza sia la certezza che il Signore ci segue con amore e misericordia, che vive in noi e agisce misteriosamente nella potenza dello Spirito Santo.

Preghiera

Padre, stendi la tua mano su di noi, liberaci dalla potenza del male; sii la nostra luce e la nostra forza lungo il cammino della vita. **Amen.**

SALMO 18

INNO AL DIO CREATORE

1 *Al maestro del coro. Salmo. Di Davide.*

2 I cieli narrano la gloria di Dio, *
e l'opera delle sue mani annunzia il firmamento.
3 Il giorno al giorno ne affida il messaggio *
e la notte alla notte ne trasmette notizia.

4 Non è linguaggio e non sono parole, *
di cui non si oda il suono.
5 Per tutta la terra si diffonde la loro voce *
e ai confini del mondo la loro parola.

6 Là pose una tenda per il sole †
che esce come sposo dalla stanza nuziale, *
esulta come prode che percorre la via.

7 Egli sorge da un estremo del cielo †
e la sua corsa raggiunge l'altro estremo: *
nulla si sottrae al suo calore.

8 La legge del Signore è perfetta, *
rinfranca l'anima; *
la testimonianza del Signore è verace, *
rende saggio il semplice.

9 Gli ordini del Signore sono giusti, *
fanno gioire il cuore; *
i comandi del Signore sono limpidi, *
danno luce agli occhi.

10 Il timore del Signore è puro, dura sempre; *
i giudizi del Signore sono tutti fedeli e giusti,
11 più preziosi dell'oro, di molto oro fino, *
più dolci del miele e di un favo stillante.

12 Anche il tuo servo in essi è istruito, *
per chi li osserva è grande il profitto.
13 Le inavvertenze chi le discerne? *
Assolvimi dalle colpe che non vedo.

14 Anche dall'orgoglio salva il tuo servo *
perché su di me non abbia potere;
allora sarò irreprensibile, *
sarò puro dal grande peccato.

15 Ti siano gradite *
le parole della mia bocca, †
davanti a te i pensieri del mio cuore. *
Signore, mia rupe e mio redentore.

Con lo sguardo interiore dell'anima, con l'intuizione religiosa non distratta dalla superficialità, l'uomo e la donna possono scoprire che il mondo non è muto, ma parla del Creatore; il sole, con il suo progressivo sfolgorare nel cielo, con lo splendore della sua luce, con il calore benefico dei suoi raggi è una creatura al servizio dell'unico Dio e creatore. E come il sole si leva dopo la notte tutto radioso nella sua luminosità rinnovata, così anche il Cristo, dal buio del sepolcro, risplende di un nuovo chiarore quando, dopo la morte, lascia il suo letto nuziale, per entrare nella pienezza della vita nuova della risurrezione. *Giovanni Paolo II*

Preghiera

Vieni Signore nella mia vita e santificala con la tua grazia. Apri il mio cuore perché, al misterioso messaggio del firmamento, io possa unire anche la mia lode e il mio ringraziamento. **Amen.**

SALMO 19

PREGHIERA PER LA VITTORIA DEL RE-MESSIA

1 *Al maestro del coro. Salmo. Di Davide.*

2 Ti ascolti il Signore nel giorno della prova, *
ti protegga il nome del Dio di Giacobbe.
3 Ti mandi l'aiuto dal suo santuario *
e dall'alto di Sion ti sostenga.

4 Ricordi tutti i tuoi sacrifici *
e gradisca i tuoi olocausti.
5 Ti conceda secondo il tuo cuore, *
faccia riuscire ogni tuo progetto.

6 Esulteremo per la tua vittoria, †
spiegheremo i vessilli in nome del nostro Dio; *
adempia il Signore tutte le tue domande.

7 Ora so che il Signore salva il suo consacrato; †
gli ha risposto dal suo cielo santo *
con la forza vittoriosa della sua destra.

8 Chi si vanta dei carri e chi dei cavalli, *
noi siamo forti nel nome del Signore nostro Dio.
9 Quelli si piegano e cadono, *
ma noi restiamo in piedi e siamo saldi.

10 Salva il re, o Signore, *
rispondici, quando ti invochiamo.

Israele sa che le sorti della sua storia sono legate a quelle della dinastia regale, in forza delle promesse fatte da Dio stesso a Davide; nella vittoria del re è riposta la salvezza del popolo. Per questo la preghiera fatta per il re, diviene supplica per tutta la nazione. Allo stesso modo, ogni cristiano sa di essere parte della chiesa quel popolo sul quale il Cristo regna, e di quell'esercito con il quale egli affronta le sue battaglie. Facciamo, dunque, nostre le intenzioni della Chiesa, per tutte le sue iniziative, le sue lotte e le sue ansietà. Preghiamo per il Papa e per i vescovi che guidano il popolo di Dio nelle battaglie della fede e per i governanti ai quali sono affidate le sorti temporali dei popoli, affinché attingano dal timore di Dio la saggezza necessaria per reggere le nazioni nella giustizia, quella stessa con cui Dio regge l'universo.

Preghiera

Padre, ti preghiamo per la vittoria di Cristo sul male e per tutti gli uomini impegnati nella stessa battaglia che il Signore ha affrontato con la sua Passione e morte. Ricorda sempre il sacrificio offerto da Gesù per la salvezza di tutti i tuoi figli. Rispondici in Cristo, giorno nel quale t'invochiamo; egli si è offerto per noi, in lui esaudisci la nostra preghiera. **Amen.**

SALMO 20

RINGRAZIAMENTO PER LA VITTORIA DEL RE-MESSIA

1 *Al maestro del coro. Salmo. Di Davide.*

2 Signore, il re gioisce della tua potenza, *
quanto esulta per la tua salvezza!
3 Hai soddisfatto il desiderio del suo cuore, *
non hai respinto il voto delle sue labbra.

4 Gli vieni incontro con larghe benedizioni; *
gli poni sul capo una corona di oro fino.
5 Vita ti ha chiesto, a lui l'hai concessa, *
lunghi giorni in eterno, senza fine.

6 Grande è la sua gloria per la tua salvezza, *
lo avvolgi di maestà e di onore;
7 lo fai oggetto di benedizione per sempre, *
lo inondi di gioia dinanzi al tuo volto.

8 Perché il re confida nel Signore: *
per la fedeltà dell'Altissimo non sarà mai scosso.

9 La tua mano raggiungerà ogni tuo nemico, *
la tua destra raggiungerà chiunque ti odia.
10 Ne farai una fornace ardente, *
nel giorno in cui ti mostrerai:

il Signore li consumerà nella sua ira, *
li divorerà il fuoco.
11 Sterminerai dalla terra la loro prole, *
la loro stirpe di mezzo agli uomini.

12 Perché hanno ordito contro di te il male, *
hanno tramato insidie, non avranno successo.
13 Hai fatto loro voltare le spalle, *
contro di essi punterai il tuo arco.

14 Alzati, Signore, in tutta la tua forza; *
canteremo inni alla tua potenza.

Due momenti si alternano ciclicamente nella vita di ogni uomo: quello della lotta, della Passione e della morte, e quello della gioia, della vita, della gloria e del trionfo. Il motivo della gioia della vita risorta con Cristo sia la luce che illumini ogni momento della nostra esistenza terrena, perché essa sia, a sua volta, anche nelle tribolazioni e nella lotta, manifestazione della potenza invincibile del Cristo nel mondo.

Preghiera

Dio Padre Onnipotente, la gloria del Cristo risorto, sia per ogni uomo grazia per superare le tentazioni, e sorgente di fiducia, di consolazione e di speranza. **Amen.**

SALMO 21

ESAUDIMENTO DEL GIUSTO, PROVATO DALLA SOFFERENZA

1 *Al maestro del coro. Sull'aria: "Cerva dell'aurora".*
Salmo. Di Davide.

2 "Dio mio, Dio mio, perché mi hai abbandonato? †
Tu sei lontano dalla mia salvezza": *
sono le parole del mio lamento.

3 Dio mio, invoco di giorno e non rispondi, *
grido di notte e non trovo riposo.

4 Eppure tu abiti la santa dimora, *
tu, lode di Israele.
5 In te hanno sperato i nostri padri, *
hanno sperato e tu li hai liberati;

6 a te gridarono e furono salvati, *
sperando in te non rimasero delusi.

7 Ma io sono verme, non uomo, *
infamia degli uomini, rifiuto del mio popolo.

8 Mi scherniscono quelli che mi vedono, *
storcono le labbra, scuotono il capo:
9 "Si è affidato al Signore, lui lo scampi; *
lo liberi, se è suo amico".

10 Sei tu che mi hai tratto dal grembo, *
mi hai fatto riposare sul petto di mia madre.

11 Al mio nascere tu mi hai raccolto, *
dal grembo di mia madre sei tu il mio Dio.

12 Da me non stare lontano, †
poiché l'angoscia è vicina *
e nessuno mi aiuta.

13 Mi circondano tori numerosi, *
mi assediano tori di Basan.
14 Spalancano contro di me la loro bocca *
come leone che sbrana e ruggisce.

15 Come acqua sono versato, *
sono slogate tutte le mie ossa.
Il mio cuore è come cera, *
si fonde in mezzo alle mie viscere.

16 È arido come un coccio il mio palato, †
la mia lingua si è incollata alla gola, *
su polvere di morte mi hai deposto.

17 Un branco di cani mi circonda, *
mi assedia una banda di malvagi;
hanno forato le mie mani e i miei piedi, *
18 posso contare tutte le mie ossa.
Essi mi guardano, mi osservano: †
19 si dividono le mie vesti, *
sul mio vestito gettano la sorte.

20 Ma tu, Signore, non stare lontano, *
mia forza, accorri in mio aiuto.
21 Scampami dalla spada, *
dalle unghie del cane la mia vita.

22 Salvami dalla bocca del leone *
e dalle corna dei bufali.
23 Annunzierò il tuo nome ai miei fratelli, *
ti loderò in mezzo all'assemblea.

24 Lodate il Signore, voi che lo temete, †
gli dia gloria la stirpe di Giacobbe, *
lo tema tutta la stirpe di Israele;

25 perché egli non ha disprezzato né sdegnato *
l'afflizione del misero,
non gli ha nascosto il suo volto, *
ma, al suo grido d'aiuto, lo ha esaudito.

26 Sei tu la mia lode nella grande assemblea, *
scioglierò i miei voti davanti ai suoi fedeli.

27 I poveri mangeranno e saranno saziati, †
loderanno il Signore quanti lo cercano: *
"Viva il loro cuore per sempre".

28 Ricorderanno e torneranno al Signore *
tutti i confini della terra,
si prostreranno davanti a lui *
tutte le famiglie dei popoli.

29 Poiché il regno è del Signore, *
egli domina su tutte le nazioni.

30 A lui solo si prostreranno
quanti dormono sotto terra, *
davanti a lui si curveranno
quanti discendono nella polvere.

E io vivrò per lui, *
31 lo servirà la mia discendenza.

Si parlerà del Signore alla generazione che viene; *
32 annunzieranno la sua giustizia;
al popolo che nascerà diranno: *
"Ecco l'opera del Signore!"

Varie e soprattutto dolorose sono le circostanze cui può andare incontro l'esistenza umana dopo il peccato: malattie, false accuse, processi, esilio, tentazioni, abbandono, solitudine, tradimenti, persecuzioni, minacce e pericoli. E spesso a pagarne le spese non sono tanto uomini peccatori, bensì innocenti e giusti, i "poveri di Dio" ovvero uomini provati e maturati spiritualmente dalla sofferenza, che hanno trovato nella prova il giusto atteggiamento di umiltà e di abbandono davanti a Dio. Attraverso l'esperienza di questi "poveri" ci è rivelato un nuovo significato della sofferenza, come mezzo di cui Dio si serve per condurre l'uomo ad una purificazione interiore che lo metta completamente a nudo davanti a lui e lo porti ad un abbandono totale nelle sue mani. Ciò sarà possibile in virtù della pazienza, che significa mantenersi a disposizione di Dio, nella fede e nell'attesa che egli riveli il suo misterioso disegno di salvezza e porti consolazione e conforto.

Preghiera

Gesù crocifisso, davanti al tuo atto d'infinito amore non posso dubitare di quello che tu ci hai promesso e se anche il mio cammino è cosparso di prove, la tua croce trionfante mi aiuta a portarle, a capirle, ad offrirle perché sono sicuro di essere amato. O Maria, insegnami a guardare la croce; tu aspettavi per tuo figlio quel regno che l'angelo ti aveva promesso, e sei rimasta ritta ai piedi della croce, mentre Gesù moriva, immobile ma sicura che anche quel momento veniva dalla volontà di Dio Padre. Fa' che anch'io sia sempre capace di vedere la volontà di Dio nelle vicende della mia vita. **Amen.**

Salmo 22

Il buon pastore

Salmo. Di Davide.

Il Signore è il mio pastore: *
non manco di nulla;
2 su pascoli erbosi mi fa riposare, *
ad acque tranquille mi conduce.

3 Mi rinfranca, mi guida per il giusto cammino, *
per amore del suo nome.

4 Se dovessi camminare in una valle oscura, †
non temerei alcun male, *
perché tu sei con me, Signore

Il tuo bastone e il tuo vincastro *
mi danno sicurezza.

5 Davanti a me tu prepari una mensa
sotto gli occhi dei miei nemici;
cospargi di olio il mio capo. *
Il mio calice trabocca.

6 Felicità e grazia mi saranno compagne *
tutti i giorni della mia vita,
e abiterò nella casa del Signore *
per lunghissimi anni.

Ogni uomo ha potuto fare l'esperienza personale dell'amore e della bontà di Dio. Il Signore ci conosce per nome e ci accompagna nelle avversità della vita e nelle prove dello spirito, ci arma nelle tentazioni e ci fa partecipi dei beni del Padre suo. Nel viaggio della vita terrena, minacciato da pericoli di ogni genere, reso ancor più incerto dalla nostra debolezza e incostanza, ci infonda coraggio e sicurezza la certezza che Cristo stesso ci viene incontro per ristorarci e guidarci per sentieri giusti.

La parola del Signore opera, nel cuore di chi l'accoglie, ciò che essa rivela: ci ristora, ci nutre, ci stabilisce nell'amore e nella casa di Dio e il Signore diviene per noi e per la nostra vita, ciò che noi crediamo di lui.

La Chiesa è il gregge di Cristo riunito dal suo sacrificio, purificato nell'acqua del battesimo, nutrito dal pane e dal vino celeste, fortificato nell'olio dello Spirito Santo.

Partecipando alle celebrazioni eucaristiche ogni uomo ha la possibilità di essere parte viva della Chiesa, che è famiglia di Dio, da lui riunita attorno alla sua mensa, per fortificarla contro i suoi avversari.

Preghiera

Dio Padre, che in Cristo sei venuto in cerca della pecorella smarrita dell'umanità, la tua parola sia il nostro pascolo verde, il battesimo le acque tranquille grazie alle quali ogni uomo possa trovare ristoro. Infine l'acqua viva che sgorga dallo Spirito Santo ci rinfranchi e ci protegga per sempre. **Amen**

Salmo 23

Il Signore entra nel suo tempio

1 *Di Davide. Salmo.*

Del Signore è la terra e quanto contiene, *
l'universo e i suoi abitanti.
2 È lui che l'ha fondata sui mari, *
e sui fiumi l'ha stabilita.

3 Chi salirà il monte del Signore, *
chi starà nel suo luogo santo?

4 Chi ha mani innocenti e cuore puro, †
chi non pronunzia menzogna, *
chi non giura a danno del suo prossimo.

5 Egli otterrà benedizione dal Signore, *
giustizia da Dio sua salvezza.
6 Ecco la generazione che lo cerca, *
che cerca il tuo volto, Dio di Giacobbe.

7 Sollevate, porte, i vostri frontali, †
alzatevi, porte antiche, *
ed entri il re della gloria.

8 Chi è questo re della gloria? †
Il Signore forte e potente, *
il Signore potente in battaglia.

9 Sollevate, porte, i vostri frontali, †

alzatevi, porte antiche, *
ed entri il re della gloria.

10 Chi è questo re della gloria?
Il Signore degli eserciti è il re della gloria.

L'antico canto del Popolo di Dio risuonava sullo sfondo del tempio di Gerusalemme. Per poter cogliere con chiarezza il filo conduttore che attraversa questo inno, è necessario avere ben presenti tre suoi presupposti fondamentali. Il primo riguarda la verità della creazione: Dio ha creato il mondo e ne è il Signore. Il secondo riguarda il giudizio a cui egli sottopone le sue creature: dobbiamo comparire al suo cospetto e venire interrogati su quanto abbiamo compiuto. Il terzo è il mistero della venuta di Dio: egli viene nel cosmo e nella storia, e desidera avere libero accesso, per stabilire con gli uomini un rapporto di profonda comunione.

Giovanni Paolo II

Preghiera

Signore, concedimi la grazia di avere mani innocenti e cuore puro per accogliere il Cristo durante il mio pellegrinaggio sulla terra; concedimi di agire con giustizia, di parlare lealmente, di amare il mio prossimo, di avere sempre il giusto e santo tuo timore. **Amen.**

SALMO 24

PREGHIERA PER IL PERDONO E LA SALVEZZA

Di Davide.

A te, Signore, elevo l'anima mia, †
2 Dio mio, in te confido:
non sia confuso! *
Non trionfino su di me i miei nemici!

3 Chiunque spera in te non resti deluso, *
sia confuso chi tradisce per un nulla.

4 Fammi conoscere, Signore, le tue vie, *
insegnami i tuoi sentieri.

5 Guidami nella tua verità e istruiscimi, †
perché sei tu il Dio della mia salvezza, *
in te ho sempre sperato.

6 Ricordati, Signore, del tuo amore, *
della tua fedeltà che è da sempre.

7 Non ricordare i peccati della mia giovinezza: †
ricordati di me nella tua misericordia, *
per la tua bontà, Signore.

8 Buono e retto è il Signore, *
la via giusta addita ai peccatori;
9 guida gli umili secondo giustizia, *
insegna ai poveri le sue vie.

10 Tutti i sentieri del Signore sono verità e grazia *
per chi osserva il suo patto e i suoi precetti.
11 Per il tuo nome, Signore, perdona il mio peccato *
anche se grande.

12 Chi è l'uomo che teme Dio? *
Gli indica il cammino da seguire.
13 Egli vivrà nella ricchezza, *
la sua discendenza possederà la terra.

14 Il Signore si rivela a chi lo teme, *
gli fa conoscere la sua alleanza.
15 Tengo i miei occhi rivolti al Signore, *
perché libera dal laccio il mio piede.

16 Volgiti a me e abbi misericordia, *
perché sono solo ed infelice.
17 Allevia le angosce del mio cuore, *
liberami dagli affanni.

18 Vedi la mia miseria e la mia pena *
e perdona tutti i miei peccati.
19 Guarda i miei nemici: sono molti *
e mi detestano con odio violento.

20 Proteggimi, dammi salvezza; *
al tuo riparo io non sia deluso.
21 Mi proteggano integrità e rettitudine, *
perché in te ho sperato.

22 O Dio, libera Israele *
da tutte le sue angosce.

Oppresso dal pesante fardello dei nostri peccati e circondato da gente ostile, Gesù è stato veramente solo e infelice, nell'angoscia e nella miseria. Con la sua morte ha rivelato agli uomini la misericordia di Dio verso i peccatori, i poveri e i retti di cuore; egli è la via che il Padre ha segnato per l'umanità, su di essa egli guida gli erranti e coloro che lo temono, egli è la verità che illumina i nostri passi, egli è la nostra salvezza, la nostra liberazione. Per mezzo di lui, Dio vede la nostra miseria e perdona i nostri peccati; in lui la nostra speranza non resta delusa.

Preghiera

Gesù, cancella i nostri peccati, guidaci nella sincerità e nell'umiltà verso il Padre delle misericordie. Chiedi, tu stesso perché noi possiamo ricevere; cerca perché noi possiamo trovare; infine bussa alla porta del Padre, perché un giorno noi possiamo entrarvi. **Amen.**

SALMO 25

PREGHIERA FIDUCIOSA DI UN INNOCENTE

1 *Di Davide.*

Signore, fammi giustizia: †
nell'integrità ho camminato, *
confido nel Signore, non potrò vacillare.

2 Scrutami, Signore, e mettimi alla prova, *
raffinami al fuoco il cuore e la mente.

3 La tua bontà è davanti ai miei occhi *
e nella tua verità dirigo i miei passi.

4 Non siedo con gli uomini falsi *
e non frequento i simulatori.
5 Odio l'alleanza dei malvagi, *
non mi associo con gli empi.

6 Lavo nell'innocenza le mie mani *
e giro attorno al tuo altare, Signore,
7 per far risuonare voci di lode *
e per narrare tutte le tue meraviglie.

8 Signore, amo la casa dove dimori *
e il luogo dove abita la tua gloria.
9 Non travolgermi insieme ai peccatori, *
con gli uomini di sangue non perder la mia vita,

10 perché nelle loro mani è la perfidia, *

la loro destra è piena di regali.
11 Integro è invece il mio cammino; *
riscattami e abbi misericordia.

12 Il mio piede sta su terra piana; *
nelle assemblee benedirò il Signore.

Per assicurare l'efficacia alle nostre preghiere, compiamole sempre nel nome di Gesù, nella sua grazia, e nell'adesione alla sua volontà. Viviamo nella sua innocenza, che ci è stata partecipata nel battesimo, fortifichiamoci in essa, ponendo tra noi e il peccato sempre maggiore distanza e ricercando una comunione più intima con il Signore nella molteplice grazia dei sacramenti e nell'amore e fedeltà alla Chiesa.

Preghiera

Dio onnipotente, che hai redento gli uomini con la morte del tuo figlio, aiutaci a lavare nell'innocenza le nostre mani, concedici di camminare nella santità, affinché possiamo narrare a tutti le tue meraviglie. **Amen.**

SALMO 26

FIDUCIA IN DIO NEI PERICOLI

1 *Di Davide.*

Il Signore è mia luce e mia salvezza, *
di chi avrò timore?
Il Signore è difesa della mia vita, *
di chi avrò timore?

2 Quando mi assalgono i malvagi *
per straziarmi la carne,
sono essi, avversari e nemici, *
a inciampare e cadere.

3 Se contro di me si accampa un esercito, *
il mio cuore non teme;
se contro di me divampa la battaglia, *
anche allora ho fiducia.

4 Una cosa ho chiesto al Signore, *
questa sola io cerco:
abitare nella casa del Signore *
tutti i giorni della mia vita,

per gustare la dolcezza del Signore *
ed ammirare il suo santuario.

5 Egli mi offre un luogo di rifugio *
nel giorno della sventura.

Mi nasconde nel segreto della sua dimora, *
mi solleva sulla rupe.

6 E ora rialzo la testa *
sui nemici che mi circondano;
immolerò nella sua casa sacrifici d'esultanza, *
inni di gioia canterò al Signore.

7 Ascolta, Signore, la mia voce. *
Io grido: abbi pietà di me! Rispondimi.
8 Di te ha detto il mio cuore: "Cercate il suo volto"; *
il tuo volto, Signore, io cerco.

9 Non nascondermi il tuo volto, *
non respingere con ira il tuo servo.
Sei tu il mio aiuto, non lasciarmi, *
non abbandonarmi, Dio della mia salvezza.

10 Mio padre e mia madre mi hanno abbandonato, *
ma il Signore mi ha raccolto.

11 Mostrami, Signore, la tua via, †
guidami sul retto cammino, *
a causa dei miei nemici.

12 Non espormi alla brama dei miei avversari; †
contro di me sono insorti falsi testimoni *
che spirano violenza.

13 Sono certo di contemplare la bontà del Signore *
nella terra dei viventi.
14 Spera nel Signore, sii forte, *
si rinfranchi il tuo cuore e spera nel Signore.

Dio è la luce e la fortezza nella quale il cristiano si rifugia, nell'assoluta certezza di poter trovare protezione e aiuto contro qualsiasi nemico e nelle lotte che insorgono contro di lui.
E proprio nella casa del Signore, ogni giorno della vita, l'uomo può gustare la dolcezza dell'unione con Dio e restare nel raccoglimento della preghiera. Dal tempio il Signore esercita la sua protezione sui suoi fedeli e dona forza contro i nemici.
Attingiamo dalla fede in Dio, la forza per lottare contro i nemici spirituali, l'entusiasmo per vivere nella grazia di Dio, la gioia nel sentirci da lui amati e il desiderio e la costanza nel ricercare quel santo volto di Dio, alla cui immagine e somiglianza siamo stati creati.

Preghiera

Signore, difendici dai nemici; concedici di abitare nella tua casa, per gustare il tuo amore. Mostraci la tua via, guidaci sul retto cammino affinché possiamo contemplare la tua bontà nella terra dei viventi. **Amen.**

Salmo 27

Supplica e ringraziamento

1 *Di Davide.*

A te grido, Signore; *
non restare in silenzio, mio Dio,
perché, se tu non mi parli, *
io sono come chi scende nella fossa.

2 Ascolta la voce della mia supplica,
quando ti grido aiuto, *
quando alzo le mie mani verso il tuo tempio santo:

3 Non travolgermi con gli empi, *
con quelli che operano il male.
Parlano di pace al loro prossimo, *
ma hanno la malizia nel cuore.

4 Ripagali secondo la loro opera *
e la malvagità delle loro azioni.
Secondo le opere delle loro mani, *
rendi loro quanto meritano.

5 Poiché non hanno compreso l'agire del Signore †
e le opere delle sue mani, *
egli li abbatta e non li rialzi.

6 Sia benedetto il Signore, *
che ha dato ascolto alla voce della mia preghiera;
7 il Signore è la mia forza e il mio scudo, *
ho posto in lui la mia fiducia;

mi ha dato aiuto ed esulta il mio cuore, *
con il mio canto gli rendo grazie.
8 Il Signore è la forza del suo popolo, *
rifugio di salvezza del suo consacrato.

9 Salva il tuo popolo e la tua eredità benedici, *
guidali e sostienili per sempre.

Dal grido di chi scende nella fossa, e dalla supplica di chi alza le sue mani verso il tempio di Dio, per non essere travolto nella condanna alla quale vanno incontro i peccatori, all'inno di ringraziamento e di esultanza per l'aiuto concesso da Dio, alla visione di una salvezza universale, per cui il destino di ogni uomo viene raccolto e inserito in quello di un popolo che Dio guida e sostiene per sempre: questo è il tragitto di ogni uomo che in Cristo ha posto la strada della sua vita. Certi di essere esauditi, ringraziamo nelle prove il Signore, come se l'aiuto fosse stato già concesso. Il Signore non tarderà a venire in nostro aiuto.

Preghiera

Signore, nostra forza e nostro scudo, che in Cristo hai operato la nostra redenzione, ascolta la nostra supplica: non travolgerci con gli empi, affinché il nostro cuore esulti, e possiamo rendere grazie a te e al tuo divin figlio. **Amen.**

Salmo 28

Il Signore proclama solennemente la sua parola

1 *Salmo. Di Davide.*

Date al Signore, figli di Dio, *
date al Signore gloria e potenza.
2 Date al Signore la gloria del suo nome, *
prostratevi al Signore in santi ornamenti.

3 Il Signore tuona sulle acque, †
il Dio della gloria scatena il tuono, *
il Signore, sull'immensità delle acque.

4 Il Signore tuona con forza, *
tuona il Signore con potenza.
5 Il tuono del Signore schianta i cedri, *
il Signore schianta i cedri del Libano.

6 Fa balzare come un vitello il Libano *
e il Sirion come un giovane bufalo.

7 Il tuono saetta fiamme di fuoco, *
8 il tuono scuote la steppa,
il Signore scuote il deserto di Kades. *
9 Il tuono fa partorire le cerve e spoglia le foreste.

10 Il Signore è assiso sulla tempesta, *
Il Signore siede re per sempre.
11 Il Signore darà forza al suo popolo, *
benedirà il suo popolo con la pace.

Alcuni studiosi considerano il Salmo 28 come uno dei testi più antichi del Salterio. Potente è l'immagine che lo sostiene nel suo svolgersi poetico e orante: siamo, infatti, di fronte al dispiegarsi progressivo di una tempesta. Essa è scandita nell'originale ebraico da un vocabolo, qol, che significa contemporaneamente "voce" e "tuono". Perciò alcuni commentatori intitolano il nostro testo "il Salmo dei sette tuoni", dal numero di volte in cui risuona in esso quel vocabolo. In effetti si può dire che il Salmista concepisce il tuono come un simbolo della voce divina che, col suo mistero trascendente e irraggiungibile, irrompe nella realtà creata fino a sconvolgerla ed impaurirla, ma che nel suo intimo significato è parola di pace e di armonia. Il pensiero va qui al capitolo 12 del IV Vangelo, ove la voce che risponde a Gesù dal cielo viene percepita dalla folla come un tuono (cfr Gv 12,28-29).
Il Salmo ci presenta, però, anche un altro aspetto del volto di Dio, quello che si scopre nell'intimità della preghiera e nella celebrazione della liturgia. È il mistero dell'amore che si effonde sul fedele, la sicurezza serena della benedizione riservata al giusto. Perfino davanti al caos del male, alle tempeste della storia, e alla stessa collera della giustizia divina, l'orante si sente in pace, avvolto dal manto di protezione che la Provvidenza offre a chi loda Dio e segue le sue vie. Attraverso la preghiera si conosce che il vero desiderio del Signore consiste nel donare pace.

Giovanni Paolo II

Preghiera

Padre, fa' che ascolti la tua voce, perché come la tempestosa vicenda del Venerdì santo si concluse nella serena gloria della risurrezione, così, dopo le lotte della vita presente, mi attenda il riposo della vita eterna. **Amen.**

SALMO 29

RINGRAZIAMENTO DOPO LA LIBERAZIONE DA UN PERICOLO MORTALE

1 *Salmo. Canto per la festa della dedicazione*
del tempio. Di Davide.

2 Ti esalterò, Signore, perché mi hai liberato *
e su di me non hai lasciato esultare i nemici.
3 Signore Dio mio, *
a te ho gridato e mi hai guarito.

4 Signore, mi hai fatto risalire dagli inferi, *
mi hai dato vita perché non scendessi nella tomba.

5 Cantate inni al Signore, o suoi fedeli, *
rendete grazie al suo santo nome,
6 perché la sua collera dura un istante, *
la sua bontà per tutta la vita.

Alla sera sopraggiunge il pianto *
e al mattino, ecco la gioia.

7 Nella mia prosperità ho detto: *
"Nulla mi farà vacillare!".

8 Nella tua bontà, o Signore, *
mi hai posto su un monte sicuro;
ma quando hai nascosto il tuo volto, *
io sono stato turbato.

9 A te grido, Signore, *
chiedo aiuto al mio Dio.

10 Quale vantaggio dalla mia morte, *
dalla mia discesa nella tomba?
Ti potrà forse lodare la polvere *
e proclamare la tua fedeltà?

11 Ascolta, Signore, abbi misericordia, *
Signore, vieni in mio aiuto.

12 Hai mutato il mio lamento in danza, *
la mia veste di sacco in abito di gioia,
13 perché io possa cantare senza posa. *
Signore, mio Dio, ti loderò per sempre.

Quante volte il benessere terreno, il buon successo delle nostre azioni, la salute ci rendono eccessivamente fiduciosi in noi stessi; si indebolisce così la nostra fiducia in Dio e diventiamo imprudenti e, talora, stolti. Allora, può darsi che succeda che il Signore nasconda il suo volto per farsi cercare; sopraggiunge la prova, una malattia, un fallimento, forse anche una caduta; tocchiamo con mano la nostra debolezza e siamo turbati. Il Signore permette tutto questo per richiamarci ad un maggiore senso di concretezza e alla riflessione; se in quel momento sappiamo umiliarci e rientrare in noi stessi ed essere più prudenti e avveduti, Dio tornerà a mostrarci il suo volto.

Preghiera

Padre, quando nel paradiso terrestre è tramontato il sole della tua giustizia, ogni uomo è stato costretto ad indossare l'abito del peccatore e della morte. Ma Gesù è venuto in nostro aiuto e con la sua Pasqua ha risollevato l'umanità dandole una rivincita sulle potenze del male. Allora, fa' o Padre che la risurrezione di Cristo converta il nostro pianto nella gioia della vita eterna e muti la nostra tristezza in canti di ringraziamento e di lode. **Amen.**

SALMO 30

SUPPLICA FIDUCIOSA NELL'AFFLIZIONE

1 *Al maestro del coro. Salmo. Di Davide.*

2 In te, Signore, mi sono rifugiato, †
mai sarò deluso; *
per la tua giustizia salvami.

3 Porgi a me l'orecchio, *
vieni presto a liberarmi.
Sii per me la rupe che mi accoglie, *
la cinta di riparo che mi salva.

4 Tu sei la mia roccia e il mio baluardo, *
per il tuo nome dirigi i miei passi.
5 Scioglimi dal laccio che mi hanno teso, *
perché sei tu la mia difesa.

6 Mi affido alle tue mani; *
tu mi riscatti, Signore, Dio fedele.
7 Tu detesti chi serve idoli falsi, *
ma io ho fede nel Signore.

8 Esulterò di gioia per la tua grazia, †
perché hai guardato alla mia miseria, *
hai conosciuto le mie angosce;

9 non mi hai consegnato nelle mani del nemico, *
hai guidato al largo i miei passi.

10 Abbi pietà di me, Signore, sono nell'affanno; †
per il pianto si struggono i miei occhi, *
la mia anima e le mie viscere.

11 Si consuma nel dolore la mia vita, *
i miei anni passano nel gemito;
inaridisce per la pena il mio vigore, *
si dissolvono tutte le mie ossa.

12 Sono l'obbrobrio dei miei nemici,
il disgusto dei miei vicini, †
l'orrore dei miei conoscenti; *
chi mi vede per strada mi sfugge.

13 Sono caduto in oblio come un morto, *
sono divenuto un rifiuto.

14 Se odo la calunnia di molti,
il terrore mi circonda;
quando insieme contro di me congiurano, *
tramano di togliermi la vita.

15 Ma io confido in te, Signore; †
dico: "Tu sei il mio Dio, *
16 nelle tue mani sono i miei giorni".

Liberami dalla mano dei miei nemici, *
dalla stretta dei miei persecutori:
17 fa' splendere il tuo volto sul tuo servo, *
salvami per la tua misericordia.

18 Signore, ch'io non resti confuso,
perché ti ho invocato; *
siano confusi gli empi, tacciano negli inferi.

19 Fa' tacere le labbra di menzogna, *
che dicono insolenze contro il giusto *
con orgoglio e disprezzo.

20 Quanto è grande la tua bontà, Signore! *
La riservi per coloro che ti temono,
ne ricolmi chi in te si rifugia *
davanti agli occhi di tutti.

21 Tu li nascondi al riparo del tuo volto, *
lontano dagli intrighi degli uomini;
li metti al sicuro nella tua tenda, *
lontano dalla rissa delle lingue.

22 Benedetto il Signore, †
che ha fatto per me meraviglie di grazia *
in una fortezza inaccessibile.

23 Io dicevo nel mio sgomento: *
"Sono escluso dalla tua presenza".
Tu invece hai ascoltato la voce della mia preghiera *
quando a te gridavo aiuto.

24 Amate il Signore, voi tutti suoi santi; †
il Signore protegge i suoi fedeli *
e ripaga oltre misura l'orgoglioso.

25 Siate forti, riprendete coraggio,
o voi tutti che sperate nel Signore.

Quando il dolore consuma il nostro corpo e la nostra anima, quando siamo derisi dai nemici, dimenticati dagli amici, unica nostra speranza sia il Signore; a lui chiediamo la salvezza, e dalla sua bontà attingeremo forza e coraggio. Offriamo ogni cosa al Signore, in particolare tutto ciò che non riusciamo ad accettare o a cui non riusciamo a dare un significato, ricordando che ogni nostra offerta giunge al Padre passando attraverso Gesù che muore sulla croce. Ciò avviene continuamente per mezzo del sacrificio eucaristico della messa, in cui la vita e la morte del cristiano, trasfigurate nella vita e morte di Cristo, diventano parte e momenti di quell'unica grande Messa che il Signore celebra ininterrottamente fino al giorno del suo ritorno finale.

Preghiera

Padre, ogni nostra giornata terrena ha la sua morte e torna a te, che ce l'hai donata, per ricevere il suggello dell'eternità; al termine di questa mia giornata, fa' che io non mi presenti a mani vuote al tuo cospetto, e che il rimorso mi avverta di quanto sono stato manchevole nelle mie azioni. Se qualcosa di buono ho fatto, invece fa' che possa abbandonare tutto con generosità nelle tue mani. Vieni in mio soccorso, ora e sempre. **Amen.**

Salmo 31

Ringraziamento per il perdono dei peccati

1 *Di Davide. Maskil.*

Beato l'uomo a cui è rimessa la colpa, *
e perdonato il peccato.
2 Beato l'uomo a cui Dio non imputa alcun male *
e nel cui spirito non è inganno.

3 Tacevo e si logoravano le mie ossa, *
mentre gemevo tutto il giorno.
4 Giorno e notte pesava su di me la tua mano, *
come per arsura d'estate inaridiva il mio vigore.

5 Ti ho manifestato il mio peccato, *
non ho tenuto nascosto il mio errore.
Ho detto: "Confesserò al Signore le mie colpe" *
e tu hai rimesso la malizia del mio peccato.

6 Per questo ti prega ogni fedele *
nel tempo dell'angoscia.
Quando irromperanno grandi acque *
non lo potranno raggiungere.

7 Tu sei il mio rifugio, mi preservi dal pericolo, *
mi circondi di esultanza per la salvezza.

8 Ti farò saggio, t'indicherò la via da seguire; *
con gli occhi su di te, ti darò consiglio.

9 Non siate come il cavallo e come il mulo
privi d'intelligenza; †
si piega la loro fierezza con morso e briglie, *
se no, a te non si avvicinano.

10 Molti saranno i dolori dell'empio, *
ma la grazia circonda chi confida nel Signore.
11 Gioite nel Signore ed esultate, giusti, *
giubilate, voi tutti, retti di cuore.

La confessione dei peccati, fatta a Dio con cuore umile, è una liberazione interiore e una medicina ai mali dell'uomo: colui che si confessa riversa nel cuore di Dio il peso che l'opprime, ne viene alleggerito e ritrova gioia e pace. Quando il peccato ci opprime, confessiamo al Signore le nostre colpe e la tristezza e la delusione lasceranno posto alla gioia del perdono. Meditiamo la parola che ci rivolge Colui che ci scruta e ci ricerca quando siamo lontani da lui e che ci ama quando viviamo nella luce della sua grazia e desidera la nostra felicità: "Molti saranno i dolori dell'empio, ma la grazia circonda chi confida nel Signore"

Preghiera

Padre, fa' che ogni uomo possa accostarsi alla sorgente della grazia meritata da Cristo, attraverso la confessione dei propri peccati e nella preghiera fiduciosa e costante; tutte le tribolazioni così che sopraggiungeranno a causa del peccato saranno per noi grazia di salvezza e di redenzione.
Liberaci dai peccati che umilmente riconosciamo e concedici la pace riservata a chi ottiene il perdono delle proprie colpe. **Amen.**

SALMO 32

INNO ALLA PROVVIDENZA DI DIO

1 Esultate, giusti, nel Signore; *
ai retti si addice la lode.
2 Lodate il Signore con la cetra, *
con l'arpa a dieci corde a lui cantate.

3 Cantate al Signore un canto nuovo, *
suonate la cetra con arte e acclamate.
4 Poiché retta è la parola del Signore *
e fedele ogni sua opera.

5 Egli ama il diritto e la giustizia, *
della sua grazia è piena la terra.
6 Dalla parola del Signore furono fatti i cieli, *
dal soffio della sua bocca ogni loro schiera.

7 Come in un otre raccoglie le acque del mare, *
chiude in riserve gli abissi.

8 Tema il Signore tutta la terra, *
tremino davanti a lui gli abitanti del mondo,
9 perché egli parla e tutto è fatto, *
comanda e tutto esiste.

10 Il Signore annulla i disegni delle nazioni, *
rende vani i progetti dei popoli.
11 Ma il piano del Signore sussiste per sempre, *
i pensieri del suo cuore per tutte le generazioni.

12 Beata la nazione il cui Dio è il Signore, *
il popolo che si è scelto come erede.

13 Il Signore guarda dal cielo, *
egli vede tutti gli uomini.
14 Dal luogo della sua dimora *
scruta tutti gli abitanti della terra,

15 lui che, solo, ha plasmato il loro cuore *
e comprende tutte le loro opere.

16 Il re non si salva per un forte esercito *
né il prode per il suo grande vigore.
17 Il cavallo non giova per la vittoria, *
con tutta la sua forza non potrà salvare.

18 Ecco, l'occhio del Signore veglia su chi lo teme, *
su chi spera nella sua grazia,
19 per liberarlo dalla morte *
e nutrirlo in tempo di fame.

20 L'anima nostra attende il Signore, *
egli è nostro aiuto e nostro scudo.
21 In lui gioisce il nostro cuore *
e confidiamo nel suo santo nome.

22 Signore, sia su di noi la tua grazia, *
perché in te speriamo. X

Distribuito in 22 versetti, tanti quante sono le lettere dell'alfabeto ebraico, il Salmo 32 è un canto di lode al Signore dell'universo e della storia. Un fremito di gioia lo pervade fin dai primi accenti: "Esultate, giusti, nel Signore: ai retti si addice la lode.

X

Lodate il Signore con la cetra, con l'arpa a dieci corde a lui cantate. Cantate al Signore un canto nuovo, suonate la cetra con arte e acclamate" (vv. 1-3). Questa acclamazione (tern'ah) è, quindi, accompagnata dalla musica ed è espressione di una voce interiore di fede e di speranza, di felicità e di fiducia. Il cantico è "nuovo", non solo perché rinnova la certezza nella presenza divina all'interno del creato e delle vicende umane, ma anche perché anticipa lode perfetta che si intonerà nel giorno della salvezza definitiva, quando il Regno di Dio sarà giunto alla sua attuazione gloriosa.

Giovanni Paolo II

Preghiera

Signore, che vegli su chi ti teme e su chi spera nella tua infinita grazia, concedici di gioire in Cristo e di trovare sempre in lui l'aiuto necessario per essere liberati dal male. **Amen.**

Salmo 33

Il Signore è la salvezza dei giusti

1 *Di Davide, quando si finse pazzo in presenza*
di Abimelech e, da lui scacciato, se ne andò.

2 Benedirò il Signore in ogni tempo, *
sulla mia bocca sempre la sua lode.
3 Io mi glorio nel Signore, *
ascoltino gli umili e si rallegrino.

4 Celebrate con me il Signore, *
esaltiamo insieme il suo nome.
5 Ho cercato il Signore e mi ha risposto *
e da ogni timore mi ha liberato.

6 Guardate a lui e sarete raggianti, *
non saranno confusi i vostri volti.

7 Questo povero grida e il Signore lo ascolta, *
lo libera da tutte le sue angosce.
8 L'angelo del Signore si accampa *
attorno a quelli che lo temono e li salva.

9 Gustate e vedete quanto è buono il Signore; *
beato l'uomo che in lui si rifugia.
10 Temete il Signore, suoi santi, *
nulla manca a coloro che lo temono.

11 I ricchi impoveriscono e hanno fame, *
ma chi cerca il Signore non manca di nulla.

12 Venite, figli, ascoltatemi; *
v'insegnerò il timore del Signore.
13 C'è qualcuno che desidera la vita *
e brama lunghi giorni per gustare il bene?

14 Preserva la lingua dal male, *
le labbra da parole bugiarde.
15 Sta' lontano dal male e fa' il bene, *
cerca la pace e perseguila.

16 Gli occhi del Signore sui giusti, *
i suoi orecchi al loro grido di aiuto.
17 Il volto del Signore contro i malfattori, *
per cancellarne dalla terra il ricordo.

18 Gridano e il Signore li ascolta, *
li salva da tutte le loro angosce.
19 Il Signore è vicino a chi ha il cuore ferito, *
egli salva gli spiriti affranti.

20 Molte sono le sventure del giusto, *
ma lo libera da tutte il Signore.
21 Preserva tutte le sue ossa, *
neppure uno sarà spezzato.

22 La malizia uccide l'empio *
e chi odia il giusto sarà punito.
23 Il Signore riscatta la vita dei suoi servi, *
chi in lui si rifugia non sarà condannato.

Se qualcuno desidera la vita e brama lunghi giorni per gustare il bene, allora, predisponga il suo animo alla lode del Signore e al santo timore di Dio che consiste nello stare lontano dal male, nel fare il bene, nel cercare la pace; infine rivolga a Dio le proprie suppliche, riponendo in lui completa fiducia. Dio è vicino a chi ha il cuore ferito e punisce i malvagi e coloro che odiano i buoni.

Preghiera

Padre, l'esempio che ci è stato proposto da Cristo sia sempre d'insegnamento per ogni uomo: molti mali hanno afflitto il suo animo, ma in virtù della fiducia che egli ha sempre mostrato verso di te, da tutti tu lo hai liberato. Cristo, il povero e il servo sofferente ha gridato a te, o Padre, e tu lo hai ascoltato e liberato.
Beato l'uomo che si rifugia in Dio, nulla manca a chi lo teme, l'angelo del Signore sempre lo protegge. **Amen.**

SALMO 34

IL SIGNORE SALVA NELLA PERSECUZIONE

1 *Di Davide.*

Signore, giudica chi mi accusa, *
combatti chi mi combatte.

2 Afferra i tuoi scudi *
e sorgi in mio aiuto.

3 Vibra la lancia e la scure *
contro chi mi insegue,
dimmi: "Sono io la tua salvezza".

4 Siano confusi e coperti di ignominia *
quelli che attentano alla mia vita;
retrocedano e siano umiliati *
quelli che tramano la mia sventura.

5 Siano come pula al vento *
e l'angelo del Signore li incalzi;
6 la loro strada sia buia e scivolosa *
quando li insegue l'angelo del Signore.

7 Poiché senza motivo mi hanno teso una rete, *
senza motivo mi hanno scavato una fossa.
8 Li colga la bufera improvvisa, †
li catturi la rete che hanno tesa, *
siano travolti dalla tempesta.

9 Io invece esulterò nel Signore *
per la gioia della sua salvezza.

10 Tutte le mie ossa dicano:
"Chi è come te, Signore, †
che liberi il debole dal più forte, *
il misero e il povero dal predatore?".

11 Sorgevano testimoni violenti, *
mi interrogavano su ciò che ignoravo,
12 mi rendevano male per bene: *
una desolazione per la mia vita.

13 Io, quand'erano malati, vestivo di sacco, †
mi affliggevo col digiuno, *
riecheggiava nel mio petto la mia preghiera.

14 Mi angustiavo come per l'amico, per il fratello, *
come in lutto per la madre
mi prostravo nel dolore.

15 Ma essi godono della mia caduta, si radunano, *
si radunano contro di me
per colpirmi all'improvviso.

Mi dilaniano senza posa, †
16 mi mettono alla prova, scherno su scherno, *
contro di me digrignano i denti.

17 Fino a quando, Signore, starai a guardare? †
Libera la mia vita dalla loro violenza, *
dalle zanne dei leoni l'unico mio bene.

18 Ti loderò nella grande assemblea, *
ti celebrerò in mezzo a un popolo numeroso.

19 Non esultino su di me i nemici bugiardi, *
non strizzi l'occhio chi mi odia senza motivo.

20 Poiché essi non parlano di pace, *
contro gli umili della terra tramano inganni.
21 Spalancano contro di me la loro bocca; *
dicono con scherno: "Abbiamo visto con i nostri occhi!".

22 Signore, tu hai visto, non tacere; *
Dio, da me non stare lontano.
23 Destati, svegliati per il mio giudizio, *
per la mia causa, Signore mio Dio.

24 Giudicami secondo la tua giustizia, Signore mio Dio, *
e di me non abbiano a gioire.
25 Non pensino in cuor loro: "Siamo soddisfatti!". *
Non dicano: "Lo abbiamo divorato".

26 Sia confuso e svergognato
chi gode della mia sventura, *
sia coperto di vergogna e d'ignominia chi mi insulta.

27 Esulti e gioisca chi ama il mio diritto, †
dica sempre: "Grande è il Signore *
che vuole la pace del suo servo".

28 La mia lingua celebrerà la tua giustizia, *
canterà la tua lode per sempre.

In Cristo possiamo identificare ogni giusto perseguitato. Nemici di Cristo sono state le potenze del male; durante i giorni della sua Passione esse trovarono complicità nei sacerdoti, nei capi del popolo e in Giuda. Costoro congiurarono contro di lui e cercarono la sua morte, gli tesero una rete e gli scavarono una fossa, testimoniarono il falso, ricambiarono con male il bene ricevuto. Preghiamo per coloro che soffrono ingiustizie e persecuzioni, ma non dimentichiamoci anche dei persecutori. Anche se il male e l'ingiustizia possono scandalizzarci ed indignarci, tuttavia cerchiamo di desiderare la salvezza di tutti gli uomimi, anche di quelli cattivi, perché Gesù stesso pregò per i suoi persecutori e uccisori. Iniziamo la nostra lotta proprio contro i nostri nemici interiori, crocifiggendo la carne e le sue passioni. Attingiamo forza nel Signore, rivestiamoci della sua armatura per ingaggiare la nostra battaglia e per resistere alle insidie del male.

Preghiera

Padre nostro, conforta tutti gli uomini perseguitati. Gesù, che con tanta sottomissione hai accettato la morte in croce per distruggere il peccato, fa che nessuna anima abbia a perdersi.
Spirito Santo, fa' che le preghiere dei giusti siano di sostegno per tutti i perseguitati, affinché la salvezza procurata dal Cristo venga partecipata a tutti gli uomini di ogni paese e di ogni tempo. **Amen.**

SALMO 35

MALIZIA DEL PECCATORE, BONTÀ DEL SIGNORE

1 *Al maestro del coro. Di Davide servo del Signore.*

2 Nel cuore dell'empio parla il peccato, *
davanti ai suoi occhi non c'è timor di Dio.
3 Poiché egli si illude con se stesso *
nel ricercare la sua colpa e detestarla.

4 Inique e fallaci sono le sue parole, *
rifiuta di capire, di compiere il bene.

5 Iniquità trama sul suo giaciglio, †
si ostina su vie non buone, *
via da sé non respinge il male.

6 Signore, la tua grazia è nel cielo, *
la tua fedeltà fino alle nubi;

7 la tua giustizia è come i monti più alti, †
il tuo giudizio come il grande abisso: *
uomini e bestie tu salvi, Signore.

8 Quanto è preziosa la tua grazia, o Dio! *
Si rifugiano gli uomini all'ombra delle tue ali,
9 si saziano dell'abbondanza della tua casa *
e li disseti al torrente delle tue delizie.

10 È in te la sorgente della vita, *
alla tua luce vediamo la luce.

11 Concedi la tua grazia a chi ti conosce, *
la tua giustizia ai retti di cuore.

12 Non mi raggiunga il piede dei superbi, *
non mi disperda la mano degli empi.
Ecco, sono caduti i malfattori, *
abbattuti, non possono rialzarsi.

Ogni volta che si apre una giornata di lavoro e di rapporti umani, due sono gli atteggiamenti fondamentali che ciascun uomo può assumere: scegliere il bene, oppure cedere al male. Da una parte, c'è chi fin dal 'giaciglio', da cui sta per levarsi, trama progetti iniqui; dall'altra, c'è invece chi cerca la luce di Dio, 'sorgente della vita' (cfr v. 10). All'abisso della malizia dell'empio si oppone l'abisso della bontà di Dio, fonte viva che disseta e luce che illumina il fedele. Due sono, perciò, i tipi d'uomo descritti dal salmo 35. Il primo ritratto che il Salmista ci presenta è quello del peccatore (cfr vv. 2-5). Egli scorre le sue giornate a scegliere 'vie non buone', dal mattino presto, quando sta ancora 'sul suo giaciglio' (v. 5), fino a sera quando sta per addormentarsi. Ma il Salmista è tutto proteso verso l'altro ritratto nel quale egli desidera specchiarsi: quello dell'uomo che cerca il volto di Dio (cfr vv. 6-13). Egli innalza un vero e proprio canto all'amore divino (cfr vv. 6-11), a cui fa seguire, in finale, una supplice invocazione per essere liberato dal fascino oscuro del male e avvolto per sempre dalla luce della grazia. Si snoda in questo canto una vera e propria litania di termini, che celebrano i lineamenti del Dio d'amore: grazia, fedeltà, giustizia, giudizio, salvezza, ombra protettrice, abbondanza, delizia, vita, luce.

Giovanni Paolo II

Preghiera

Signore, concedi a noi peccatori la grazia di conoscere le nostre miserie e la nostra triste situazione, aiutaci a trovare posto nella Chiesa, per poterci saziare all'abbondanza dei tuoi doni. **Amen.**

SALMO 36

LA SORTE DEI MALVAGI E DEI GIUSTI

1 *Di Davide.*

Non adirarti contro gli empi, *
non invidiare i malfattori.
2 Come fieno presto appassiranno, *
cadranno come erba del prato.

3 Confida nel Signore e fa' il bene; *
abita la terra e vivi con fede.
4 Cerca la gioia del Signore, *
esaudirà i desideri del tuo cuore.

5 Manifesta al Signore la tua via, *
confida in lui: compirà la sua opera;
6 farà brillare come luce la tua giustizia, *
come il meriggio il tuo diritto.

7 Sta' in silenzio davanti al Signore *
e spera in lui;
non irritarti per chi ha successo, *
per l'uomo che trama insidie.

8 Desisti dall'ira e deponi lo sdegno, *
non irritarti: faresti del male,
9 poiché i malvagi saranno sterminati, *
ma chi spera nel Signore possederà la terra.

10 Ancora un poco e l'empio scompare, *

cerchi il suo posto e più non lo trovi.
11 I miti invece possederanno la terra *
e godranno di una grande pace.

12 L'empio trama contro il giusto, *
contro di lui digrigna i denti.
13 Ma il Signore ride dell'empio, *
perché vede arrivare il suo giorno.

14 Gli empi sfoderano la spada
e tendono l'arco †
per abbattere il misero e l'indigente, *
per uccidere chi cammina sulla retta via.

15 La loro spada raggiungerà il loro cuore *
e i loro archi si spezzeranno.

16 Il poco del giusto è cosa migliore *
dell'abbondanza degli empi;
17 le braccia degli empi saranno spezzate, *
ma il Signore è il sostegno dei giusti.

18 Conosce il Signore la vita dei buoni, *
la loro eredità durerà per sempre.
19 Non saranno confusi nel tempo della sventura †
e nei giorni della fame saranno saziati.

20 Poiché gli empi periranno, †
i nemici del Signore appassiranno
come lo splendore dei prati, *
tutti come fumo svaniranno.

21 L'empio prende in prestito e non restituisce, *
ma il giusto ha compassione e dà in dono.

22 Chi è benedetto da Dio possederà la terra, *
ma chi è maledetto sarà sterminato.

23 Il Signore fa sicuri i passi dell'uomo *
e segue con amore il suo cammino.
24 Se cade, non rimane a terra, *
perché il Signore lo tiene per mano.

25 Sono stato fanciullo e ora sono vecchio, †
non ho mai visto il giusto abbandonato *
né i suoi figli mendicare il pane.

26 Egli ha sempre compassione e dà in prestito, *
per questo la sua stirpe è benedetta.

27 Sta' lontano dal male e fa' il bene, *
e avrai sempre una casa.

28 Perché il Signore ama la giustizia *
e non abbandona i suoi fedeli; †
Gli empi saranno distrutti per sempre *
e la loro stirpe sarà sterminata.

29 I giusti possederanno la terra *
e la abiteranno per sempre.

30 La bocca del giusto proclama la sapienza, *
e la sua lingua esprime la giustizia;
31 la legge del suo Dio è nel suo cuore, *
i suoi passi non vacilleranno.

32 L'empio spia il giusto *
e cerca di farlo morire.

33 Il Signore non lo abbandona alla sua mano, *
nel giudizio non lo lascia condannare.

34 Spera nel Signore e segui la sua via: †
ti esalterà e tu possederai la terra *
e vedrai lo sterminio degli empi.

35 Ho visto l'empio trionfante *
ergersi come cedro rigoglioso;
36 sono passato e più non c'era, *
l'ho cercato e più non si è trovato.

37 Osserva il giusto e vedi l'uomo retto, *
l'uomo di pace avrà una discendenza.
38 Ma tutti i peccatori saranno distrutti, *
la discendenza degli empi sarà sterminata.

39 La salvezza dei giusti viene dal Signore, *
nel tempo dell'angoscia è loro difesa;

40 il Signore viene in loro aiuto e li scampa, †
li libera dagli empi e dà loro salvezza, *
perché in lui si sono rifugiati.

Spesso i malvagi godono di prosperità e benessere pur operando il male e calpestando la giustizia, mentre i buoni sembrano soccombere nonostante la loro speranza in Dio e la loro ricerca della giustizia. L'uomo, che da sempre vive la sofferenza come punizione dei propri peccati, e la felicità terrena come ricompensa alla sua rettitudine, non può non porsi la domanda di come Dio possa permettere una simile situazione. Se guardiamo, però, alla sofferenza come ad uno strumento, usato da Dio stesso, per mettere l'uomo a nudo, per spingerlo ad abbandonarsi nelle sue mani, con-

fidando in lui solo e nella sua misericordia, allora vediamo come essa diviene un mezzo di purificazione per avvicinare sempre più l'uomo a Dio e, quindi, alla salvezza. Da qui si capisce come la vera felicità non consista nel benessere e nella prosperità, bensì nel ritorno dell'uomo a Dio e nella comunione di vita con lui.
Attingiamo, allora, la fiducia in Dio, la pazienza nelle prove, la perseveranza nel bene, la speranza nelle promesse future, e non lasciamoci illudere dall'effimera e pericolosa felicità degli empi che dura un giorno e poi cade.

Preghiera

Gesù, salvezza dei giusti che sperano in te, ti offro le mie sofferenze come tanti piccoli fiori di salvezza per tutti gli uomini; fa' che mai più mi accechi l'apparente prosperità degli empi, così inconsistente, peggiore di qualsiasi condanna, segno evidente dell'abbandono di Dio. Fa' di me uno strumento per la salvezza di tutti i peccatori. **Amen.**

SALMO 37

PREGHIERA DELL'ANGOSCIA DI UN PECCATORE

1 *Salmo. Di Davide. In memoria.*

2 Signore, non castigarmi nel tuo sdegno, *
non punirmi nella tua ira.
3 Le tue frecce mi hanno trafitto, *
su di me è scesa la tua mano.

4 Per il tuo sdegno non c'è in me nulla di sano, *
nulla è intatto nelle mie ossa per i miei peccati.
5 Le mie iniquità hanno superato il mio capo, *
come carico pesante mi hanno oppresso.

6 Putride e fetide sono le mie piaghe *
a causa della mia stoltezza.
7 Sono curvo e accasciato, *
triste mi aggiro tutto il giorno.

8 Sono torturati i miei fianchi, *
in me non c'è nulla di sano.
9 Afflitto e sfinito all'estremo, *
ruggisco per il fremito del mio cuore.

10 Signore, davanti a te ogni mio desiderio *
e il mio gemito a te non è nascosto.

11 Palpita il mio cuore, †
la forza mi abbandona, *
si spegne la luce dei miei occhi.

12 Amici e compagni
si scostano dalle mie piaghe, *
i miei vicini stanno a distanza.

13 Tende lacci chi attenta alla mia vita, †
trama insidie chi cerca la mia rovina. *
e tutto il giorno medita inganni.

14 Io, come un sordo, non ascolto †
e come un muto non apro la bocca; *
15 sono come un uomo
che non sente e non risponde.

16 In te spero, Signore; *
tu mi risponderai, Signore Dio mio.

17 Ho detto: "Di me non godano, †
contro di me non si vantino *
quando il mio piede vacilla".

18 Poiché io sto per cadere *
e ho sempre dinanzi la mia pena.
19 Ecco, confesso la mia colpa, *
sono in ansia per il mio peccato.

20 I miei nemici sono vivi e forti, *
troppi mi odiano senza motivo,
21 mi pagano il bene col male, *
mi accusano perché cerco il bene.

22 Non abbandonarmi, Signore, *
Dio mio, da me non stare lontano;
23 accorri in mio aiuto, *
Signore, mia salvezza.

Il peccato è causa di tutte le sofferenze e di tutti i disordini che si abbattono sull'uomo; fra tutti i mali è il peggiore. Con sentimenti di vera umiltà prepariamo il nostro cuore alla confessione dei nostri peccati e delle nostre mancanze; apriamo i nostri occhi alla miseria nella quale il peccato getta e imprigiona l'uomo. Ma, soprattutto, speriamo nel Signore e nel suo perdono; non disperiamo, egli non tarderà.

Preghiera

Signore, aiutami prima a sentire la gravità delle mie colpe, poi a portarne il peso; infine donami l'umiltà necessaria per confessarle. Accorri, dunque, in mio aiuto e salvami. **Amen.**

SALMO 38

SUPPLICA DI UN UOMO ANNIENTATO DALLA SOFFERENZA

1 *Al maestro del coro, Idutun. Salmo. Di Davide.*

2 Ho detto: "Veglierò sulla mia condotta *
per non peccare con la mia lingua;
porrò un freno alla mia bocca *
mentre l'empio mi sta dinanzi".

3 Sono rimasto quieto in silenzio: tacevo privo di bene, *
la sua fortuna ha esasperato il mio dolore.
4 Ardeva il cuore nel mio petto, *
al ripensarci è divampato il fuoco;

allora ho parlato: *
5 "Rivelami, Signore, la mia fine;
quale sia la misura dei miei giorni *
e saprò quanto è breve la mia vita".

6 Vedi, in pochi palmi hai misurato i miei giorni, *
e la mia esistenza davanti a te è un nulla.

Solo un soffio è ogni uomo che vive, *
7 come ombra è l'uomo che passa;
solo un soffio che si agita, *
accumula ricchezze e non sa chi le raccolga.

8 Ora, che attendo, Signore? *
In te la mia speranza.
9 Liberami da tutte le mie colpe, *
non rendermi scherno dello stolto.

10 Sto in silenzio, non apro bocca, *
perché sei tu che agisci.
11 Allontana da me i tuoi colpi: *
sono distrutto sotto il peso della tua mano.

12 Castigando il suo peccato tu correggi l'uomo, †
corrodi come tarlo i suoi tesori. *
Ogni uomo non è che un soffio.

13 Ascolta la mia preghiera, Signore, *
porgi l'orecchio al mio grido,

non essere sordo alle mie lacrime, †
poiché io sono un forestiero, *
uno straniero come tutti i miei padri.

14 Distogli il tuo sguardo, che io respiri, *
prima che me ne vada e più non sia.

Di fronte all'angoscia umana più profonda, ricordiamo l'unica e vera speranza, ovvero che Cristo, dopo aver conosciuto tutti i limiti, le sofferenze, le lacrime, è risorto. Ma, soprattutto, non dimentichiamo mai che qualsiasi sia la nostra sofferenza, Cristo l'ha già provata prima di noi e l'ha vinta, ed ora è ancora e sempre qui a sostenerne il peso con noi; non siamo soli, Gesù è con noi.

Preghiera

Padre, fa' che non mi preoccupi continuamente del mio domani su questa terra, ma che piuttosto, accettando con amore e con fede le mie sofferenze, possa giorno per giorno progredire nel cammino verso la santità; un giorno la mia esistenza sboccerà a quella vita vera che tu hai preperato per ciascuno di noi lassù in cielo. **Amen.**

Salmo 39

Ringraziamento ed invocazione di aiuto

1 *Al maestro del coro. Di Davide. Salmo.*

2 Ho sperato: ho sperato nel Signore †
ed egli su di me si è chinato, *
ha dato ascolto al mio grido.

3 Mi ha tratto dalla fossa della morte, *
dal fango della palude;
i miei piedi ha stabilito sulla roccia, *
ha reso sicuri i miei passi.

4 Mi ha messo sulla bocca un canto nuovo, *
lode al nostro Dio.

Molti vedranno e avranno timore *
e confideranno nel Signore.

5 Beato l'uomo che spera nel Signore †
e non si mette dalla parte dei superbi, *
né si volge a chi segue la menzogna.

6 Quanti prodigi tu hai fatto, Signore Dio mio, †
quali disegni in nostro favore! *
nessuno a te si può paragonare.

Se li voglio annunziare e proclamare *
sono troppi per essere contati.

7 Sacrificio e offerta non gradisci, *
gli orecchi mi hai aperto.

Non hai chiesto olocausto e vittima per la colpa. *
8 Allora ho detto: "Ecco, io vengo.

Sul rotolo del libro di me è scritto,
9 che io faccia il tuo volere.
Mio Dio, questo io desidero,
la tua legge è nel profondo del mio cuore."

10 Ho annunziato la tua giustizia
nella grande assemblea; *
vedi, non tengo chiuse le labbra, Signore, tu lo sai.

11 Non ho nascosto la tua giustizia in fondo al cuore, *
la tua fedeltà e la tua salvezza ho proclamato.
Non ho nascosto la tua grazia *
e la tua fedeltà alla grande assemblea.

12 Non rifiutarmi, Signore, la tua misericordia, *
la tua fedeltà e la tua grazia
mi proteggano sempre,

13 poiché mi circondano mali senza numero, †
le mie colpe mi opprimono *
e non posso più vedere.

Sono più dei capelli del mio capo, *
il mio cuore viene meno.

14 Degnati, Signore, di liberarmi; *
accorri, Signore, in mio aiuto.

15 Vergogna e confusione *
per quanti cercano di togliermi la vita.

Retrocedano coperti d'infamia *
quelli che godono della mia sventura.

16 Siano presi da tremore e da vergogna *
quelli che mi scherniscono.

17 Esultino e gioiscano in te quanti ti cercano, †
dicano sempre: "Il Signore è grande" *
quelli che bramano la tua salvezza.

18 Io sono povero e infelice; +
di me ha cura il Signore.
Tu, mio aiuto e mia liberazione, *
mio Dio; non tardare.

Dio dirige le vicende della vita umana secondo un piano meraviglioso, che sfugge ad ogni intendimento umano; fra tutti i sacrifici a lui più graditi è quello della sottomissione e ubbidienza alla sua volontà. In tal modo è distrutta nell'uomo quella che altro non è che la radice del peccato, ovvero la superbi, e si crea la vera comunione con Dio: una sola volontà, un solo cuore.

Preghiera

Signore, fa' che io sia sempre pronto a fare la tua volontà, soprattutto quando questo comporta sofferenza e andare contro quella che è l'ottica umana. Fa' che io confidi sempre e solo in te. Vieni in mio aiuto; in te possa rallegrarsi tutti i giusti. **Amen.**

Salmo 40

Preghiera del malato abbandonato

1 *Al maestro del coro. Salmo. Di Davide.*

2 Beato l'uomo che ha cura del debole, *
nel giorno della sventura il Signore lo libera.

3 Veglierà su di lui il Signore, †
lo farà vivere beato sulla terra, *
non lo abbandonerà alle brame dei nemici.

4 Il Signore lo sosterrà sul letto del dolore; *
gli darai sollievo nella sua malattia.

5 Io ho detto: "Pietà di me, Signore; *
risanami, contro di te ho peccato".
6 I nemici mi augurano il male: *
"Quando morirà e perirà il suo nome?".

7 Chi viene a visitarmi dice il falso, †
il suo cuore accumula malizia *
e uscito fuori sparla.

8 Contro di me sussurrano insieme i miei nemici, *
contro di me pensano il male:
9 "Un morbo maligno su di lui si è abbattuto, *
da dove si è steso non potrà rialzarsi".

10 Anche l'amico in cui confidavo, †
anche lui, che mangiava il mio pane, *

alza contro di me il suo calcagno.

11 Ma tu, Signore, abbi pietà e sollevami, *
che io li possa ripagare.
12 Da questo saprò che tu mi ami *
se non trionfa su di me il mio nemico;

13 per la mia integrità tu mi sostieni, *
mi fai stare alla tua presenza per sempre.

14 Sia benedetto il Signore, Dio d'Israele, *
da sempre e per sempre.
Amen, amen.

La misericordia e l'amore di Dio siano il conforto di chi ad essi si affida e si abbandona nei momenti più oscuri della vita, soprattutto quando attorno alla sofferenza si crea solitudine e isolamento. Il cristiano sa che, in ogni caso, non è mai solo. Gesù, il vero grande sofferente, abbandonato da tutti, è sempre con noi per sollevarci e ricompensare la nostra fiducia.

Preghiera

Signore, in mezzo alle persecuzioni dei nemici e ai tradimenti degli amici non e ci vinca mai lo sconforto, piuttosto la consapevolezza che tu sei sempre vicino, ci risollevi dalle nostre pene e ci guarisca dalle nostre infermità. **Amen.**

I salmi

Libro II

SALMO 41

DESIDERIO DEL SIGNORE E DEL SUO TEMPIO

1 *Al maestro del coro. Maskil. Dei figli di Core.*

2 Come la cerva anela ai corsi d'acqua, *
così l'anima mia anela a te, o Dio.
3 L'anima mia ha sete di Dio, del Dio vivente: *
quando verrò e vedrò il volto di Dio?

4 Le lacrime sono mio pane giorno e notte, *
mentre mi dicono sempre: "Dov'è il tuo Dio?".

5 Questo io ricordo, e il mio cuore si strugge: †
attraverso la folla avanzavo tra i primi *
fino alla casa di Dio,

in mezzo ai canti di gioia *
di una moltitudine in festa.

6 Perché ti rattristi, anima mia, †
perché su di me gemi?
Spera in Dio: ancora potrò lodarlo, *
lui, salvezza del mio volto e mio Dio.

7 In me si abbatte l'anima mia; †
perciò di te mi ricordo *
dal paese del Giordano e dell'Ermon,
dal monte Misar.

8 Un abisso chiama l'abisso
al fragore delle tue cascate; *
tutti i tuoi flutti e le tue onde
sopra di me sono passati.

9 Di giorno il Signore mi dona la sua grazia, †
di notte per lui innalzo il mio canto: *
la mia preghiera al Dio vivente.

10 Dirò a Dio, mia difesa: †
"Perché mi hai dimenticato? *
Perché triste me ne vado, oppresso dal nemico?".

11 Per l'insulto dei miei avversari
sono infrante le mie ossa; *
essi dicono a me tutto il giorno:
"Dov'è il tuo Dio?".

12 Perché ti rattristi, anima mia, *
perché su di me gemi?
Spera in Dio: ancora potrò lodarlo, *
lui, salvezza del mio volto e mio Dio.

Una cerva assetata, con la gola riarsa, che lancia il suo lamento davanti al deserto arido, anelando alle fresche acque di un ruscello; un uomo che prega, che tende con tutto se stesso, corpo e spirito, verso il Signore, verso un Dio che improvvisamente sente lontano. Una profonda nostalgia suscitata dal ricordo di un passato reso felice dalla presenza del Signore, mentre ora l'unica acqua che affiora alle sue pupille è quella delle lacrime per la lontananza dalla fonte della vita. Di fronte a queste labbra secche che urlano, di fronte a quest'anima tormentata, a questo volto che sta per essere sommerso da un mare di fango, Dio potrà restare muto? Certamente no! L'uomo, allora, si anima di nuovo alla speranza.

Giovanni Paolo II

Preghiera

Signore, che unisce in un solo volere le menti dei tuoi fedeli, concedi al tuo popolo di amare tutto ciò che tu comandi, e di desiderare ciò che tu prometti, affinché, nelle varie vicende del mondo, i nostri cuori siano fissi dove sono le vere gioie. **Amen.**

Salmo 42

Desiderio del tempio di Dio

1 Fammi giustizia, o Dio, †
difendi la mia causa contro gente spietata; *
liberami dall'uomo iniquo e fallace.

2 Tu sei il Dio della mia difesa; †
perché mi respingi, *
perché triste me ne vado, oppresso dal nemico?

3 Manda la tua verità e la tua luce; †
siano esse a guidarmi, *
mi portino al tuo monte santo e alle tue dimore.

4 Verrò all'altare di Dio, †
al Dio della mia gioia, del mio giubilo. *
A te canterò con la cetra, Dio, Dio mio.

5 Perché ti rattristi, anima mia, *
perché su di me gemi?
Spera in Dio: ancora potrò lodarlo, *
lui, salvezza del mio volto e mio Dio.

L'umanità, pellegrina sulla terra, pur conoscendo male e dolore, sappia che il punto d'arrivo della storia non è un baratro di morte, bensì l'incontro salvifico con Dio. Quando ci troviamo lontani da Sion, punto di riferimento della nostra esistenza perché sede privilegiata della presenza divina, quando sentiamo una solitudine fatta di incomprensioni e a volte perfino di aggressioni da parte degli empi, aggravata dall'isolamento e dal silenzio da parte di Dio, ricordiamo sempre che la parentesi oscura della lontanan-

za sta per finire, che siamo in marcia verso una meta gioiosa e che la guida del ritorno a Sion sarà la verità di Dio e la sua luce.

Giovanni Paolo II

Preghiera

Padre, questa è la speranza dei tuoi figli: quella luce perpetua, che invochiamo per i nostri cari scomparsi, quella luce della Gerusalemme eterna di cui già qui in terra possiamo gustare il tepore e il calore. Sia la tua luce a guidarci e a preservarci dal male, a purificarci, a salvarci. **Amen.**

SALMO 43

IL POPOLO DI DIO NELLA SVENTURA

1 *Al maestro del coro. Dei figli di Core. Maskil.*

2 Dio, con i nostri orecchi abbiamo udito, †
i nostri padri ci hanno raccontato
l'opera che hai compiuto ai loro giorni, *
nei tempi antichi.

3 Tu per piantarli, con la tua mano
hai sradicato le genti, *
per far loro posto, hai distrutto i popoli.

4 Poiché non con la spada conquistarono la terra, *
né fu il loro braccio a salvarli;

ma il tuo braccio e la tua destra
e la luce del tuo volto, *
perché tu li amavi.

5 Sei tu il mio re, Dio mio, *
che decidi vittorie per Giacobbe.

6 Per te abbiamo respinto i nostri avversari, *
nel tuo nome abbiamo annientato
i nostri aggressori.

7 Infatti nel mio arco non ho confidato *
e non la mia spada mi ha salvato,
8 ma tu ci hai salvati dai nostri avversari, *
hai confuso i nostri nemici.

9 In Dio ci gloriamo ogni giorno, *
celebrando senza fine il tuo nome.

10 Ma ora ci hai respinti e coperti di vergogna, *
e più non esci con le nostre schiere.
11 Ci hai fatti fuggire di fronte agli avversari *
e i nostri nemici ci hanno spogliati.

12 Ci hai consegnati come pecore da macello, *
ci hai dispersi in mezzo alle nazioni.
13 Hai venduto il tuo popolo per niente, *
sul loro prezzo non hai guadagnato.

14 Ci hai resi ludibrio dei nostri vicini, *
scherno e obbrobrio a chi ci sta intorno.
15 Ci hai resi la favola dei popoli, *
su di noi le nazioni scuotono il capo.

16 L'infamia mi sta sempre davanti *
e la vergogna copre il mio volto
17 per la voce di chi insulta e bestemmia, *
davanti al nemico che brama vendetta.

18 Tutto questo ci è accaduto †
e non ti avevamo dimenticato, *
non avevamo tradito la tua alleanza.

19 Non si era volto indietro il nostro cuore, *
i nostri passi non avevano lasciato il tuo sentiero;
20 ma tu ci hai abbattuti in un luogo di sciacalli *
e ci hai avvolti di ombre tenebrose.

21 Se avessimo dimenticato il nome del nostro Dio *
e teso le mani verso un dio straniero,
22 forse che Dio non lo avrebbe scoperto, *
lui che conosce i segreti del cuore?

23 Per te ogni giorno siamo messi a morte, *
stimati come pecore da macello.

24 Svegliati, perché dormi, Signore? *
Destati, non ci respingere per sempre.
25 Perché nascondi il tuo volto, *
dimentichi la nostra miseria e oppressione?

26 Poiché siamo prostrati nella polvere, *
il nostro corpo è steso a terra.
Sorgi, vieni in nostro aiuto; *
27 salvaci per la tua misericordia.

Colui che opera la salvezza permette che la tribolazione venga a provare la fede dei suoi credenti, perché la salvezza ha un passaggio obbligato attraverso la morte da cui sorge la vita nuova, ed è opera della fede in Cristo morto e resuscitato. Tutto ciò che Dio compie per il suo popolo è un dono gratuito, opera della sua libera misericordia e benevolenza e la vera risposta a questo dono può essere soltanto la fede che spera contro ogni speranza.
Dio farà giustizia ai suoi eletti che gridano giorno e notte verso di lui, non li farà aspettare. Farà loro giustizia prontamente.
Facciamo nostre le intenzioni della Chiesa universale per prendere parte alle necessità di chi è nel pianto; e quando la prova raggiunge anche noi, sappiamo unire il nostro sacrificio a quello di Cristo e dei suoi martiri per il bene della Chiesa.

Preghiera

Signore, sostieni la tua Chiesa, soccorrila affinché possa essere sacramento di salvezza per tutti gli uomini. **Amen.**

SALMO 44

LE NOZZE DEL RE

1 *Al maestro del coro. Su "I gigli...".*
Dei figli di Core. Maskil. Canto d'amore.

2 Effonde il mio cuore liete parole, †
io canto al re il mio poema. *
La mia lingua è stilo di scriba veloce.

3 Tu sei il più bello tra i figli dell'uomo, †
sulle tue labbra è diffusa la grazia, *
ti ha benedetto Dio per sempre.

4 Cingi, prode, la spada al tuo fianco, †
nello splendore della tua maestà ti arrida la sorte, *
5 avanza per la verità, la mitezza e la giustizia.

6 La tua destra ti mostri prodigi: †
le tue frecce acute
colpiscono al cuore i tuoi nemici; *
sotto di te cadono i popoli.

7 Il tuo trono, Dio, dura per sempre;
è scettro giusto lo scettro del tuo regno.

8 Ami la giustizia e l'empietà detesti: †
Dio, il tuo Dio ti ha consacrato *
con olio di letizia, a preferenza dei tuoi eguali.

9 Le tue vesti son tutte mirra, aloè e cassia, *
dai palazzi d'avorio ti allietano le cetre.
10 Figlie di re stanno tra le tue predilette; *

alla tua destra la regina in ori di Ofir.

11 Ascolta, figlia, guarda, porgi l'orecchio, *
dimentica il tuo popolo e la casa di tuo padre;
12 al re piacerà la tua bellezza. *
Egli è il tuo signore: prostrati a lui.

13 Da Tiro vengono portando doni, *
i più ricchi del popolo cercano il tuo volto.

14 La figlia del re è tutta splendore, *
gemme e tessuto d'oro è il suo vestito.

15 È presentata al re in preziosi ricami; *
con lei le vergini compagne a te sono condotte;
16 guidate in gioia ed esultanza, *
entrano insieme nel palazzo regale.

17 Ai tuoi padri succederanno i tuoi figli; *
li farai capi di tutta la terra.

18 Farò ricordare il tuo nome per tutte le generazioni, *
e i popoli ti loderanno
in eterno, per sempre.

La Chiesa è la sposa del più bello tra i figli degli uomini; dal Cristo la grazia si è riversata su di lei. Il suo Signore l'ha accolta nel suo palazzo, essa ha dimenticato il suo popolo e la casa di suo padre, ha dimenticato la sua vecchia origine per essere con Cristo una carne sola. Ogni cristiano, nella misura in cui vive nella grazia di Cristo, partecipa all'unione della Chiesa con il Signore. Siamo anche noi nel corteo che accompagna la Chiesa incontro al suo sposo, nella celebrazione eucaristica, e tutta la vita cristiana è un andare incontro a Gesù. Siamo allora sempre vigilanti, fedeli e prudenti nell'attesa, per essere preparati a ricevere lo sposo al suo arrivo. Quando egli si manifesterà, allora, anche noi saremo manifestati nella medesima sua gloria, per mangiare e bere alla sua tavola, nel suo regno.

Preghiera

Gesù, che nell'incarnazione celebri le tue nozze con l'umanità, rendendola partecipe della tua grazia e delle benedizioni che il Padre ha su di essa riversato, fa' che ogni uomo possa essere parte viva di quella Chiesa che è tua sposa, adorna dello splendore della grazia ed arricchita di tutti i doni dei sacramenti. **Amen.**

SALMO 45

DIO RIFUGIO E FORZA DEL SUO POPOLO

1 *Al maestro del coro. Dei figli di Core.*
Su "Le vergini...". Canto.

2 Dio è per noi rifugio e forza, *
aiuto sempre vicino nelle angosce.

3 Perciò non temiamo se trema la terra, *
se crollano i monti nel fondo del mare.
4 Fremano, si gonfino le sue acque, *
tremino i monti per i suoi flutti.

5 Il Signore degli eserciti è con noi, *
nostro rifugio è il Dio di Giacobbe.

6 Un fiume e i suoi ruscelli rallegrano la città di Dio, *
la santa dimora dell'Altissimo.

7 Dio sta in essa: non potrà vacillare; *
la soccorrerà Dio, prima del mattino.
8 Fremettero le genti, i regni si scossero; *
egli tuonò, si sgretolò la terra.

9 Il Signore degli eserciti è con noi, *
nostro rifugio è il Dio di Giacobbe.

10 Venite, vedete le opere del Signore, *
egli ha fatto portenti sulla terra.

11 Farà cessare le guerre sino ai confini della terra, †
romperà gli archi e spezzerà le lance, *
brucerà con il fuoco gli scudi.

12 Fermatevi e sappiate che io sono Dio, *
eccelso tra le genti, eccelso sulla terra.

13 Il Signore degli eserciti è con noi, *
nostro rifugio è il Dio di Giacobbe.

Quando l'uomo cerca alleanze terrene e lascia da parte il suo Dio, finisce con il ritrovarsi senza difese. È questa la quotidiana realtà della nostra vita; ma se è vero che senza il Cristo nulla possiamo fare, è pure vero che tutto possiamo in Colui che ci dà la forza. La fiducia in Dio Padre ci spinga al rifiuto di qualsiasi compromesso che ci faccia deviare dal cammino della salvezza: ricordiamo sempre che la vittoria che vince il mondo è quella riposta nella fede in Gesù Cristo, Figlio di Dio.

Preghiera

Dio Padre, nostro rifugio e nostra forza, sostieni la tua Chiesa, affinché ogni uomo possa in essa trovare la pace e la vita vera. **Amen.**

Salmo 46

Il Signore, re dell'universo

1 *Al maestro del coro. Dei figli di Core. Salmo.*

2 Applaudite, popoli tutti, *
acclamate Dio con voci di gioia;
3 perché terribile è il Signore, l'Altissimo, *
re grande su tutta la terra.

4 Egli ci ha assoggettati i popoli, *
ha messo le nazioni sotto i nostri piedi.
5 La nostra eredità ha scelto per noi, *
vanto di Giacobbe suo prediletto.

6 Ascende Dio tra le acclamazioni, *
il Signore al suono di tromba.

7 Cantate inni a Dio, cantate inni; *
cantate inni al nostro re, cantate inni;
8 perché Dio è re di tutta la terra, *
cantate inni con arte.

9 Dio regna sui popoli, *
Dio siede sul suo trono santo.

10 I capi dei popoli si sono raccolti *
con il popolo del Dio di Abramo,
perché di Dio sono i potenti della terra: *
egli è l'Altissimo.

Questo inno al Signore, re del mondo e dell'umanità, come altre composizioni simili presenti nel Salterio (cfr. Sal 92; 95-98) suppone un'atmosfera celebrativa liturgica. Siamo, perciò, nel cuore spirituale della lode d'Israele, che sale al cielo partendo dal tempio, il luogo nel quale il Dio infinito ed eterno si svela ed incontra il suo popolo. Il salmo finisce con una sorprendente apertura universalistica, si risale ad Abramo, il patriarca che è alla radice non solo di Israele, ma anche di altre nazioni. Al popolo eletto che da lui discende, è affidata la missione di far convergere tutte le genti e tutte le culture, perché egli è Dio di tutta l'umanità. La Lettera agli Efesini vede la realizzazione di questa profezia nel mistero di Cristo redentore: in Cristo, dunque la regalità di Dio cantata dal salmo 46, si è realizzata sulla terra nei confronti di tutti i popoli.

Giovanni Paolo II

Preghiera

Gesù, re dell'universo, concedi alla Chiesa la forza e la perseveranza nel diffondere il tuo regno fra tutti i popoli, affinché ogni uomo ti acclami e ti lodi senza fine. **Amen.**

SALMO 47

AZIONE DI GRAZIE PER LA SALVEZZA DEL POPOLO

1 *Cantico. Salmo. Dei figli di Core.*

2 Grande è il Signore e degno di ogni lode *
nella città del nostro Dio.
3 Il suo monte santo, altura stupenda, *
è la gioia di tutta la terra.

Il monte Sion, dimora divina, *
è la città del grande Sovrano.
4 Dio nei suoi baluardi *
è apparso fortezza inespugnabile.

5 Ecco, i re si sono alleati, *
sono avanzati insieme.
6 Essi hanno visto: *
attoniti e presi dal panico, sono fuggiti.

7 Là sgomento li ha colti, *
doglie come di partoriente,
8 simile al vento orientale *
che squarcia le navi di Tarsis.

9 Come avevamo udito, così abbiamo visto
nella città del Signore degli eserciti, †
nella città del nostro Dio; *
Dio l'ha fondata per sempre.

10 Ricordiamo, Dio, la tua misericordia *
dentro il tuo tempio.

11 Come il tuo nome, o Dio, †
così la tua lode si estende
sino ai confini della terra; *
è piena di giustizia la tua destra.

12 Gioisca il monte di Sion, †
esultino le città di Giuda *
a motivo dei tuoi giudizi.

13 Circondate Sion, giratele intorno, *
contate le sue torri.

14 Osservate i suoi baluardi, †
passate in rassegna le sue fortezze, *
per narrare alla generazione futura:

15 Questo è il Signore, nostro Dio †
in eterno, sempre: *
egli è colui che ci guida.

Attorno a Gerusalemme si accalcano le truppe di un assedio, il male che attenta allo splendore della città di Dio. Ma lo scontro ha un esito scontato e quasi immediato; una certezza indiscussa per chi sta all'ombra della protezione divina: l'ultima parola non è affidata al male ma al bene. Dio trionfa sulle potenze ostili, anche quando sembrano grandiose e invincibili. Le mura di Gerusalemme parlano e le sue pietre ricordano gli interventi liberatori di Dio. Preghiamo affinché possiamo essere ritrovati quali pietre vive nelle mura della Gerusalemme celeste e libera.

Giovanni Paolo II

Preghiera

Gesù, il tuo amore per la Chiesa, consolidi la nostra fede e il nostro attaccamento verso di lei, e che ogni uomo possa in essa trovare la verità e la pace. **Amen.**

Salmo 48

Vanità delle ricchezze

1 *Al maestro del coro. Dei figli di Core. Salmo.*

2 Ascoltate, popoli tutti, *
porgete orecchio abitanti del mondo,
3 voi nobili e gente del popolo, *
ricchi e poveri insieme.

4 La mia bocca esprime sapienza, *
il mio cuore medita saggezza;
5 porgerò l'orecchio a un proverbio, *
spiegherò il mio enigma sulla cetra.

6 Perché temere nei giorni tristi, *
quando mi circonda la malizia dei perversi?
7 Essi confidano nella loro forza, *
si vantano della loro grande ricchezza.

8 Nessuno può riscattare se stesso, *
o dare a Dio il suo prezzo.

9 Per quanto si paghi il riscatto di una vita, †
non potrà mai bastare *
10 per vivere senza fine, e non vedere la tomba.

11 Vedrà morire i sapienti; †
lo stolto e l'insensato periranno insieme *
e lasceranno ad altri le loro ricchezze.

12 Il sepolcro
sarà loro casa per sempre, †
loro dimora per tutte le generazioni, *
eppure hanno dato il loro nome alla terra.

13 Ma l'uomo nella prosperità non comprende, *
è come gli animali che periscono.

14 Questa è la sorte di chi confida in se stesso, *
l'avvenire di chi si compiace nelle sue parole.
15 Come pecore sono avviati agli inferi, *
sarà loro pastore la morte;

scenderanno a precipizio nel sepolcro, †
svanirà ogni loro parvenza: *
gli inferi saranno la loro dimora.

16 Ma Dio potrà riscattarmi, *
mi strapperà dalla mano della morte.

17 Se vedi un uomo arricchirsi, non temere, *
se aumenta la gloria della sua casa.
18 Quando muore con sé non porta nulla, *
né scende con lui la sua gloria.

19 Nella sua vita si diceva fortunato: *
"Ti loderanno,
perché ti sei procurato del bene".

20 Andrà con la generazione dei suoi padri *
che non vedranno mai più la luce.

21 L'uomo nella prosperità non comprende, *
è come gli animali che periscono.

L'uomo non solo si affligge al pensiero dell'avvicinarsi del dolore e della dissoluzione del corpo, ma anche per il timore che tutto finisca per sempre; ma il cristiano sa di essere stato creato da Dio per un fine di felicità oltre i confini della miseria terrena. La fede insegna che la morte corporale, dalla quale l'uomo sarebbe stato esentato se non avesse peccato, sarà vinta per l'onnipotenza e la misericordia del Salvatore; questa vittoria l'ha conquistata il Cristo risorgendo alla vita, dopo aver liberato l'uomo dalla morte mediante la sua morte.

Un altro problema è quello del significato che possono assumere i beni terreni, la prosperità e il benessere che abbiamo sulla terra in relazione al fine ultimo dell'uomo; il progresso umano, che pur è un gran bene dell'uomo, porta con sé una grande tentazione: sconvolto l'ordine dei valori e mescolato il bene con il male, l'uomo guarda solamente alle cose proprie e così il mondo cessa di essere il campo di una genuina fraternità, mentre l'aumento della potenza umana minaccia di distruggere ormai lo stesso genere umano. Allora solo purificando, attraverso la croce, tutte quelle attività umane messe in pericolo dalla superbia e dall'amore disordinato di se stessi, il progresso terreno potrà contribuire a meglio ordinare l'umana società.

L'ultimo problema è poi quello della retribuzione delle azioni umane; gli empi, gli orgogliosi e fiduciosi in se stessi e nelle loro ricchezze, dopo un apparente benessere sulla terra, saranno preda della morte e di una sorte misera, dalla quale non li salveranno le sostanze accumulate sulla terra.

Preghiera

Padre, non ho portato nulla in questo mondo e nulla posso portare via. Insegnami a renderti grazie piuttosto per i beni che giorno per giorno ricevo nella completa indifferenza. Liberami dalla tentazione e dai desideri che fanno affogare gli uomini in rovina e perdizione; se i miei occhi vedranno uomini arricchire, dal mio cuore si levi solo un profondo ringraziamento alla tua bontà per i doni da essi ricevuti, mai sentimenti di invidia e di disperazione. **Amen.**

SALMO 49

IL CULTO GRADITO A DIO

1 *Salmo. Di Asaf.*

Parla il Signore, Dio degli dèi, *
cònvoca la terra da oriente a occidente.
2 Da Sion, splendore di bellezza, *
Dio rifulge.

3 Viene il nostro Dio e non sta in silenzio; †
davanti a lui un fuoco divorante, *
intorno a lui si scatena la tempesta.

4 Convoca il cielo dall'alto *
e la terra al giudizio del suo popolo:

5 "Davanti a me riunite i miei fedeli, *
che hanno sancito con me l'alleanza
offrendo un sacrificio".

6 Il cielo annunzi la sua giustizia, *
Dio è il giudice.

7 "Ascolta, popolo mio, voglio parlare, †
testimonierò contro di te, Israele: *
Io sono Dio, il tuo Dio.

8 Non ti rimprovero per i tuoi sacrifici; *
i tuoi olocausti mi stanno sempre davanti.
9 Non prenderò giovenchi dalla tua casa, *
né capri dai tuoi recinti.

10 Sono mie tutte le bestie della foresta, *
animali a migliaia sui monti.
11 Conosco tutti gli uccelli del cielo, *
è mio ciò che si muove nella campagna.

12 Se avessi fame, a te non lo direi: *
mio è il mondo e quanto contiene.
13 Mangerò forse la carne dei tori, *
berrò forse il sangue dei capri?

14 Offri a Dio un sacrificio di lode *
e sciogli all'Altissimo i tuoi voti;
15 invocami nel giorno della sventura: *
ti salverò e tu mi darai gloria".

16 All'empio dice Dio: †
"Perché vai ripetendo i miei decreti *
e hai sempre in bocca la mia alleanza,

17 tu che detesti la disciplina *
e le mie parole te le getti alle spalle?
18 Se vedi un ladro, corri con lui; *
e degli adulteri ti fai compagno.

19 Abbandoni la tua bocca al male *
e la tua lingua ordisce inganni.
20 Ti siedi, parli contro il tuo fratello, *
getti fango contro il figlio di tua madre.

21 Hai fatto questo e dovrei tacere? †
Forse credevi ch'io fossi come te! *
Ti rimprovero: ti pongo innanzi i tuoi peccati".

22 Capite questo voi che dimenticate Dio, *
perché non mi adiri e nessuno vi salvi.

23 Chi offre il sacrificio di lode, questi mi onora, †
a chi cammina per la retta via *
mostrerò la salvezza di Dio.

Molti cristiani compiono esternamente i loro doveri religiosi, celebrano le pratiche di culto prescritte, ma portano in Chiesa un corpo senza anima, pregano Dio con le labbra, ma non con il cuore, fanno doni e voti di cose materiali a Dio, ma abbandonano la mente a pensieri impuri e il cuore alle passioni. La loro vita procede su strade ben contrarie a quelle della carità, fanno professione di fede in Cristo a parole, ma con i fatti contraddicono ad essa. Invece, di uniformare la loro condotta a ciò che hanno imparato da Cristo, sono tentati di emulare gli operatori di iniquità che vengono esaltati nei giornali, negli spettacoli e se il Signore continua a essere misericordioso con loro invece, di convertirsi quasi ne approfittano per diventare peggiori.

Preghiera

Gesù, che agli antichi sacrifici hai sostituito il tuo stesso sangue, fa' che io mi accosti alla santa messa con retta disposizione d'animo, conformando la mia mente alle parole che pronuncerò, per poter così cooperare con la grazia divina e non riceverti invano. **Amen.**

SALMO 50

MISERERE

1 *Al maestro del coro. Salmo. Di Davide.*
Quando venne da lui il profeta Natan
dopo che aveva peccato con Betsabea.

2 Pietà di me, o Dio,
secondo la tua misericordia; *
nel tuo grande amore
cancella il mio peccato.

4 Lavami da tutte le mie colpe, *
mondami dal mio peccato.
5 Riconosco la mia colpa, *
il mio peccato mi sta sempre dinanzi.

6 Contro di te, contro te solo ho peccato, *
quello che è male ai tuoi occhi, io l'ho fatto;
perciò sei giusto quando parli, *
retto nel tuo giudizio.

7 Ecco, nella colpa sono stato generato, *
nel peccato mi ha concepito mia madre.
8 Ma tu vuoi la sincerità del cuore *
e nell'intimo m'insegni la sapienza.

9 Purificami con issopo e sarò mondato: *
lavami e sarò più bianco della neve.
10 Fammi sentire gioia e letizia, *
esulteranno le ossa che hai spezzato.

11 Distogli lo sguardo dai miei peccati, *
cancella tutte le mie colpe.
12 Crea in me, o Dio, un cuore puro, *
rinnova in me uno spirito saldo.

13 Non respingermi dalla tua presenza *
e non privarmi del tuo santo spirito.
14 Rendimi la gioia di essere salvato, *
sostieni in me un animo generoso.

15 Insegnerò agli erranti le tue vie *
e i peccatori a te ritorneranno.
16 Liberami dal sangue, Dio, Dio mia salvezza, *
la mia lingua esalterà la tua giustizia.

17 Signore, apri le mie labbra *
e la mia bocca proclami la tua lode;
18 poiché non gradisci il sacrificio *
e, se offro olocausti, non li accetti.

19 Uno spirito contrito *
e sacrificio a Dio,
un cuore affranto e umiliato, *
tu, o Dio, tu non disprezzi.

20 Nel tuo amore
fa' grazia a Sion, *
rialza le mura
di Gerusalemme.

21 Allora gradirai i sacrifici prescritti, †
l'olocausto e l'intera oblazione, *
allora immoleranno vittime sopra il tuo altare.

L'uomo è situato fin dall'inizio della sua esistenza nella regione tenebrosa del peccato. Il peccato è un'aberrazione che ci conduce lontano da Dio, meta fondamentale delle nostre relazioni, e per conseguenza anche dal prossimo; il peccato è una deviazione tortuosa dalla retta via, è l'inversione, la distorsione, la deformazione del bene e del male. È la ribellione del suddito nei confronti del sovrano, e quindi un'aperta sfida rivolta a Dio e al suo progetto per la storia umana. Se l'uomo, però, confessa il suo peccato, la giustizia salvifica di Dio è pronta a purificarlo radicalmente; attraverso la confessione delle colpe si apre per l'uomo un orizzonte di luce in cui Dio è all'opera. Il perdono divino che cancella, lava, monda il peccatore, giunge perfino a trasformarlo in una nuova creatura che ha spirito, lingua, labbra e cuore trasfigurati. Anche se i nostri peccati fossero neri come la notte, la misericordia divina è più forte della nostra miseria.

Giovanni Paolo II

Preghiera

Signore, che nel sacrificio di Gesù Cristo hai redento il mondo, abbi pietà di noi peccatori; cancella le nostre colpe e rendici la gioia di essere salvati, affinché ti possiamo ringraziare in eterno e proclamare esultanti la tua lode. **Amen.**

Salmo 51

Contro un calunniatore

1 *Al maestro del coro. Maskil. Di Davide.*
2 *Dopo che l'idumeo Doeg venne da Saul*
per informarlo e dirgli:
"Davide è entrato in casa di Abimelech".

3 Perché ti vanti del male *
o prepotente nella tua malizia?

4 Ordisci insidie ogni giorno; †
la tua lingua è come lama affilata, *
artefice di inganni.

5 Tu preferisci il male al bene, †
la menzogna al parlare sincero. *
6 Ami ogni parola di rovina, o lingua di impostura.

7 Perciò Dio ti demolirà per sempre, †
ti spezzerà e ti strapperà dalla tenda *
e ti sradicherà dalla terra dei viventi.

8 Vedendo, i giusti saran presi da timore *
e di lui rideranno:

9 "Ecco l'uomo che non ha posto in Dio la sua difesa, †
ma confidava nella sua grande ricchezza *
e si faceva forte dei suoi crimini".

10 Io invece come olivo verdeggiante nella casa di Dio. *
Mi abbandono alla fedeltà di Dio *
ora e per sempre.

11 Voglio renderti grazie in eterno *
per quanto hai operato;
spero nel tuo nome, perché è buono, *
davanti ai tuoi fedeli.

Rovinose e ingannevoli sono le fortune materiali accumulate con la frode, la menzogna, la prepotenza e l'inganno. Ad un tratto diventerà una vera disgrazia per l'uomo empio e ingiusto il riuscire a trarre vantaggi dalle cattive azioni. La vera scaltrezza è quella dei santi, che nessuna cosa della terra hanno preferito alla legge e alla grazia di Dio, e che si sono sforzati di entrare per la strada stretta che conduce alla vita, non invidiando ad alcuno la porta larga e la via ampia che conduce alla perdizione. Impariamo da loro e cerchiamo di imitarli nell'abbandono alla fedeltà di Dio.

Preghiera

Padre, la tua giustizia sovrasta il giusto e l'empio, veglia su di noi che, confidiamo in te sapendo che la vera forza è quella della fedeltà e della fiducia nel tuo amore e non quella della prepotenza e della violenza. **Amen.**

Salmo 52

Stoltezza degli empi

1 *Al maestro del coro. Su "Macalat". Maskil. Di Davide.*

2 Lo stolto pensa: "Dio non esiste". †
Sono corrotti, fanno cose abominevoli, *
nessuno fa il bene.

3 Dio dal cielo si china sui figli dell'uomo *
per vedere se c'è un uomo saggio che cerca Dio.

4 Tutti hanno traviato, tutti sono corrotti; *
nessuno fa il bene; neppure uno. *

5 Non comprendono forse i malfattori †
che divorano il mio popolo come il pane *
e non invocano Dio?

6 Hanno tremato di spavento, *
là dove non c'era da temere.
Dio ha disperso le ossa degli aggressori,
sono confusi perché Dio li ha respinti.

7 Chi manderà da Sion la salvezza di Israele? †
Quando Dio farà tornare i deportati
del suo popolo, *
esulterà Giacobbe, gioirà Israele.

Stolto è l'uomo che vive la propria vita senza temere il Signore, corrompendosi dietro passioni e illusioni. Vigiliamo sulla nostra condotta, e cerchiamo piuttosto di comprendere la volontà di Dio Padre, sforzandoci di conformarci come meglio possiamo ad essa, senza lasciarci confondere dal male, e poniamo nel Signore tutte le nostre speranze. Ma soprattutto nei momenti di maggior smarrimento, ci sia di consolazione la certezza che Dio Padre non permetterà mai al peccato di ostacolare il progetto di salvezza che egli ha voluto, nel suo infinito amore, per ciascuno di noi.

Preghiera

Signore, che hai mandato il tuo unico Figlio a liberare gli uomini dalla schiavitù di satana, facci comprendere la meschinità dei nostri peccati; suscita in noi il desiderio di ritornare a te, unico vero amore. **Amen.**

SALMO 53

INVOCAZIONE D'AIUTO

1 *Al maestro del coro. Per strumenti a corda.*
Maskil. Di Davide.
2 *Dopo che gli Zifei vennero da Saul a dirgli:*
"Ecco, Davide se ne sta nascosto presso di noi".

3 Dio, per il tuo nome, salvami, *
per la tua potenza rendimi giustizia.
4 Dio, ascolta la mia preghiera, *
porgi l'orecchio alle parole della mia bocca;

5 poiché sono insorti contro di me gli arroganti †
e i prepotenti insidiano la mia vita, *
davanti a sé non pongono Dio.

6 Ecco, Dio è il mio aiuto, *
il Signore mi sostiene.

7 Fa' ricadere il male sui miei nemici, *
nella tua fedeltà disperdili.

8 Di tutto cuore ti offrirò un sacrificio, *
Signore, loderò il tuo nome perché è buono;
9 da ogni angoscia mi hai liberato *
e il mio occhio ha sfidato i miei nemici.

In tutte le varie circostanze della nostra vita, insidiata da nemici e pericoli di ogni sorta, impariamo con la semplicità di una preghiera a ravvivare il nostro desiderio di Dio, ad aumentare la fiducia in lui, a disporre la nostra anima al suo servizio. Il Signore desidera essere vicino a ciascuno di noi, per esaudire la nostra supplica e gradisce ogni nostro sacrificio. Ma, soprattutto, facciamo in modo che la preghiera diventi vera vita, che le parole non siano solamente pronunciate dalle labbra, ma anche dalla mente, dal cuore, dalle azioni. Lasciamoci guidare da Colui che scruta il profondo del nostro cuore. Nella preghiera troveremo consolazione e forza.

Preghiera

Signore, liberaci dagli arroganti e dai prepotenti che insidiano la nostra vita, e noi, certi di essere esauditi, offriremo un sacrificio di lode edi ringraziamento alla tua infinita bontà. **Amen.**

SALMO 54

L'AMICO CHE TRADISCE

1 *Al maestro del coro. Per strumenti a corda.*
Maskil. Di Davide.

2 Porgi l'orecchio, Dio, alla mia preghiera, †
non respingere la mia supplica; *
3 dammi ascolto e rispondimi.

4 Mi agito nel mio lamento *
e sono sconvolto al grido del nemico,
al clamore dell'empio.

Contro di me riversano sventura, *
mi perseguitano con furore.
5 Dentro di me freme il mio cuore, *
piombano su di me terrori di morte.

6 Timore e spavento mi invadono *
e lo sgomento mi opprime.
7 Dico: "Chi mi darà ali come di colomba, *
per volare e trovare riposo?

8 Ecco, errando, fuggirei lontano, *
abiterei nel deserto.
9 Riposerei in un luogo di riparo *
dalla furia del vento e dell'uragano".

10 Disperdili, Signore, †
confondi le loro lingue: *
ho visto nella città violenza e contese.

11 Giorno e notte si aggirano sulle sue mura, †
12 all'interno iniquità, travaglio e insidie *
e non cessano nelle sue piazze
sopruso e inganno.

13 Se mi avesse insultato un nemico, *
l'avrei sopportato;
se fosse insorto contro di me un avversario, *
da lui mi sarei nascosto.

14 Ma sei tu, mio compagno, *
mio amico e confidente;
15 ci legava una dolce amicizia, *
verso la casa di Dio camminavamo in festa.

16 Piombi su di loro la morte, *
scendano vivi negli inferi,
perché il male è nelle loro case, *
e nel loro cuore.

17 Io invoco Dio e il Signore mi salva. †
18 Di sera, al mattino, a mezzogiorno
mi lamento e sospiro *
ed egli ascolta la mia voce;

19 mi salva, mi dà pace da coloro che mi combattono: *
sono tanti i miei avversari.
20 Dio mi ascolta e li umilia, *
egli che domina da sempre

Per essi non c'è conversione *
e non temono Dio.
21 Ognuno ha steso la mano contro i suoi amici, *
ha violato la sua alleanza.

22 Più untuosa del burro è la sua bocca, *
ma nel cuore ha la guerra;
più fluide dell'olio le sue parole, *
ma sono spade sguainate.

23 Getta sul Signore il tuo affanno †
ed egli ti darà sostegno, *
mai permetterà che il giusto vacilli.

24 Tu, Dio, li sprofonderai nella tomba *
gli uomini sanguinari e fraudolenti:
essi non giungeranno alla metà dei loro giorni. *
Ma io, Signore, in te confido.

Quando il dolore ti spezza il cuore e terrori di ogni sorta ti assalgono, quando l'ambiente nel quale vivi ti avvilisce a causa delle discordie e delle rivalità, della frode e dell'egoismo, quando non ti puoi fidare nemmeno di coloro che si professano tuoi amici ed erano stati da te beneficati, allora veramente potrai sperimentare come la fiducia più assoluta in Dio sia l'unica forza che ti può sostenere e come Dio si prenda cura di te, come egli sia l'unico scampo e rifugio, l'unico amico al quale puoi affidare senza riserve e senza delusioni la tua vita. Solo, allora, apparirà quanto siano perfino provvidenziali i tristi casi della tua esistenza, che ti permettono di sentire così intensamente la vicinanza di Dio e la sua benefica azione nella tua vita.

Preghiera

Signore Gesù, che hai provato l'amarezza dell'abbandono degli uomini e il tradimento di un amico, soccorrici nei momenti della prova, concedici di superare le difficoltà, ed aiutaci a porre in Dio ogni nostro affanno, affinché egli ci aiuti e ci sostenga. **Amen.**

Salmo 55

Fiducia nella parola di Dio

1 *Al maestro del coro. Su "Jonat elem rehoqim".*
Di Davide. Miktam.
Quando i Filistei lo tenevano prigioniero in Gat.

2 Pietà di me, o Dio, perché l'uomo mi calpesta, *
un aggressore sempre mi opprime.
3 Mi calpestano sempre i miei nemici, *
molti sono quelli che mi combattono.

4 Nell'ora della paura, io in te confido: *
5 In Dio, di cui lodo la parola,
in Dio confido, non avrò timore: *
che cosa potrà farmi un uomo?

6 Travisano sempre le mie parole, *
non pensano che a farmi del male.

7 Suscitano contese e tendono insidie, †
osservano i miei passi, *
per attentare alla mia vita.

8 Per tanta iniquità non abbiano scampo:
nella tua ira abbatti i popoli, o Dio,

9 I passi del mio vagare tu li hai contati, †
le mie lacrime nell'otre tuo raccogli; *
non sono forse scritte nel tuo libro?

10 Allora ripiegheranno i miei nemici, †

quando ti avrò invocato: *
so che Dio è in mio favore.

11 Lodo la parola di Dio, *
lodo la parola del Signore,
12 in Dio confido, non avrò timore: *
che cosa potrà farmi un uomo?

13 Su di me, o Dio, i voti che ti ho fatto: †
ti renderò azioni di grazie, *
14 perché mi hai liberato dalla morte.

Hai preservato i miei piedi dalla caduta, †
perché io cammini alla tua presenza *
nella luce dei viventi, o Dio.

Insidie di ogni genere e rischi continui concorrono a rendere la nostra vita pesante e malata di disperazione; ma quello spiraglio di luce e di speranza che ci è stato aperto dall'Alto, continuamente ci ricorda che Dio Padre ha contato tutti i passi del nostro vagare, così come allo stesso modo, egli ha raccolto ogni nostra lacrima e ogni nostra sofferenza. In realtà cosa peggiore sarebbe per un uomo non sentire più l'angoscia del vivere nell'imperversare del male, perché ciò significherebbe aver fatto pace con il mondo; finché il dolore trova eco nel nostro animo, vuol dire che ancora apparteniamo alla schiera dei poveri e dei perseguitati in cui vive Cristo stesso e ai quali egli ha promesso il Regno dei cieli. Dice infatti Gesù: "Se foste del mondo, il mondo amerebbe ciò che è suo; poiché invece non siete del mondo, ma io vi ho scelti dal mondo, per questo il mondo vi odia".

Preghiera

Gesù, che oltraggiato, nel tuo silenzio hai continuato a confidare nella protezione del Padre, concedi anche a noi piena fiducia in Dio, soprattutto nelle prove, affinché sopportiamo tutto per suo amore e possiamo camminare alla sua presenza. **Amen.**

SALMO 56

PREGHIERA DEL MATTINO NELLA SOFFERENZA

1 *Al maestro del coro.*
Su "Non distruggere". Di Davide.
Miktam. Quando fuggì da Saul nella caverna.

2 Pietà di me, pietà di me, o Dio, *
in te mi rifugio;
mi rifugio all'ombra delle tue ali *
finché sia passato il pericolo.

3 Invocherò Dio, l'Altissimo, *
Dio che mi fa il bene.

4 Mandi dal cielo a salvarmi †
dalla mano dei miei persecutori, *
Dio mandi la sua fedeltà e la sua grazia.

5 Io sono come in mezzo a leoni, *
che divorano gli uomini;
i loro denti sono lance e frecce, *
la loro lingua spada affilata.

6 Innàlzati sopra il cielo, o Dio, *
su tutta la terra la tua gloria.

7 Hanno teso una rete ai miei piedi, *
mi hanno piegato,
hanno scavato davanti a me una fossa *
e vi sono caduti.

8 Saldo è il mio cuore, o Dio, *
saldo è il mio cuore.

9 Voglio cantare, a te voglio inneggiare: *
svegliati, mio cuore,
svegliatevi arpa e cetra, *
voglio svegliare l'aurora.

10 Ti loderò tra i popoli, Signore, *
a te canterò inni tra le genti,
11 perché la tua bontà è grande fino ai cieli, *
e la tua fedeltà fino alle nubi.

12 Innalzati sopra il cielo, o Dio, *
su tutta la terra la tua gloria.

Il salmo 56 si è trasformato nella tradizione cristiana in canto del risveglio alla luce e alla gioia pasquale, che si irradia nel fedele cancellando la paura della morte e aprendo l'orizzonte della gloria celeste. Il salmo, in effetti, passa dal lamento drammatico rivolto a Dio alla speranza serena e al ringraziamento gioioso, quest'ultimo espresso con le parole che risuoneranno ancora in seguito in un altro Salmo (Sal 107,2-6). In pratica si assiste al passaggio dalla paura alla gioia, dalla notte al giorno, dall'incubo alla serenità, dalla supplica alla lode. È un'esperienza frequentemente descritta nel Salterio "Hai mutato il mio lamento in danza, la mia veste di sacco in abito di gioia perché io possa cantare senza posa. Signore, mio Dio, ti loderò per sempre!". (Sal 29,12-13).

Giovanni Paolo II

Preghiera

Signore, non lasciarci nelle tenebre quando cerchiamo di rifugiarci all'ombra delle tue ali; abbi pietà di noi e salvaci per la tua fedeltà e per la tua grazia, affinché ti possiamo lodare tra i popoli e cantare in tuo onore inni tra le genti. **Amen.**

SALMO 57

“REQUISITORIA CONTRO I GIUDICI INIQUI”

1 *Al maestro del coro. Su “Non distruggere”.*
Di Davide. Miktam.

2 Rendete veramente giustizia o potenti, *
giudicate con rettitudine gli uomini?
3 Voi tramate iniquità con il cuore, *
sulla terra le vostre mani preparano violenze.

4 Sono traviati gli empi fin dal seno materno, *
si pervertono fin dal grembo
gli operatori di menzogna.

5 Sono velenosi come il serpente, *
come vipera sorda che si tura le orecchie
6 per non udire la voce dell’incantatore, *
del mago che incanta abilmente.

7 Spezzagli, o Dio, i denti nella bocca, *
rompi, o Signore, le mascelle dei leoni.
8 Si dissolvano come acqua che si disperde, *
come erba calpestata inaridiscano.

9 Passino come lumaca che si discioglie, *
come aborto di donna che non vede il sole.
10 Prima che le vostre caldaie sentano i pruni, *
vivi li travolga il turbine.

11 Il giusto godrà nel vedere la vendetta, *

laverà i piedi nel sangue degli empi.
12 Gli uomini diranno: "C'è un premio per il giusto, *
c'è Dio che fa giustizia sulla terra!".

Negli uomini deve risplendere la giustizia di Dio, ma soprattutto il timore di errare che rende prudenti e umili nell'esercizio di compiti delicati, come potrebbe essere ad esempio quello di giudicare secondo la giusta causa, ovvero secondo la volontà di Dio. In realtà spesso accade che l'uomo per egoismo, per ambizione e cupidigia, si lasci corrompere il cuore, per cui nello scegliere deliberatamente la condanna degli innocenti e l'assoluzione invece dei colpevoli, finisca con l'allontanare i suoi stessi simili dal culto del vero Dio, e faccia bestemmiare il suo santo nome. Il giudizio di Dio contro quest'uomo sarà terribile, perché avrà usato il ruolo a cui Dio stesso lo ha chiamato (e ricordiamo che ogni uomo è scelto da Dio Padre a svolgere una data missione) non per riflettere la provvidenza e la bontà del Creatore, bensì per moltiplicare l'ingiustizia e l'oppressione, coinvolgendo, in certo modo, Dio stesso nella sua iniquità. Dio ha pronunciato parole forti contro coloro che approfittano del suo nome per seminare violenza e ingiustizia.

Preghiera

Gesù, che vivi in tutti coloro che sono perseguitati da leggi ingiuste e da giudici iniqui, in tutti i poveri di ogni tempo, vieni in nostra difesa. Insegnaci che chi condanna e giudica ingiustamente l'innocente condanna la verità, che è Cristo. **Amen.**

Salmo 58

"Invocazione di aiuto"

1 *Al maestro del coro.*
Su "Non distruggere". Di Davide.
Quando Saul mandò uomini a sorvegliare
la casa e ad ucciderlo.

2 Liberami dai nemici, mio Dio, *
proteggimi dagli aggressori.
3 Liberami da chi fa il male, *
salvami da chi sparge sangue.

4 Ecco, insidiano la mia vita, *
contro di me si avventano i potenti.

Signore, non c'è colpa in me, non c'è peccato; †
5 senza mia colpa accorrono e si appostano. *
Svegliati, vienimi incontro e guarda.

6 Tu, Signore, Dio degli eserciti, Dio d'Israele, †
levati a punire tutte le genti; *
non avere pietà dei traditori.

7 Ritornano a sera e ringhiano come cani, *
si aggirano per la città.

8 Ecco, vomitano ingiurie, †
le loro labbra sono spade. *
Dicono: "Chi ci ascolta?"

9 Ma tu, Signore, ti ridi di loro, *
ti burli di tutte le genti.

10 A te, mia forza, io mi rivolgo: *
sei tu, o Dio, la mia difesa.
11 La grazia del mio Dio mi viene in aiuto, *
Dio mi farà sfidare i miei nemici.

12 Non ucciderli, perché il mio popolo non dimentichi, †
disperdili con la tua potenza e abbattili, *
Signore, nostro scudo.

13 Peccato è la parola delle loro labbra, †
cadano nel laccio del loro orgoglio *
per le bestemmie e le menzogne che pronunziano.

14 Annientali nella tua ira, *
annientali e più non siano;
e sappiano che Dio domina in Giacobbe, *
fino ai confini della terra.

15 Ritornano a sera *
e ringhiano come cani, per la città si aggirano
16 vagando in cerca di cibo; *
latrano, se non possono saziarsi.

17 Ma io canterò la tua potenza, †
al mattino esalterò la tua grazia
perché sei stato mia difesa, *
mio rifugio nel giorno del pericolo.

18 O mia forza, a te voglio cantare, †
poiché tu sei, o Dio, la mia difesa, *
tu, o mio Dio, sei la mia misericordia.

Ogni cristiano è un campo di battaglia e ogni giorno la lotta assume volti diversi; alle tentazioni esterne e al nemico che si aggira come leone ruggente in cerca di preda, si aggiungono le nostre debolezze personali. Piccola cittadella assediata dall'esterno e dilaniata all'interno, ogni uomo si dibatte in mezzo a continui pericoli. Facciamo in modo che la speranza e la fiducia in Gesù Cristo rinascano sempre più forti; non scendiamo a patti con il nemico e non entriamo in tentazione, invochiamo piuttosto la misericordia divina affinché ci aiuti a superare nel corpo quei nemici che il Signore ha vinto sulla croce.

Preghiera

Padre, aiutaci a dominare le passioni, liberaci dagli assalti del maligno e proteggici da coloro che operano il male, affinché sicuri sotto la tua difesa, possiamo cantare inni alla tua potenza. **Amen.**

Salmo 59

Preghiera dopo la sventura

1 *Al maestro del coro. Su "Giglio del precetto".*
Miktam. Di Davide. Da insegnare.
2 *Quando uscì contro gli Aramei della Valle*
dei due fiumi e contro gli Aramei di Soba,
e quando Gioab, nel ritorno, sconfisse
gli idumei nella Valle del Sale:
dodicimila uomini.

3 Dio, tu ci hai respinti, ci hai dispersi; *
ti sei sdegnato: ritorna a noi.

4 Hai scosso la terra, l'hai squarciata, *
risana le sue fratture, perché crolla.
5 Hai inflitto al tuo popolo dure prove, *
ci hai fatto bere vino da vertigini.

6 Hai dato un segnale ai tuoi fedeli *
perché fuggissero lontano dagli archi.

7 Perché i tuoi amici siano liberati, *
salvaci con la destra e a noi rispondi.

8 Dio ha parlato nel suo tempio: †
"Esulto e divido Sichem, *
misuro la valle di Succot.

9 Mio è Galaad, mio è Manasse, †
Efraim è la difesa del mio capo, *
Giuda lo scettro del mio comando.

10 Moab è il bacino per lavarmi, †
sull'Idumea getterò i miei sandali, *
sulla Filistea canterò vittoria".

11 Chi mi condurrà alla città fortificata, *
chi potrà guidarmi fino all'Idumea?
12 Non forse tu, o Dio, che ci hai respinti, *
e più non esci, o Dio, con le nostre schiere?

13 Nell'oppressione vieni in nostro aiuto *
perché vana è la salvezza dell'uomo.
14 Con Dio noi faremo prodigi: *
egli calpesterà i nostri nemici.

Tutti i popoli della terra conoscono ore terribili, di prova, ma su tutti veglia il Signore; ognuno di essi ha una missione da svolgere e la fedeltà a tale compito assicura la protezione di Dio. Allo stesso modo Dio chiama ogni uomo a assolvere una missione universale nella propria vita; ogni cristiano deve sentirsi solidale con quella patria terrena di cui fa parte, la Chiesa, partecipando vivamente e con senso di responsabilità alle alterne vicende della sua storia, ai suoi drammi e alle sue conquiste. Cerchiamo grazia e aiuto divino nelle ore oscure della storia umana.

Preghiera

Signore, nella tua misericordia, perdona tutti i nostri peccati, e salvaci per la tua bontà. Cristo è il nostro condottiero e noi conosciamo bene i nemici contro i quali egli conduce la sua lotta; fa di noi delle armi nelle sue mani per la conquista del mondo e nei momenti di disperazione ricordaci sempre di come ci hai voluti tra le tue schiere per associarci ai tuoi disegni di salvezza contro il principe di questo mondo. **Amen.**

SALMO 60

PREGHIERA DI UN ESULE

1 *Al maestro del coro.*
Per strumenti a corda. Di Davide.

2 Ascolta, o Dio, il mio grido, *
sii attento alla mia preghiera.

3 Dai confini della terra io t'invoco; †
mentre il mio cuore viene meno, *
guidami su rupe inaccessibile.

4 Tu sei per me rifugio, *
torre salda davanti all'avversario.
5 Dimorerò nella tua tenda per sempre, *
all'ombra delle tue ali troverò riparo;

6 perché tu, Dio, hai ascoltato i miei voti, *
mi hai dato l'eredità di chi teme il tuo nome.

7 Ai giorni del re aggiungi altri giorni, *
per molte generazioni siano i suoi anni.
8 Regni per sempre sotto gli occhi di Dio; *
grazia e fedeltà lo custodiscano.

9 Allora canterò inni al tuo nome, sempre, *
sciogliendo i miei voti giorno per giorno.

Ogni cristiano dovrebbe sentirsi un esiliato su questa terra, bisognoso dell'aiuto di Dio, sente sempre nel cuore la nostalgia del cielo e l'ansietà per l'avvento del Regno di Cristo.
Preghiamo per tutti quegli uomini che, per amore della verità e della giustizia sono banditi dalle famiglie, dalla patria e trascorrono nella sofferenza, nell'abbandono, nell'esilio i loro giorni terreni.

Preghiera

Padre, guidaci nel nostro pellegrinaggio terreno, affinché possiamo un giorno dimorare accanto a te e cantare inni al tuo santo nome. **Amen.**

SALMO 61

SOLO IN DIO LA MIA PACE

1 *Al maestro del coro. Su "Idutun".*
Salmo. Di Davide.

2 Solo in Dio riposa l'anima mia; *
da lui la mia salvezza.
3 Lui solo è mia rupe e mia salvezza, *
mia roccia di difesa: non potrò vacillare.

4 Fino a quando vi scaglierete contro un uomo, †
per abbatterlo tutti insieme, *
come muro cadente, come recinto che crolla?

5 Tramano solo di precipitarlo dall'alto, *
si compiacciono della menzogna.
Con la bocca benedicono, *
nel loro cuore maledicono.

6 Solo in Dio riposa l'anima mia, *
da lui la mia speranza.
7 Lui solo è mia rupe e mia salvezza, *
mia roccia di difesa: non potrò vacillare.

8 In Dio è la mia salvezza e la mia gloria; *
il mio saldo rifugio, la mia difesa è in Dio.

9 Confida sempre in lui, o popolo, †
davanti a lui effondi il tuo cuore, *
nostro rifugio è Dio.

10 Sì, sono un soffio i figli di Adamo, †
una menzogna tutti gli uomini, *
insieme, sulla bilancia, sono meno di un soffio.

11 Non confidate nella violenza, *
non illudetevi della rapina;
alla ricchezza, anche se abbonda, *
non attaccate il cuore.

12 Una parola ha detto Dio, due ne ho udite: †
il potere appartiene a Dio, *
tua, Signore, è la grazia;

13 secondo le sue opere *
tu ripaghi ogni uomo.

Il vero fondamento della speranza dell'uomo non è negli altri uomini, non è nelle ricchezze; solo in Dio l'uomo può trovare sicurezza e pace. Il Dio del cristiano è il Dio della speranza; in Dio l'uomo può sperare contro ogni speranza. Allora, nella prova e nella tribolazione ravviviamo la nostra speranza cristiana.
Il potere umano reca in se stesso un grave pericolo: quello di sollevarsi contro Dio sino a non vederlo più come la realtà più seria. A questo Gesù contrappone l'umiltà come mezzo che libera dall'illusione del potere. La potenza, in senso assoluto, appartiene a Dio, ma in lui è una cosa sola con la bontà: è potenza di amore, è potenza che salva, che libera l'uomo nell'intimo, è potenza che parla al cuore e lo trasforma. Ravviviamo in noi il desiderio di veder realizzata nell'esistenza e nel mondo tale potenza divina che condanna il malvagio e libera il giusto, che dona alla realtà tutto il suo autentico volto e le giuste dimensioni.

Preghiera

Signore, aiutami a non confidare mai negli uomini e fa' che trovi solo in te riposo, speranza, rifugio, difesa e gloria. **Amen.**

SALMO 62

L'ANIMA ASSETATA DEL SIGNORE

1 *Salmo. Di Davide, quando dimorava*
nel deserto di Giuda.

2 O Dio, tu sei il mio Dio, all'aurora ti cerco, *
di te ha sete l'anima mia,
a te anela la mia carne, *
come terra deserta, arida, senz'acqua.

3 Così nel santuario ti ho cercato, *
per contemplare la tua potenza e la tua gloria.
4 Poiché la tua grazia vale più della vita, *
le mie labbra diranno la tua lode.

5 Così ti benedirò finché io viva, *
nel tuo nome alzerò le mie mani.
6 Mi sazierò come a lauto convito, *
e con voci di gioia ti loderà la mia bocca.

7 Quando nel mio giaciglio di te mi ricordo *
e penso a te nelle veglie notturne,
8 a te che sei stato il mio aiuto, *
esulto di gioia all'ombra delle tue ali.

9 A te si stringe *
l'anima mia.
La forza della tua destra *
mi sostiene.

10 Ma quelli che attentano alla mia vita *
scenderanno nel profondo della terra,
11 saranno dati in potere alla spada, *
diverranno preda di sciacalli.

12 Il re gioirà in Dio, †
si glorierà chi giura per lui, *
perché ai mentitori verrà chiusa la bocca.

Il Salmo 62 è il Salmo dell'amore mistico, che celebra l'adesione totale a Dio, partendo da un anelito quasi fisico e raggiungendo la sua pienezza in un abbraccio intimo e perenne. La preghiera si fa desiderio, sete e fame, perché coinvolge anima e corpo. Come scrive santa Teresa d'Avila, "la sete esprime il desiderio di una cosa, ma un desiderio talmente intenso che noi moriamo se ne restiamo privi" (Cammino di perfezione, c. XXI). Del Salmo la liturgia ci propone le prime due strofe che sono appunto incentrate sui simboli della sete e della fame, mentre la terza strofa fa balenare un orizzonte oscuro, quello del giudizio divino sul male, in contrasto con la luminosità e la dolcezza del resto del Salmo. In una lettura del Salmo alla luce del mistero pasquale, la sete e la fame che ci spingono verso Dio, trovano il loro appagamento in Cristo crocifisso e risorto, dal quale giunge a noi, mediante il dono dello Spirito e dei Sacramenti, la vita nuova e l'alimento che la sostiene. Ce lo ricorda san Giovanni Crisostomo: "Vedete come Cristo congiunse a se stesso la sposa? Vedete con quale cibo nutre tutti noi? È dallo stesso cibo che siamo stati formati e veniamo nutriti. Infatti come la donna nutre colui che ha generato con il proprio sangue e latte, così anche Cristo nutre continuamente col proprio sangue colui che egli stesso ha generato.

Giovanni Paolo II

Preghiera

Signore, che nel battesimo ci hai liberarti dal peccato, sazia la nostra sete di te, nutrici al convito dell'eucaristia e concedici di camminare all'ombra delle tue ali, per sempre. **Amen.**

SALMO 63

PREGHIERA CONTRO IL TERRORE DEL NEMICO

1 *Salmo. Di Davide. Al maestro del coro.*

2 Ascolta, Dio, la voce del mio lamento, *
dal terrore del nemico preserva la mia vita.
3 Proteggimi dalla congiura degli empi, *
dal tumulto dei malvagi.

4 Affilano la loro lingua come spada, †
scagliano come frecce parole amare *
5 per colpire di nascosto l'innocente;

lo colpiscono di sorpresa *
e non hanno timore.

6 Si ostinano nel fare il male, †
si accordano per nascondere tranelli; *
dicono: "Chi li potrà vedere?".

7 Meditano iniquità, attuano le loro trame: *
un baratro è l'uomo e il suo cuore un abisso.

8 Ma Dio li colpisce con le sue frecce: *
all'improvviso essi sono feriti,
9 la loro stessa lingua li farà cadere; *
chiunque, al vederli, scuoterà il capo.

10 Allora tutti saranno presi da timore, †
annunzieranno le opere di Dio *
e capiranno ciò che egli ha fatto.

11 Il giusto gioirà nel Signore †
e riporrà in lui la sua speranza, *
i retti di cuore ne trarranno gloria.

Veramente inscrutabile è l'intimo dell'uomo che dopo aver escogitato le malvagità più efferate se ne vanta e si compiace di esse. Ma in realtà nulla sfugge all'occhio di Dio, che lo colpisce improvvisamente in modo che il male da esso fatto al prossimo sia messo a nudo. E in tutto questo il giusto può trovare motivo di fiducia e di gioia. Esiste una lotta perenne tra il buono, fedele a Dio e alla sua legge, e l'uomo perverso, negatore di Dio e di tutti i valori morali; l'unica arma vera ed efficace che ciascun uomo ha a disposizione è la fiducia in Dio Padre. In ogni cristiano il Signore ha deposto il seme della sua grazia e nel battesimo ha creato un uomo nuovo che ha la possibilità di vivere sotto la sua protezione, di lottare contro la menzogna e di vivere per la verità.

Preghiera

Padre, proteggimi dalla congiura degli empi, preservami dal terrore dei miei nemici, affinché avvolto dalla tua pace io possa annunciare a tutti la grandiosità delle tue opere. **Amen.**

SALMO 64

GIOIA DELLE CREATURE DI DIO PER LA SUA PROVVIDENZA

1 *Al maestro del coro. Salmo. Di Davide. Canto.*

2 A te si deve lode, o Dio, in Sion; *
a te si sciolga il voto in Gerusalemme.
3 A te, che ascolti la preghiera, *
viene ogni mortale.

4 Pesano su di noi le nostre colpe, *
ma tu perdoni i nostri peccati.

5 Beato chi hai scelto e chiamato vicino, *
abiterà nei tuoi atrii.
Ci sazieremo dei beni della tua casa, *
della santità del tuo tempio.

6 Con i prodigi della tua giustizia, †
tu ci rispondi, o Dio, nostra salvezza, *
speranza dei confini della terra e dei mari lontani.

7 Tu rendi saldi i monti con la tua forza, *
cinto di potenza.

8 Tu fai tacere il fragore del mare, †
il fragore dei suoi flutti, *
tu plachi il tumulto dei popoli.

9 Gli abitanti degli estremi confini *
stupiscono davanti ai tuoi prodigi:

XX
di gioia fai gridare la terra, *
le soglie dell'oriente e dell'occidente.

10 Tu visiti la terra e la disseti: *
la ricolmi delle sue ricchezze.
Il fiume di Dio è gonfio di acque; *
tu fai crescere il frumento per gli uomini.

Così prepari la terra: †
11 ne irrighi i solchi, ne spiani le zolle, *
la bagni con le piogge e benedici i suoi germogli.

12 Coroni l'anno con i tuoi benefici, *
al tuo passaggio stilla l'abbondanza.
13 Stillano i pascoli del deserto *
e le colline si cingono di esultanza.

14 I prati si coprono di greggi, †
di frumento si ammantano le valli; *
tutto canta e grida di gioia. XX

"Il Salmo 64 ha una sua struttura frutto dell'intreccio di due tonalità differenti: emerge, innanzitutto, il tema storico del perdono dei peccati e dell'accoglienza presso Dio; viene accennato poi il tema cosmico dell'azione di Dio nei confronti dei mari e dei monti, è sviluppata, infine, la descrizione della primavera: nell'assolato e arido panorama del Vicino Oriente la pioggia fecondatrice è l'espressione della fedeltà del Signore verso il creato (cfr. Sal 103,13-16). Per la Bibbia la creazione è la sede dell'umanità e il peccato è un attentato all'ordine e alla perfezione del mondo. La conversione e il perdono ridonano, pertanto, integrità e armonia al cosmo". X

Giovanni Paolo II

Preghiera

Signore, a te si deve la lode, e noi siamo stati creati per essere la manifestazione più eloquente della tua gloria nel mondo della creazione. Rendici, allora, sempre più degni di questo particolare amore, di cui continuamente sentiamo parlare in ogni essere del creato. Apri i nostri cuori alla riscoperta della bellezza di tutte le cose, soprattutto di quelle più piccole, che pur nella loro semplicità sono cariche del tuo amore e della tua bontà. **Amen**.

Salmo 65

Inno di grazie in occasione del sacrificio

1 *Al maestro del coro. Canto. Salmo.*

Acclamate a Dio da tutta la terra, †
2 cantate alla gloria del suo nome, *
date a lui splendida lode.

3 Dite a Dio: "Stupende sono le tue opere! *
Per la grandezza della tua potenza
a te si piegano i tuoi nemici.

4 A te si prostri tutta la terra, *
a te canti inni, canti al tuo nome".
5 Venite e vedete le opere di Dio, *
mirabile nel suo agire sugli uomini.

6 Egli cambiò il mare in terra ferma †
passarono a piedi il fiume; *
per questo in lui esultiamo di gioia.

7 Con la sua forza domina in eterno, †
il suo occhio scruta le nazioni; *
i ribelli non rialzino la fronte.

8 Benedite, popoli, il nostro Dio, *
fate risuonare la sua lode;
9 è lui che salvò la nostra vita *
e non lasciò vacillare i nostri passi.

10 Dio, tu ci hai messi alla prova; *
ci hai passati al crogiuolo, come l'argento.
11 Ci hai fatti cadere in un agguato, *
hai messo un peso ai nostri fianchi.

12 Hai fatto cavalcare uomini sulle nostre teste; †
ci hai fatto passare per il fuoco e per l'acqua, *
ma poi ci hai dato sollievo.

13 Entrerò nella tua casa con olocausti, *
a te scioglierò i miei voti,
14 i voti pronunziati dalle mie labbra, *
promessi nel momento dell'angoscia.

15 Ti offrirò pingui olocausti
con fragranza di montoni, *
immolerò a te buoi e capri.

16 Venite, ascoltate, voi tutti che temete Dio, *
e narrerò quanto per me ha fatto.

17 A lui ho rivolto il mio grido, *
la mia lingua cantò la sua lode.
18 Se nel mio cuore avessi cercato il male, *
il Signore non mi avrebbe ascoltato.

19 Ma Dio ha ascoltato, *
si è fatto attento alla voce della mia preghiera.
20 Sia benedetto Dio: non ha respinto la mia preghiera, *
non mi ha negato la sua misericordia.

Ogni uomo deve imparare a rendere grazie nelle prove e nelle difficoltà; esse fanno parte del mistero della nostra comunione con Gesù, infatti, ci offrono la possibilità di partecipare alla Pasqua del Signore, ovvero dalla morte alla vita. Il dono di cui dobbiamo continuamente rendere grazie è proprio Gesù Cristo. La preghiera di ringraziamento apre il cuore alla fiducia, all'abbandono in Dio; è la preghiera più vera e più decisamente cristiana. L'uomo che ringrazia riconosce l'amore e la potenza di Dio e si affida ciecamente a lui. Ricordiamo sempre come questa preghiera tocchi particolarmente il cuore di Dio e ottenga le sue grazie.

Preghiera

O Dio misericordioso, ti rendiamo grazie per tutte quelle situazioni in cui ci troviamo ancora a soffrire, ci sono tante cose che noi non vogliamo accettare perché ci fanno stare male; però, oggi per esse noi vogliamo ringraziarti. Un giorno anche noi capiremo il perché di tutto questo; per adesso non possiamo che offrirti le nostre sofferenze, affinché un giorno esse diventino un bellissimo fiore di gioia per tutti gli uomini che noi portiamo nel cuore. **Amen.**

Salmo 66

Tutti i popoli glorifichino il Signore

1 *Al maestro del coro. Su strumenti a corda.*
Salmo. Canto.

2 Dio abbia pietà di noi e ci benedica, *
su di noi faccia splendere il suo volto;
3 perché si conosca sulla terra la tua via, *
fra tutte le genti la tua salvezza.

4 Ti lodino i popoli, Dio, *
ti lodino i popoli tutti.

5 Esultino le genti e si rallegrino, †
perché giudichi i popoli con giustizia,
governi le nazioni sulla terra.

6 Ti lodino i popoli, Dio, *
ti lodino i popoli tutti.

7 La terra ha dato il suo frutto. *
Ci benedica Dio, il nostro Dio,
8 ci benedica Dio *
e lo temano tutti i confini della terra.

Ad ogni discepolo Gesù ha affidato il compito di diffondere, per quanto gli sia possibile, la fede; quando siamo favoriti da Dio, abbiamo maggiori responsabilità verso gli altri uomini. I doni che Dio ci elargisce devono essere messi a disposizione delle necessità comuni; il vero ringraziamento per ciò che avremo ricevuto, consi-

sterà allora proprio nel comunicare tali doni ricevuti e desiderare che anche gli altri ne siano resi partecipi. In tal modo la lode di Dio potrà estendersi fino a riunire tutti gli uomini. L'egoismo, l'isolamento, il chiudersi in se stessi sono la negazione dello spirito del vero cristiano, perché impediscono di raggiungere quella comunione che Dio desidera e ha voluto fare di noi in Cristo e nella Chiesa intera.

Preghiera

Signore, per mezzo dell'albero della croce hai permesso che la gioia entrasse nel nostro mondo e la terra ha dato il suo frutto più dolce; fa' che le abbondanti benedizioni che in ogni momento tu elargisci agli uomini, diventino per noi un'occasione per riconoscere il tuo amore e la tua gloria, per convertirci, per darti lode. **Amen.**

SALMO 67

L'INGRESSO TRIONFALE DEL SIGNORE

X

1 *Al maestro del coro. Di Davide. Salmo. Canto.*

2 Sorga Dio, i suoi nemici si disperdano *
e fuggano davanti a lui quelli che lo odiano.

3 Come si disperde il fumo, tu li disperdi; †
come fonde la cera di fronte al fuoco, *
periscano gli empi davanti a Dio.

4 I giusti invece si rallegrino, †
esultino davanti a Dio *
e cantino di gioia.

5 Cantate a Dio, inneggiate al suo nome, *
spianate la strada a chi cavalca le nubi:
"Signore" è il suo nome, *
gioite davanti a lui.

6 Padre degli orfani e difensore delle vedove *
è Dio nella sua santa dimora.

7 Ai derelitti Dio fa abitare una casa, †
fa uscire con gioia i prigionieri; *
solo i ribelli abbandona in arida terra.

8 Dio, quando uscivi davanti al tuo popolo, *
quando camminavi per il deserto, la terra tremò,
9 stillarono i cieli davanti al Dio del Sinai, *

davanti a Dio, il Dio di Israele.

10 Pioggia abbondante riversavi, o Dio, *
rinvigorivi la tua eredità esausta.
11 E il tuo popolo abitò il paese *
che nel tuo amore, o Dio, preparasti al misero.

12 Il Signore annunzia una notizia, *
le messaggere di vittoria sono grande schiera:
13 "Fuggono i re, fuggono gli eserciti, *
anche le donne si dividono il bottino.

14 Mentre voi dormite tra gli ovili, †
splendono d'argento le ali della colomba, *
le sue piume di riflessi d'oro".

15 Quando disperdeva i re l'Onnipotente, *
nevicava sullo Zalmon.

16 Monte di Dio, il monte di Basan, *
monte dalle alte cime, il monte di Basan.

17 Perché invidiate, o monti dalle alte cime, †
il monte che Dio ha scelto a sua dimora? *
Il Signore lo abiterà per sempre.

18 I carri di Dio sono migliaia e migliaia: *
il Signore viene dal Sinai nel santuario.

19 Sei salito in alto conducendo prigionieri, †
hai ricevuto uomini in tributo: *
anche i ribelli abiteranno presso il Signore Dio.

20 Benedetto il Signore sempre; *
ha cura di noi il Dio della salvezza.
21 Il nostro Dio è un Dio che salva; *
il Signore Dio libera dalla morte.

22 Sì, Dio schiaccerà il capo dei suoi nemici, *
la testa altèra di chi percorre la via del delitto.

23 Ha detto il Signore: "Da Basan li farò tornare, *
li farò tornare dagli abissi del mare,

24 perché il tuo piede si bagni nel sangue, *
e la lingua dei tuoi cani riceva
la sua parte tra i nemici".

25 Appare il tuo corteo, Dio, *
il corteo del mio Dio, del mio re, nel santuario.

26 Precedono i cantori, †
seguono ultimi i citaredi, *
in mezzo le fanciulle che battono cembali.

27 "Benedite Dio nelle vostre assemblee, *
benedite il Signore, voi della stirpe di Israele".

28 Ecco, Beniamino, il più giovane, †
guida i capi di Giuda nelle loro schiere, *
i capi di Zàbulon, i capi di Nèftali.

29 Dispiega, Dio, la tua potenza, *
conferma, Dio, quanto hai fatto per noi.
30 Per il tuo tempio, in Gerusalemme, *
a te i re porteranno doni.

31 Minaccia la belva dei canneti, †
il branco dei tori con i vitelli dei popoli: *
si prostrino portando verghe d'argento;

disperdi i popoli che amano la guerra. †
32 Verranno i grandi dall'Egitto, *
l'Etiopia tenderà le mani a Dio.

33 Regni della terra, cantate a Dio, *
cantate inni al Signore;
34 egli nei cieli cavalca, nei cieli eterni, *
ecco, tuona con voce potente.

35 Riconoscete a Dio la sua potenza, †
la sua maestà su Israele, *
la sua potenza sopra le nubi.

36 Terribile sei, Dio, dal tuo santuario; †
il Dio d'Israele dà forza e vigore al suo popolo, *
sia benedetto Dio.

Ogni cristiano è un pellegrino che traccia lo stesso cammino che è stato percorso dal Sinai al monte Sion e la sua vita è una sorta di Esodo, un passaggio, attraverso Cristo, da questo mondo al Padre. Dio è per ogni uomo Padre, Consolatore, Difensore, Liberatore e Giudice, e il viaggio di Dio nella nostra vita è un viaggio di grazia, di lotte e di conquiste, verso la nostra ascensione spirituale.

Preghiera

Dio, che con grandi imprese hai fatto entrare il tuo popolo nella terra promessa, sorgi in aiuto di ogni uomo, affinché tutti possano raggiungere la vera e grande terra promessa, il paradiso di pace e di amore. **Amen.**

SALMO 68

QUANDO AVEVO SETE MI HANNO DATO ACETO

1 *Al maestro del coro. Su "I gigli". Di Davide.*

2 Salvami, o Dio: *
l'acqua mi giunge alla gola.

3 Affondo nel fango e non ho sostegno; †
sono caduto in acque profonde *
e l'onda mi travolge.

4 Sono sfinito dal gridare, †
riarse sono le mie fauci; *
i miei occhi si consumano nell'attesa del mio Dio.

5 Più numerosi dei capelli del mio capo *
sono coloro che mi odiano senza ragione.
Sono potenti i nemici che mi calunniano: *
quanto non ho rubato, lo dovrei restituire?

6 Dio, tu conosci la mia stoltezza *
e le mie colpe non ti sono nascoste.

7 Chi spera in te, a causa mia non sia confuso, *
Signore, Dio degli eserciti;
per me non si vergogni *
chi ti cerca, Dio d'Israele.

8 Per te io sopporto l'insulto *
e la vergogna mi copre la faccia;

9 sono un estraneo per i miei fratelli, *
un forestiero per i figli di mia madre.

10 Poiché mi divora lo zelo per la tua casa, *
ricadono su di me gli oltraggi di chi ti insulta.
11 Mi sono estenuato nel digiuno *
ed è stata per me un'infamia.

12 Ho indossato come vestito un sacco *
e sono diventato il loro scherno.
13 Sparlavano di me quanti sedevano alla porta, *
gli ubriachi mi dileggiavano.

14 Ma io innalzo a te la mia preghiera, *
Signore, nel tempo della benevolenza;
per la grandezza della tua bontà, rispondimi, *
per la fedeltà della tua salvezza, o Dio.

15 Salvami dal fango, che io non affondi, †
liberami dai miei nemici *
e dalle acque profonde.

16 Non mi sommergano i flutti delle acque †
e il vortice non mi travolga, *
l'abisso non chiuda su di me la sua bocca.

17 Rispondimi, Signore, benefica è la tua grazia; *
volgiti a me nella tua grande tenerezza.

18 Non nascondere il volto al tuo servo, *
sono in pericolo: presto, rispondimi.
19 Avvicinati a me, riscattami, *
salvami dai miei nemici.

20 Tu conosci la mia infamia, †
la mia vergogna e il mio disonore; *
davanti a te sono tutti i miei nemici.

21 L'insulto ha spezzato il mio cuore e vengo meno †
Ho atteso compassione, ma invano, *
consolatori, ma non ne ho trovati.

22 Hanno messo nel mio cibo veleno *
e quando avevo sete mi hanno dato aceto.

23 La loro tavola sia per essi un laccio, *
una insidia i loro banchetti.
24 Si offuschino i loro occhi, non vedano; *
sfibra per sempre i loro fianchi.

25 Riversa su di loro il tuo sdegno, *
li raggiunga la tua ira ardente.
26 La loro casa sia desolata, *
senza abitanti la loro tenda;
27 perché inseguono colui che hai percosso, *
aggiungono dolore a chi tu hai ferito.

28 Imputa loro colpa su colpa
e non ottengano la tua giustizia.
29 Siano cancellati dal libro dei viventi *
e tra i giusti non siano iscritti.

30 Io sono infelice e sofferente; *
la tua salvezza, Dio, mi ponga al sicuro.

31 Loderò il nome di Dio con il canto, *
lo esalterò con azioni di grazie,
32 che il Signore gradirà più dei tori, *

più dei giovenchi con corna e unghie.

33 Vedano gli umili e si rallegrino; *
si ravvivi il cuore di chi cerca Dio,
34 poiché il Signore ascolta i poveri *
e non disprezza i suoi che sono prigionieri.

35 A lui acclamino i cieli e la terra, *
i mari e quanto in essi si muove.

36 Perché Dio salverà Sion, †
ricostruirà le città di Giuda: *
vi abiteranno e ne avranno il possesso.

37 La stirpe dei suoi servi ne sarà erede, *
e chi ama il suo nome vi porrà dimora.

Per il fatto di essere cristiano, sicuramente l'uomo non cessa di essere soggetto al dolore e alla prova, anzi spesso, in difesa della propria fede, egli è chiamato ad affrontare sacrifici che, dalla semplice rinuncia a perverse inclinazioni, può giungere alla rinuncia della stessa vita. Il credente porta avanti la propria vita normalmente in tutti i suoi fattori, eppure qualcosa di diverso c'è, e questo qualcosa è proprio Gesù Cristo! Quando qualsiasi cosa è fatta con lo sguardo fisso su Cristo, allora tutto diventa altro, e la capacità di sopportare, di amare, di lottare, di donare se stessi è infinitamente ampliata, e a questo punto la sofferenza non finisce più in se stessa, ma diventa un'azione che salva.

Preghiera

Padre, è necessario attraversare molte sofferenze per poter entrare nel tuo Regno. Vogliamo pregarti per tutti i martiri, per i perseguitati a causa della giustizia, perché trovino nella fede, il compagno del loro dolore, il consolatore. **Amen.**

SALMO 69

O DIO, VIENI A SALVARMI

1 *Al maestro del coro. Di Davide. In memoria.*

2 Vieni a salvarmi, o Dio, *
vieni presto, Signore, in mio aiuto.
3 Siano confusi e arrossiscano *
quanti attentano alla mia vita.

Retrocedano e siano svergognati *
quanti vogliono la mia rovina.
4 Per la vergogna si volgano indietro *
quelli che mi deridono.

5 Gioia e allegrezza grande
per quelli che ti cercano; †
dicano sempre: “Dio è grande” *
quelli che amano la tua salvezza.

6 Ma io sono povero e infelice, *
vieni presto, mio Dio; *
tu sei mio aiuto e mio salvatore; *
Signore, non tardare.

Nelle circostanze in cui non sappiamo trovare le parole opportune per invocare l’aiuto del nostro Salvatore, tanto grandi sono la difficoltà e lo scoraggiamento, ricordiamo che Gesù viene sempre e comunque in aiuto della nostra debolezza, e che mentre nemmeno sappiamo cosa sia conveniente domandare, già lo Spirito Santo stesso intercede con insistenza per noi, con gemiti inesprimibili.

Così, mentre il tentatore approfitta dei nostri momenti di aridità spirituale e di depressione interiore per farci cadere, il Signore è sempre lì a nostra disposizione.

Preghiera

Signore, vieni a salvarci; Signore vieni presto in nostro aiuto. Signore, ricordaci sempre di come non servano tante belle e difficili parole per poter avere un po' della tua attenzione; basta aprire il cuore, nel silenzio, al tuo amore e tu sarai sempre lì a sostenere i tuoi figli. **Amen.**

Salmo 70

Tu, Signore, la mia speranza fin dalla mia giovinezza

1 In te mi rifugio, Signore, *
ch'io non resti confuso in eterno.
2 Liberami, difendimi per la tua giustizia, *
porgimi ascolto e salvami.

3 Sii per me rupe di difesa, †
baluardo inaccessibile, *
poiché tu sei mio rifugio
e mia fortezza.

4 Mio Dio, salvami dalle mani dell'empio, *
dalle mani dell'iniquo e dell'oppressore.

5 Sei tu, Signore, la mia speranza, *
la mia fiducia fin dalla mia giovinezza.

6 Su di te mi appoggiai fin dal grembo materno, †
dal seno di mia madre tu sei il mio sostegno; *
a te la mia lode senza fine.

7 Sono parso a molti quasi un prodigio: *
eri tu il mio rifugio sicuro.

8 Della tua lode è piena la mia bocca, *
della tua gloria, tutto il giorno.

9 Non mi respingere nel tempo della vecchiaia, *
non abbandonarmi quando declinano le mie forze.

10 Contro di me parlano i miei nemici, *
coloro che mi spiano
congiurano insieme:

11 “Dio lo ha abbandonato, †
inseguitelo, prendetelo, *
perché non ha chi lo liberi”.

12 O Dio, non stare lontano: *
Dio mio, vieni presto ad aiutarmi.

13 Siano confusi e annientati
quanti mi accusano, †
siano coperti d’infamia e di vergogna *
quanti cercano la mia sventura.

14 Io, invece, non cesso di sperare, *
moltiplicherò le tue lodi.

15 La mia bocca annunzierà la tua giustizia, †
proclamerà sempre la tua salvezza, *
che non so misurare.

16 Dirò le meraviglie del Signore, *
ricorderò che tu solo sei giusto.
17 Tu mi hai istruito, o Dio, fin dalla giovinezza *
e ancora oggi proclamo i tuoi prodigi.

18 E ora, nella vecchiaia e nella canizie, *
Dio, non abbandonarmi,
finché io annunzi la tua potenza, *
a tutte le generazioni le tue meraviglie.

19 La tua giustizia, Dio, è alta come il cielo, †

tu hai fatto cose grandi: *
chi è come te, o Dio?

20 Mi hai fatto provare molte angosce e sventure: †
mi darai ancora vita, *
mi farai risalire dagli abissi della terra,

21 accrescerai la mia grandezza *
e tornerai a consolarmi.

22 Allora ti renderò grazie sull'arpa, †
per la tua fedeltà, o mio Dio; *
ti canterò sulla cetra, o santo d'Israele.

23 Cantando le tue lodi, esulteranno le mie labbra *
e la mia vita, che tu hai riscattato.

24 Anche la mia lingua tutto il giorno
proclamerà la tua giustizia, *
quando saranno confusi e umiliati
quelli che cercano la mia rovina.

Quando, al termine di una giornata, la stanchezza ci opprime, o quando, negli anni della vecchiaia, sentiamo la vita spegnersi lentamente e la tristezza ci assale, perché forse ci ritroviamo ad essere come pesi per chi ci sta accanto, non dimentichiamo mai che il Signore non ci ha abbandonato, egli è ancora e sempre il robusto vincastro dei nostri giorni. Dio protegge gli anziani e li difende, perché c'è in essi qualcosa di indifeso come nei bambini; l'incapacità a sorreggersi con le proprie sole forze sia fisiche che psichiche. La tristezza che potrebbe assalire il vecchio è forse quella stessa a cui ha voluto sottoporsi il Cristo, ovvero quella di essere alla mercé altrui, di uomini malvagi; egli lo ha fatto per conforta-

re la vecchiaia di ogni uomo e risuscitare in essi una nuova vita che nasce dall'offerta totale della vita stessa. La vecchiaia allora diventa una semplice realtà di questo mondo destinata a passare come destinato a passare è il mondo stesso; ma colui che vive nella fiducia in Cristo Gesù, non conoscerà né vecchiaia, né tramonto, ma una perenne giovinezza, quella che conserverà sempre nel suo cuore per poter cantare le lodi a Dio nella gioia e nella letizia.

Preghiera

Signore, sii sempre il conforto e la luce di tutte le persone anziane; mostra a tutti i giovani come nell'immenso prato della vita ci sia davvero tanto spazio per tutti, per cui ogni nuovo fiore può aprire i suoi petali ai raggi del sole senza dover necessariamente temere la presenza di altri fiori che, seppur ormai chini su se stessi, hanno qualcosa di grandioso da poter ancora insegnare: essere la testimonianza vera dell'affetto di un Dio che nulla disprezza, ma tutto crea, conserva e sostiene per un semplice atto di puro amore. **Amen.**

Salmo 71

Il potere regale del Messia

1 *Di Salomone.*

Dio, da' al re il tuo giudizio, *
al figlio del re la tua giustizia;
2 regga con giustizia il tuo popolo *
e i tuoi poveri con rettitudine.

3 Le montagne portino pace al popolo *
e le colline giustizia.

4 Ai miseri del suo popolo renderà giustizia, †
salverà i figli dei poveri *
e abbatterà l'oppressore.

5 Il suo regno durerà quanto il sole, *
quanto la luna, per tutti i secoli.
6 Scenderà come pioggia sull'erba, *
come acqua che irrora la terra.

7 Nei suoi giorni fiorirà la giustizia †
e abbonderà la pace, *
finché non si spenga la luna.

8 E dominerà da mare a mare, *
dal fiume sino ai confini della terra.
9 A lui si piegheranno gli abitanti del deserto, *
lambiranno la polvere i suoi nemici.

10 I re di Tarsis e delle isole porteranno offerte, *
i re degli Arabi e di Saba offriranno tributi.
11 A lui tutti i re si prostreranno, *
lo serviranno tutte le nazioni.

12 Egli libererà il povero che invoca *
e il misero che non trova aiuto,
13 avrà pietà del debole e del povero *
e salverà la vita dei suoi miseri.

14 Li riscatterà dalla violenza e dal sopruso, *
sarà prezioso ai suoi occhi il loro sangue.

15 Vivrà e gli sarà dato oro di Arabia; †
si pregherà per lui ogni giorno, *
sarà benedetto per sempre.

16 Abbonderà il frumento nel paese, *
ondeggerà sulle cime dei monti;
il suo frutto fiorirà come il Libano, *
la sua messe come l'erba della terra.

17 Il suo nome duri in eterno, *
davanti al sole persista il suo nome.
In lui saranno benedette tutte le stirpi della terra *
e tutti i popoli lo diranno beato.

18 Benedetto il Signore, Dio di Israele, *
egli solo compie prodigi.

19 E benedetto il suo nome glorioso per sempre, †
della sua gloria sia piena tutta la terra. *
Amen, amen.

Il regno fondato da Cristo non è di questo mondo; esso è regno di giustizia. È un regno in cui i poveri, i miseri, i deboli e gli oppressi trovano liberazione, salvezza e aiuto contro ogni violenza e sopruso. È un regno di abbondanza, un regno di pace e di benedizione, è un regno universale; è un regno eterno. Esso ha un compimento esteriore nella Chiesa, ma ha, anzitutto, un compimento interiore nel cuore di ogni uomo. La Chiesa è formata da coloro che hanno accolto, attraverso la fede, nel loro intimo, il regno di Dio e sono diventati perciò essi stessi il regno di Dio, collaborando con lui per reprimere in se stessi l'ingiustizia, per dominare gli istinti della carne, per ricomporre la lotta delle passioni e del male nella pace con Dio, per riprodurre in sé l'immagine del re di amore e di pace. Il regno di Dio si stabilisce nell'uomo quando è cacciato il male, quando i diritti di Dio vi sono stabiliti, quando è conosciuta la verità e si compie la volontà del Padre.

Preghiera

Signore, estendi a tutti i popoli il Regno di Cristo, affinché i poveri siano liberati, i miseri trovino aiuto, e tutti gli uomini, liberati dalla violenza e dal soppruso, benedicano per sempre il tuo santo nome. **Amen.**

I salmi

Libro III

Salmo 72

Perché il giusto soffre per sempre

1 *Salmo. Di Asaf.*

Quanto è buono Dio con i giusti, *
con gli uomini dal cuore puro!

2 Per poco non inciampavano i miei piedi, *
per un nulla vacillavano i miei passi,
3 perché ho invidiato i prepotenti, *
vedendo la prosperità dei malvagi.

4 Non c'è sofferenza per essi, *
sano e pasciuto è il loro corpo.
5 Non conoscono l'affanno dei mortali *
e non sono colpiti come gli altri uomini.

6 Dell'orgoglio si fanno una collana *
e la violenza è il loro vestito.
7 Esce l'iniquità dal loro grasso, *
dal loro cuore traboccano pensieri malvagi.

8 Scherniscono e parlano con malizia, *
minacciano dall'alto con prepotenza.

9 Levano la loro bocca fino al cielo *
e la loro lingua percorre la terra.
10 Perciò seggono in alto, *
non li raggiunge la piena delle acque.

11 Dicono: "Come può saperlo Dio? *
C'è forse conoscenza nell'Altissimo?"

12 Ecco, questi sono gli empi: *
sempre tranquilli, ammassano ricchezze.

13 Invano dunque ho conservato puro il mio cuore *
e ho lavato nell'innocenza le mie mani,
14 poiché sono colpito tutto il giorno, *
e la mia pena si rinnova ogni mattina.

15 Se avessi detto: "Parlerò come loro", *
avrei tradito la generazione dei tuoi figli.

16 Riflettevo per comprendere: *
ma fu arduo agli occhi miei,
17 finché non entrai nel santuario di Dio *
e compresi qual è la loro fine.

18 Ecco, li poni in luoghi scivolosi, *
li fai precipitare in rovina.

19 Come sono distrutti in un istante, *
sono finiti, periscono di spavento!
20 Come un sogno al risveglio, Signore, *
quando sorgi, fai svanire la loro immagine.

21 Quando si agitava il mio cuore *
e nell'intimo mi tormentavo,
22 io ero stolto e non capivo, *
davanti a te stavo come una bestia.

23 Ma io sono con te sempre: *
tu mi hai preso per la mano destra.
24 Mi guiderai con il tuo consiglio *
e poi mi accoglierai nella tua gloria.

25 Chi altri avrò per me in cielo? *
Fuori di te nulla bramo sulla terra.

26 Vengono meno la mia carne e il mio cuore; †
ma la roccia del mio cuore è Dio, *
è Dio la mia sorte per sempre.

27 Ecco, perirà chi da te si allontana, *
tu distruggi chiunque ti è infedele.

28 Il mio bene è stare vicino a Dio: *
nel Signore Dio ho posto il mio rifugio,
per narrare tutte le tue opere *
presso le porte della città di Sion.

Giunge per ogni credente il momento della prova, in cui per il nostro disordinato e superficiale sentire le cose del mondo, il corpo è più reale dell'anima, la materia è più concreta di un pensiero, la forza è più fruttuosa dell'amore, il lucro è più utile della giustizia e della verità; per non parlare poi del mondo, senza alcun confronto più allettante di Dio. E poi quanto è difficile, anche solo nella preghiera, sentire la realtà di Dio. Viene da domandarsi in che cosa consista la vera felicità e quale retribuzione possa un uomo attendersi dal bene che compie. Ma la risposta è sempre la stessa: tutto ciò che Dio ti chiede in questo groviglio di pensieri e confusione, a volte anche di rabbia e di disperazione, è un semplice atto di fede che vinca il mondo con l'amore a lui, il Creatore, nella certezza della sua giustizia e di una vita futura in cui i buoni saranno inseparabilmente a lui uniti.

Preghiera

Padre, fa' che non dimentichi mai di come le prove, attraverso le quali sarò costretto a rinunciare a me stesso, abbiano lo scopo di aprire i miei occhi all'unico e autentico bene, ragione suprema della vera felicità: Dio Padre onnipotente. **Amen.**

SALMO 73

LAMENTO PER LA DISTRUZIONE DEL TEMPIO

1 *Maskil. Di Asaf.*

O Dio, perché ci respingi per sempre, *
perché divampa la tua ira
contro il gregge del tuo pascolo?

2 Ricordati del popolo *
che ti sei acquistato nei tempi antichi.
Hai riscattato la tribù che è tuo possesso, *
il monte Sion, dove hai preso dimora.

3 Volgi i tuoi passi a queste rovine eterne: *
il nemico ha devastato tutto nel tuo santuario *

4 Ruggirono i tuoi avversari nel tuo tempio, *
issarono i loro vessilli come insegna.

5 Come chi vibra in alto la scure *
nel folto di una selva,
6 con l'ascia e con la scure *
frantumavano le sue porte.

7 Hanno dato alle fiamme il tuo santuario, *
hanno profanato e demolito
la dimora del tuo nome;

8 pensavano: "Distruggiamoli tutti"; *
hanno bruciato tutti i santuari di Dio nel paese.

9 Non vediamo più le nostre insegne, †
non ci sono più profeti *
e tra di noi nessuno sa fino a quando.

10 Fino a quando, o Dio, insulterà l'avversario, *
il nemico continuerà a disprezzare il tuo nome?
11 Perché ritiri la tua mano *
e trattieni in seno la destra?

12 Eppure Dio è nostro re dai tempi antichi, *
ha operato la salvezza nella nostra terra.

13 Tu con potenza hai diviso il mare, *
hai schiacciato la testa dei draghi sulle acque.

14 Al Leviatàn hai spezzato la testa, *
lo hai dato in pasto ai mostri marini.
15 Fonti e torrenti tu hai fatto scaturire, *
hai inaridito fiumi perenni.

16 Tuo è il giorno e tua è la notte, *
la luna e il sole tu li hai creati.
17 Tu hai fissato i confini della terra, *
l'estate e l'inverno tu li hai ordinati.

18 Ricorda: il nemico ha insultato Dio, *
un popolo stolto ha disprezzato il tuo nome.

19 Non abbandonare alle fiere la vita di chi ti loda, *
non dimenticare mai la vita dei tuoi poveri.
20 Sii fedele alla tua alleanza; *
gli angoli della terra sono covi di violenza.

21 L’umile non torni confuso, *
l’afflitto e il povero lodino il tuo nome.

22 Sorgi, Dio, difendi la tua causa, *
ricorda che lo stolto ti insulta tutto il giorno.
23 Non dimenticare lo strepito dei tuoi nemici; *
il tumulto dei tuoi avversari cresce senza fine.

Ogni giorno dure sofferenze dilaniano gli uomini nel corpo e nello spirito, innocenti e deboli portano il peso delle cattiverie dei malvagi e pagano a prezzo di sangue le violenze dei superbi. Ma Dio porta a termine i suoi disegni di salvezza, proprio quando tutto sembra ormai perduto, proprio perché egli non opera secondo la logica della prudenza e della sapienza umana. È la fede che riporta vittoria sul mondo, perché essa ancora le nostre anime a Dio e alla sua invincibile forza.

Preghiera

Ti preghiamo Signore per tutti gli uomini perseguitati, per le anime nelle quali il peccato semina stragi e rovina, per tutti i sofferenti, vittime dell’odio e delle guerre. Ogni cosa sia riconciliata in te, o Cristo; non abbandonare alle belve diaboliche le anime di chi ti onora e non dimenticare la vita dei tuoi poveri.
Invochiamo la tua onnipotenza creatrice, o Spirito Santo, perché la vita risorga alla vera “Vita”. **Amen.**

Salmo 74

Dio, giudice supremo

1 *Al maestro del coro. Su "Non dimenticare". Salmo. Di Asaf. Canto.*

2 Noi ti rendiamo grazie, o Dio,
ti rendiamo grazie: *
invocando il tuo nome,
raccontiamo le tue meraviglie.

3 Nel tempo che avrò stabilito *
io giudicherò con rettitudine.
4 Si scuota la terra con i suoi abitanti, *
io tengo salde le sue colonne.

5 Dico a chi si vanta: "Non vantatevi". *
E agli empi: "Non alzate la testa!".
6 Non alzate la testa contro il cielo, *
non dite insulti a Dio.

7 Non dall'oriente, non dall'occidente, *
non dal deserto, non dalle montagne
8 ma da Dio viene il giudizio: *
è lui che abbatte l'uno e innalza l'altro.

9 Poiché nella mano del Signore è un calice *
ricolmo di vino drogato.

Egli ne versa: †
fino alla feccia ne dovranno sorbire, *
ne berranno tutti gli empi della terra.

10 Io invece esulterò per sempre, *
canterò inni al Dio di Giacobbe.
11 Annienterò tutta l'arroganza degli empi, *
allora si alzerà la potenza dei giusti.

Ogni peccato è un atto di superbia e di orgoglio contro il Signore; Dio Padre è buono e misericordioso, è paziente, ma è anche giusto e giudicherà a tempo debito ogni nostra azione. Non abusiamo della sua bontà, perché se è vero che egli continuamente ci richiama a penitenza per darci il tempo di salvarci, è anche vero però che per ciascuno di noi è posto un limite, un termine oltre il quale dovremo rendere conto, in ogni più piccolo particolare, del nostro operato. Allora nulla sfuggirà al suo sguardo, perché egli scruta i cuori e l'anima di ogni uomo.

Preghiera

Padre, che io non abbia mai a vantarmi o a levare il mio capo contro di te e il cielo; piuttosto donami la potenza dei giusti, che nella loro semplice fede in te e nel rispetto della tua bontà, attendono con fiducia il tuo giusto giudizio. **Amen.**

SALMO 75

CANTO DI TRIONFO DOPO LA VITTORIA

1 *Al maestro del coro.*
Su strumenti a corda con cetre. Salmo.
Di Asaf. Canto.

2 Dio è conosciuto in Giuda, *
in Israele è grande il suo nome.
3 È in Gerusalemme la sua dimora, *
la sua abitazione, in Sion.

4 Qui spezzò le saette dell'arco, *
lo scudo, la spada, la guerra.

5 Splendido tu sei, o Potente, *
sui monti della preda;

6 furono spogliati i valorosi, †
furono colti dal sonno, *
nessun prode ritrovava la sua mano.

7 Dio di Giacobbe, alla tua minaccia, *
si arrestarono carri e cavalli.

8 Tu sei terribile; chi ti resiste *
quando si scatena la tua ira?
9 Dal cielo fai udire la sentenza: *
sbigottita la terra tace

10 quando Dio si alza per giudicare, *
per salvare tutti gli umili della terra.

11 L’uomo colpito dal tuo furore ti dà gloria, *
gli scampati dall’ira ti fanno festa.

12 Fate voti al Signore vostro Dio e adempiteli, *
quanti lo circondano portino doni al Terribile,
13 a lui che toglie il respiro ai potenti; *
è terribile per i re della terra.

Imploriamo Cristo per avere la pace e la difesa dai nemici interni ed esterni; egli è l’autore di ogni nostra vittoria spirituale e lui solo può riportare nel nostro cuore la vera pace. Cristo compie tanti piccoli interventi nella nostra vita, con il potere che gli è stato conferito di giudicare ogni istante della nostra esistenza; collaboriamo allora con lui, a questo suo giudizio, condannando il male che è in noi, e vivendo alla luce di quel giudizio che al termine della vita egli compirà su ognuno di noi, quando dovremo rendere conto per tutto quello che avremo fatto di bene e di male.

Preghiera

Padre, nella tua grazia, tu ci permetti di debellare il nostro vecchio uomo e di fortificarci in quello nuovo nato dal battesimo; nell’offerta dell’eucaristia ci consenti di ritrovare l’unità, la pace, la vittoria e il trionfo del Cristo, unica vera luce del mondo. **Amen.**

SALMO 76

DIO RINNOVA I PRODIGI DEL SUO AMORE

1 *Al maestro del coro. Su "Idutun".*
Di Asaf. Salmo.

2 La mia voce sale a Dio e grido aiuto; *
la mia voce sale a Dio, finché mi ascolti.

3 Nel giorno dell'angoscia io cerco il Signore, †
tutta la notte la mia mano è tesa
e non si stanca; *
io rifiuto ogni conforto.

4 Mi ricordo di Dio e gemo, *
medito e viene meno il mio spirito.
5 Tu trattieni dal sonno i miei occhi, *
sono turbato e senza parole.

6 Ripenso ai giorni passati, *
ricordo gli anni lontani.
7 Un canto nella notte mi ritorna nel cuore: *
rifletto e il mio spirito si va interrogando.

8 Forse Dio ci respingerà per sempre,
non sarà più benevolo con noi?
9 È forse cessato per sempre il suo amore, *
è finita la sua promessa per sempre?

10 Può Dio aver dimenticato la misericordia, *
aver chiuso nell'ira il suo cuore?

11 E ho detto: "Questo è il mio tormento: *
è mutata la destra dell'Altissimo".

12 Ricordo le gesta del Signore, *
ricordo le tue meraviglie di un tempo.
13 Mi vado ripetendo le tue opere, *
considero tutte le tue gesta.

14 O Dio, santa è la tua via; *
quale dio è grande come il nostro Dio?
15 Tu sei il Dio che opera meraviglie, *
manifesti la tua forza fra le genti.

16 È il tuo braccio che ha salvato il tuo popolo, *
i figli di Giacobbe e di Giuseppe.

17 Ti videro le acque, Dio, †
ti videro e ne furono sconvolte; *
sussultarono anche gli abissi.

18 Le nubi rovesciarono acqua, †
scoppiò il tuono nel cielo; *
le tue saette guizzarono.

19 Il fragore dei tuoi tuoni nel turbine, †
i tuoi fulmini rischiararono il mondo, *
la terra tremò e fu scossa.

20 Sul mare passava la tua via, †
i tuoi sentieri sulle grandi acque *
e le tue orme rimasero invisibili.

21 Guidasti come gregge il tuo popolo *
per mano di Mosè e di Aronne.

Illuminiamo le situazioni più difficili e assurde, quelle che umanamente sembrano senza speranza, con una fede incrollabile nella Provvidenza e con la preghiera fiduciosa, costante e perseverante. E nei momenti più dolorosi, quando quasi sembra che Dio sia assente, ripercorriamo la storia della nostra vita e sicuramente vi troveremo qualche traccia evidente del passaggio e della presenza del Signore; allora un raggio di luce e di speranza rifiorirà nel nostro cuore. Alziamo la nostra preghiera a Dio Padre ed egli ci salverà.

Preghiera

Dio, che rinnovi i prodigi del tuo amore, che operi meraviglie, ascolta la mia voce nei momenti d'angoscia; che io possa sempre ricordarmi delle meraviglie da te compiute, fiducioso così nella tua bontà canterò lodi al tuo santo nome. **Amen.**

Salmo 77

Diremo alla generazione futura le lodi del Signore

1 *Maskil. Di Asaf.*

Popolo mio, porgi l'orecchio al mio insegnamento, *
ascolta le parole della mia bocca.
2 Aprirò la mia bocca in parabole, *
rievocherò gli arcani dei tempi antichi.

3 Ciò che abbiamo udito e conosciuto †
e i nostri padri ci hanno raccontato, *
4 non lo terremo nascosto ai loro figli;

diremo alla generazione futura †
le lodi del Signore, la sua potenza *
e le meraviglie che egli ha compiuto.

5 Ha stabilito una testimonianza in Giacobbe, *
ha posto una legge in Israele:

ha comandato ai nostri padri
di farle conoscere ai loro figli, †
6 perché le sappia la generazione futura, *
i figli che nasceranno.

Anch'essi sorgeranno a raccontarlo ai loro figli *
7 perché ripongano in Dio la loro fiducia
e non dimentichino le opere di Dio, *
ma osservino i suoi comandi.

8 Non siano come i loro padri, *
generazione ribelle e ostinata,
generazione dal cuore incostante *
e dallo spirito infedele a Dio.

9 I figli di Efraim, valenti tiratori d’arco, *
voltarono le spalle nel giorno della lotta.

10 Non osservarono l’alleanza di Dio, *
rifiutando di seguire la sua legge.

11 Dimenticarono le sue opere, *
le meraviglie che aveva loro mostrato.
12 Aveva fatto prodigi davanti ai loro padri, *
nel paese d’Egitto, nei campi di Tanis.

13 Divise il mare e li fece passare *
e fermò le acque come un argine.
14 Li guidò con una nube di giorno *
e tutta la notte con un bagliore di fuoco.

15 Spaccò le rocce nel deserto *
e diede loro da bere come dal grande abisso.
16 Fece sgorgare ruscelli dalla rupe *
e scorrere l’acqua a torrenti.

17 Eppure continuarono a peccare contro di lui, *
a ribellarsi all’Altissimo nel deserto.
18 Nel loro cuore tentarono Dio, *
chiedendo cibo per le loro brame;

19 mormorarono contro Dio dicendo: *
“Potrà forse Dio
preparare una mensa nel deserto?”.

20 Ecco, egli percosse la rupe *
e ne scaturì acqua, e straripavano torrenti.
Potrà forse dare anche pane *
o preparare carne al suo popolo?”.

21 All’udirli il Signore ne fu adirato; †
un fuoco divampò contro Giacobbe *
e l’ira esplose contro Israele,

22 perché non ebbero fede in Dio *
né speranza nella sua salvezza.

23 Comandò alle nubi dall’alto *
e aprì le porte del cielo;
24 fece piovere su di essi la manna per cibo *
e diede loro pane del cielo:

25 l’uomo mangiò il pane degli angeli, *
diede loro cibo in abbondanza.

26 Scatenò nel cielo il vento d’oriente, *
fece spirare l’australe con potenza;
27 su di essi fece piovere la carne come polvere *
e gli uccelli come sabbia del mare;

28 caddero in mezzo ai loro accampamenti, *
tutto intorno alle loro tende.
29 Mangiarono e furono ben sazi, *
li soddisfece nel loro desiderio.

30 La loro avidità non era ancora saziata, *
avevano ancora il cibo in bocca,

31 quando l’ira di Dio si alzò contro di essi, †
facendo strage dei più vigorosi *
e abbattendo i migliori d’Israele.

32 Con tutto questo continuarono a peccare *
e non credettero ai suoi prodigi.
33 Allora dissipò come un soffio i loro giorni *
e i loro anni con strage repentina.

34 Quando li faceva perire, lo cercavano, *
ritornavano e ancora si volgevano a Dio;
35 ricordavano che Dio è loro rupe, *
e Dio, l'Altissimo, il loro salvatore;

36 lo lusingavano con la bocca *
e gli mentivano con la lingua;
37 il loro cuore non era sincero con lui *
e non erano fedeli alla sua alleanza.

38 Ed egli, pietoso, perdonava la colpa, *
li perdonava invece di distruggerli.

Molte volte placò la sua ira *
e trattenne il suo furore,
39 ricordando che essi sono carne, *
un soffio che va e non ritorna.

40 Quante volte si ribellarono a lui nel deserto, *
lo contristarono in quelle solitudini!
41 Sempre di nuovo tentavano Dio, *
esasperavano il Santo di Israele.

42 Non si ricordavano più della sua mano, *
del giorno che li aveva liberati dall'oppressore,
43 quando operò in Egitto i suoi prodigi, *
i suoi portenti nei campi di Tanis.

44 Egli mutò in sangue i loro fiumi *
e i loro ruscelli, perché non bevessero.
45 Mandò tafani a divorarli *
e rane a molestarli.

46 Diede ai bruchi il loro raccolto, *
alle locuste la loro fatica.
47 Distrusse con la grandine le loro vigne, *
i loro sicomori con la brina.

48 Consegnò alla grandine il loro bestiame, *
ai fulmini i loro greggi.

49 Scatenò contro di essi la sua ira ardente, †
la collera, lo sdegno, la tribolazione, *
e inviò messaggeri di sventure.

50 Diede sfogo alla sua ira: †
non li risparmiò dalla morte *
e diede in preda alla peste la loro vita.

51 Colpì ogni primogenito in Egitto, *
nelle tende di Cam la primizia del loro vigore.

52 Fece partire come gregge il suo popolo *
e li guidò come branchi nel deserto.
53 Li condusse sicuri e senza paura *
e i loro nemici li sommerse il mare.

54 Li fece salire al suo luogo santo, *
al monte conquistato dalla sua destra.

55 Scacciò davanti a loro i popoli †

e sulla loro eredità gettò la sorte, *
facendo dimorare nelle loro tende le tribù di Israele.

56 Ma ancora lo tentarono, †
si ribellarono a Dio, l'Altissimo, *
non obbedirono ai suoi comandi.

57 Sviati, lo tradirono come i loro padri, *
fallirono come un arco allentato.
58 Lo provocarono con le loro alture *
e con i loro idoli lo resero geloso.

59 Dio, all'udire, ne fu irritato *
e respinse duramente Israele.
60 Abbandonò la dimora di Silo, *
la tenda che abitava tra gli uomini.

61 Consegnò in schiavitù la sua forza, *
la sua gloria in potere del nemico.
62 Diede il suo popolo in preda alla spada *
e contro la sua eredità si accese d'ira.

63 Il fuoco divorò il fiore dei suoi giovani, *
le sue vergini non ebbero canti nuziali.
64 I suoi sacerdoti caddero di spada *
e le loro vedove non fecero lamento.

65 Ma poi il Signore si destò come da un sonno, *
come un prode assopito dal vino.
66 Colpì alle spalle i suoi nemici, *
inflisse loro una vergogna eterna.

67 Ripudiò le tende di Giuseppe, *

non scelse la tribù di Efraim;
68 ma elesse la tribù di Giuda, *
il monte Sion che egli ama.

69 Costruì il suo tempio alto come il cielo *
e come la terra stabile per sempre.
70 Egli scelse Davide suo servo *
e lo trasse dagli ovili delle pecore.

71 Lo chiamò dal seguito delle pecore madri †
per pascere Giacobbe suo popolo, *
la sua eredità Israele.

72 Fu per loro pastore dal cuore integro *
e li guidò con mano sapiente.

La vita di ogni uomo è disseminata di luci e di ombre, di misericordia e grazia, ma anche di infedeltà e di contraddizioni. Dio Padre non si stanca mai di richiamarci a penitenza; accettiamo con umiltà e gratitudine le correzioni che egli ogni volta ci impone al momento opportuno, perché tutto ciò che desidera è la nostra salvezza; ripariamo al male che nella nostra ignoranza abbiamo fatto, perché la morte non sopraggiunga improvvisa e ci impedisca di convertirci. Il santo timore di Dio ci accompagni in ogni nostra azione e non lasciamoci sorprendere da nessuna tentazione: Dio è fedele e non permetterà che siamo tentati oltre le nostre forze.

Preghiera

Ogni giorno, Gesù, si rinnova lo squallido dramma delle infedeltà di Israele, in ogni uomo che che dimentica la tua bontà e non osserva i comandamenti; aiutaci ad osservare i tuoi comandi, e redenti dal tuo sangue, raggiungeremo la felicità senza fine.
Amen.

SALMO 78

LAMENTO PER LA DISTRUZIONE DI GERUSALEMME

1 *Salmo. Di Asaf.*

O Dio, nella tua eredità sono entrate le nazioni, †
hanno profanato il tuo santo tempio, *
hanno ridotto in macerie Gerusalemme.

2 Hanno abbandonato i cadaveri dei tuoi servi †
in pasto agli uccelli del cielo, *
la carne dei tuoi fratelli agli animali selvaggi.

3 Hanno versato il loro sangue
come acqua intorno a Gerusalemme, *
e nessuno seppelliva.

4 Siamo divenuti l'obbrobrio dei nostri vicini, *
scherno e ludibrio di chi ci sta intorno.

5 Fino a quando, Signore,
sarai adirato: per sempre? *
Arderà come fuoco la tua gelosia?

6 Riversa il tuo sdegno sui popoli
che non ti riconoscono *
e sui regni che non invocano il tuo nome,
7 perché hanno divorato Giacobbe, *
hanno devastato la sua dimora.

8 Non imputare a noi le colpe dei nostri padri, †
presto ci venga incontro la tua misericordia, *
poiché siamo troppo infelici.

9 Aiutaci, Dio, nostra salvezza, *
per la gioia del tuo nome,
salvaci e perdona i nostri peccati *
per amore del tuo nome.

10 Perché i popoli dovrebbero dire: *
"Dov'è il loro Dio?".
Si conosca tra i popoli, sotto i nostri occhi, *
la vendetta per il sangue dei tuoi servi.

11 Giunga fino a te il gemito dei prigionieri; †
con la potenza della tua mano *
salva i votati alla morte.

12 Fa ricadere sui nostri vicini sette volte *
l'affronto con cui ti hanno insultato, Signore.

13 E noi, tuo popolo
e gregge del tuo pascolo, †
ti renderemo grazie per sempre; *
di età in età proclameremo la tua lode.

Con sentimenti di penitenza eliminiamo dalla nostra vita il peccato che distrugge l'esistenza umana e genera ogni male. Siamo solidali con tutti coloro che soffrono a causa degli odi collettivi; preghiamo per la liberazione e la salute spirituale degli uomini, per chi soffre persecuzioni per amore di Cristo. Scegliamo la pace, la libertà e il benessere di tutti gli uomini della terra, affinché siano abbattute le guerre, le persecuzioni, le crudeli deportazioni, l'orrore dei campi di concentramento, lo sterminio dei popoli. Preghiamo per tutti coloro che, oppressi da sofferenze inaudite, non sono più in grado, o forse non hanno più voglia, di pregare; preghiamo per chi non vuol più vivere, perché vivere è diventato un insopportabile tormento. Chiediamo a Gesù Cristo l'annientamento del peccato, il trionfo sulla morte, la conversione di tutti i peccatori; meditiamo con timore sull'ira di nostro Signore, con tremore sulla sua vendetta che può condannare un uomo alla dannazione senza fine.

Preghiera

Signore, guarda con bontà all'umanità peccatrice; perdonala e aiutala a progredire, giorno per giorno, verso la vera salvezza **Amen.**

SALMO 79

VISITA, O SIGNORE, LA TUA VIGNA

1 *Al maestro del coro. Su "giglio del precetto".*
Di Asaf. Salmo.

2 Tu, pastore d'Israele, ascolta, *
tu che guidi Giuseppe come un gregge.
Assiso sui cherubini rifulgi *
3 davanti a Èfraim, Beniamino e Manasse.

Risveglia la tua potenza *
e vieni in nostro soccorso.

4 Rialzaci, Signore, nostro Dio, *
fa' splendere il tuo volto e noi saremo salvi.

5 Signore, Dio degli eserciti, †
fino a quando fremerai di sdegno *
contro le preghiere del tuo popolo?

6 Tu ci nutri con pane di lacrime, *
ci fai bere lacrime in abbondanza.
7 Ci hai fatto motivo di contesa per i vicini, *
e i nostri nemici ridono di noi.

8 Rialzaci, Dio degli eserciti, *
fa' risplendere il tuo volto e noi saremo salvi.

9 Hai divelto una vita dall'Egitto, *
per trapiantarla hai espulso i popoli.

10 Le hai preparato il terreno, *
hai affondato le sue radici e hai riempito la terra.

11 La sua ombra copriva le montagne *
e i suoi rami i più alti cedri.
12 Ha esteso i suoi tralci fino al mare *
e arrivavano al fiume i suoi germogli.

13 Perché hai abbattuto la sua cinta *
e ogni viandante ne fa vendemmia?
14 La devasta il cinghiale del bosco *
e se ne pasce l'animale selvatico.

15 Dio degli eserciti, volgiti, *
guarda dal cielo e vedi e visita questa vigna,
16 proteggi il ceppo che la tua destra ha piantato, *
il germoglio che ti sei coltivato.

17 Quelli che l'arsero col fuoco e la recisero, *
periranno alla minaccia del tuo volto.

18 Sia la tua mano dell'uomo della tua destra, *
sul figlio dell'uomo che per te hai reso forte.

19 Da te più non ci allontaneremo, *
ci farai vivere e invocheremo il tuo nome.

20 Rialzaci, Signore, Dio degli eserciti, *
fa' splendere il tuo volto e noi saremo salvi.

Siamo noi i tralci della vite divina; nella nostra esistenza si rinnova la storia di grazie e di devastazioni causate dal male, storia di cadute e di ritorni a Dio. Spesso noi siamo quella vigna, tanto curata e amata dal Signore, che però non ha mai prodotto uva buona, ma solo frutti selvatici. Solo in Cristo Gesù, la vigna infedele è stata rinnovata e redenta; restiamo dunque in Cristo, perché come il tralcio non può dar frutto da se stesso se non rimane nella vite, così anche noi non potremmo far nulla senza il continuo sostegno della misericordia del Signore.

Preghiera

Signore, volgiti, guarda dal cielo e visita questa vigna, proteggi ciò che tu stesso hai piantato; da te noi non ci allontaneremo più. Tu ci farai vivere e noi invocheremo il tuo nome. **Amen.**

Salmo 80

Solenne rinnovazione dell'alleanza

1 *Al maestro del coro. Su "I torchi...". Di Asaf.*

2 Esultate in Dio, nostra forza, *
acclamate al Dio di Giacobbe.
3 Intonate il canto e suonate il timpano, *
la cetra melodiosa con l'arpa.

4 Suonate la tromba nel plenilunio, *
nostro giorno di festa.
5 Questa è una legge per Israele, *
un decreto del Dio di Giacobbe.

6 Lo ha dato come testimonianza a Giuseppe, *
quando usciva dal paese d'Egitto.

Un linguaggio mai inteso io sento: †
7 "Ho liberato dal peso la sua spalla, *
le sue mani hanno deposto la cesta.

8 Hai gridato a me nell'angoscia e io ti ho liberato, †
avvolto nella nube ti ho dato risposta, *
ti ho messo alla prova alle acque di Meriba.

9 Ascolta, popolo mio, ti voglio ammonire; *
Israele, se tu mi ascoltassi!
10 Non ci sia in mezzo a te un altro dio *
e non prostrarti a un dio straniero.

11 Sono io il Signore tuo Dio, †
che ti ho fatto uscire dal paese d'Egitto; *

apri la tua bocca, la voglio riempire.

12 Ma il mio popolo non ha ascoltato la mia voce, *
Israele non mi ha obbedito.
13 L'ho abbandonato alla durezza del suo cuore, *
che seguisse il proprio consiglio.

14 Se il mio popolo mi ascoltasse, *
se Israele camminasse per le mie vie!
15 Subito piegherei i suoi nemici *
e contro i suoi avversari porterei la mia mano.

16 I nemici del Signore gli sarebbero sottomessi *
e la loro sorte sarebbe segnata per sempre;
17 li nutrirei con fiore di frumento, *
li sazierei con miele di roccia".

Ogni gioia e ogni festa che noi celebriamo sono un ricordo dei benefici ricevuti nel passato, e continuamente presenti; sono un richiamo da parte di Dio ad ascoltare la sua voce, ad aprire il nostro cuore al suo amore. Dio ci ama e ci protegge, ma occorre che la nostra vita non si chiuda alla sua benevolenza; egli stesso appare più preoccupato di noi della nostra salvezza, pare quasi che egli venga a mendicare un piccolo spazio della nostra vita per poterla santificare. Non deludiamo la sua attesa nei nostri confronti; ascoltiamolo quando siamo nella tristezza, il nostro cuore si rallegrerà e nessuno questa volta potrà toglierci la vera gioia.

Preghiera

Signore, fa' che io non abbia altro dio fuori di te; io voglio ascoltare la tua voce, voglio camminare per le tue vie, ma ho anche bisogno di tutto l'aiuto che potrò da te ricevere per poterlo fare, perché a volte sai la forza viene meno, e il coraggio manca. Sii tu la mia forza e il mio coraggio, e io ti sarò fedele per sempre. **Amen.**

Salmo 81 

Contro i giudici ingiusti

1 *Salmo. Di Asaf.*

Dio si alza nell'assemblea divina, *
giudica in mezzo agli dèi.
2 "Fino a quando giudicherete iniquamente *
e sosterrete la parte degli empi?

3 Difendete il debole e l'orfano, *
al misero e al povero fate giustizia.
4 Salvate il debole e l'indigente, *
liberatelo dalla mano degli empi".

5 Non capiscono, non vogliono intendere, †
avanzano nelle tenebre; *
vacillano tutte le fondamenta della terra.

6 Io ho detto: "Voi siete dèi, *
siete tutti figli dell'Altissimo".
7 Eppure morirete come ogni uomo, *
cadrete come tutti i potenti.

8 Sorgi, Dio, a giudicare la terra, *
perché a te appartengono tutte le genti.

Solo a Dio spetta il compito e il potere di giudicare; un solo supremo tribunale attende tutti gli uomini, giudici e giudicati di questo mondo per una suprema revisione dei processi e dei verdetti emanati nel corso della storia. Ogni compito di cui l'uomo è chiamato a rendere servizio, sia sempre svolto per promuovere il bene comune; in particolare il cristiano che è scelto per amministrare la giustizia, senta in cuor suo di operare in collaborazione con Dio stesso e non serva mai all'iniquità, perché non farebbe altro che compromettere il nome santo del Signore, scandalizzare i giusti e provocare bestemmie. Non si serva poi mai di tale autorità per opprimere i deboli e gli indifesi, perché sarebbe come opprimere Cristo stesso, che si è fatto carico delle cause di tutti i miseri della terra.

Preghiera

Padre, insegnaci ad avere rispetto della vita in tutte le sue forme e in tutte le sue espressioni. Ti preghiamo per gli uomini, chiamati ad avere responsabilità di guida e di direzione della società, affinché operino sempre secondo giustizia e verità, illuminati dalla tua luce, e dal tuo amore. Fa' che ogni uomo, anche nel piccolo e nella semplicità della propria vita, sia sempre un riflesso della tua infinità bontà, affinché la verità e la giustizia trionfino sempre sull'egoismo e sull'amor proprio. **Amen.**

SALMO 82

CONTRO I NEMICI DEL POPOLO DI DIO

1 *Canto. Salmo. Di Asaf.*

2 Dio, non darti riposo, *
non restare muto e inerte, o Dio.
3 Vedi: i tuoi avversari fremono *
e i tuoi nemici alzano la testa.

4 Contro il tuo popolo ordiscono trame *
e congiurano contro i tuoi protetti.
5 Hanno detto: “Venite, cancelliamoli come popolo *
e più non si ricordi il nome di Israele”.

6 Hanno tramato insieme concordi, *
contro di te hanno concluso un’alleanza;
7 tende di Edom e gli Ismaeliti, *
Moab e gli Agareni,

8 Gebal, Ammon e Amalek *
la Palestina con gli abitanti di Tiro.
9 Anche Assur è loro alleato *
e ai figli di Lot presta man forte.

10 Trattali come Madian e Sisara, *
come Iabin al torrente di Kison:
11 essi furono distrutti a Endor, *
diventarono concime per la terra.

12 Come Oreb e Zeb rendi i loro principi, *

e come Zebee e Sàlmana tutti i loro capi;
13 essi dicevano: *
"I pascoli di Dio conquistiamoli per noi".

14 Mio Dio, rendili come turbine, *
come pula dispersa dal vento.
15 Come il fuoco che brucia il bosco *
e come la fiamma che divora i monti,

16 così tu inseguili con la tua bufera *
e sconvolgili con il tuo uragano.
17 Copri di vergogna i loro volti *
perché cerchino il tuo nome, Signore.

18 Restino confusi e turbati per sempre, *
siano umiliati, periscano;
19 sappiano che tu hai nome "Signore", *
tu solo sei l'Altissimo su tutta la terra.

In ogni uomo si scatena la battaglia tra il bene e il male; è dentro ciascuno di noi il male che deve essere distrutto, il nemico è nel profondo del nostro cuore. Per questo, ogni uomo è chiamato a prendere una decisione: o con Cristo o contro Cristo. Armiamoci, dunque dell'armatura di Cristo: sia la verità la nostra cintura, la giustizia la nostra corazza, la fede il nostro scudo, la parola di Dio la nostra spada, la certezza della salvezza il nostro elmo.

Preghiera

Le battaglie che tu, o Padre, hai intrapreso a fianco d'Israele, che hai portato a compimento in Cristo, liberino l'umanità da tutti i mali che l'affliggono, affinché associata al trionfo di Cristo sulla morte possa riconoscerti come unico e solo Signore, l'Altissimo su tutta la terra. **Amen.**

SALMO 83

DESIDERIO DEL TEMPIO DEL SIGNORE

1 *Al maestro del coro. Su "I torchi...".*
Dei figli di Core. Salmo.

2 Quanto sono amabili le tue dimore, *
Signore degli eserciti!
3 L'anima mia languisce *
e brama gli atri del Signore.

Il mio cuore e la mia carne *
esultano nel Dio vivente.

4 Anche il passero trova la casa, *
la rondine il nido, dove porre i suoi piccoli,
presso i tuoi altari, Signore degli eserciti, *
mio re e mio Dio.

5 Beato chi abita la tua casa: *
sempre canta le tue lodi!
6 Beato chi trova in te la sua forza *
e decide nel suo cuore il santo viaggio.

7 Passando per la valle del pianto
la cambia in una sorgente, *
anche la prima pioggia l'ammanta di benedizioni.

8 Cresce lungo il cammino il suo vigore, *
finché compare davanti a Dio in Sion.

9 Signore, Dio degli eserciti, ascolta la mia preghiera, *
porgi l'orecchio, Dio di Giacobbe.
10 Vedi, Dio, nostro scudo, *
guarda il volto del tuo consacrato.

11 Per me un giorno nei tuoi atri *
è più che mille altrove,
stare sulla soglia della casa del mio Dio *
è meglio che abitare nelle tende degli empi.

12 Poiché sole e scudo è il Signore Dio; †
il Signore concede grazia e gloria, *
non rifiuta il bene a chi cammina con rettitudine.

13 Signore degli eserciti, *
beato l'uomo che in te confida.

Nelle quotidiane ansietà della vita, il cristiano leva il suo sguardo al cielo, verso quella casa dove lo attende il Padre; allora le angosce terrene scompaiono per lasciar posto alla luminosità e al calore della comunione con Dio. E l'anima respira di quella vita soprannaturale dove i sentimenti si purificano nella contemplazione dell'Altissimo. Quando questo nostro corpo verrà disfatto, riceveremo allora una casa da Dio, una dimora eterna, mai costruita prima da mani di uomo, nei cieli; per ora siamo in esilio lontani dal Signore, ma se camminiamo nella fede un giorno abiteremo presso di lui.

Preghiera

Padre, che conforti il nostro pellegrinaggio terreno assicurandoci che un giorno giungeremo alle tue dolci dimore, ascolta la nostra preghiera, fa' che possiamo trovare in Gesù il nostro compagno di viaggio, per attraversare serenamente questa valle del pianto. **Amen.**

SALMO 84

LA NOSTRA SALVEZZA È VICINA

1 *Al maestro del coro. Dei figli di Core. Salmo.*

2 Signore, sei stato buono con la tua terra, *
hai ricondotto i deportati di Giacobbe.
3 Hai perdonato l'iniquità del tuo popolo, *
hai cancellato tutti i suoi peccati.

4 Hai deposto tutto il tuo sdegno *
e messo fine alla tua grande ira.

5 Rialzaci, Dio nostra salvezza, *
e placa il tuo sdegno verso di noi.
6 Forse per sempre sarai adirato con noi, *
di età in età estenderai il tuo sdegno?

7 Non tornerai tu forse a darci vita, *
perché in te gioisca il tuo popolo?
8 Mostraci, Signore, la tua misericordia *
e donaci la tua salvezza.

9 Ascolterò che cosa dice Dio, il Signore: †
egli annunzia la pace
per il suo popolo, per i suoi fedeli, *
per chi ritorna a lui con tutto il cuore.

10 La sua salvezza è vicina a chi lo teme *
e la sua gloria abiterà la nostra terra.

11 Misericordia e verità s'incontreranno, *
giustizia e pace si baceranno.
12 La verità germoglierà dalla terra *
e la giustizia si affaccerà dal cielo.

13 Quando il Signore elargirà il suo bene, *
la nostra terra darà il suo frutto.
14 Davanti a lui camminerà la giustizia *
e sulla via dei suoi passi la salvezza.

La venuta del Cristo nel mondo ha una sua storia segreta, un suo progetto nella vita di ogni credente. Chiunque si converte e riceve la grazia è come un esiliato che si avvia per la strada che lo riporterà alla sua patria; rigenerato dalla grazia, perdonato e liberato dai peccati commessi, diviene terra di benedizione, e a lui Dio rivolge il suo annuncio di pace, di giustizia, misericordia e verità. In risposta alle preghiere dei nostri animi spesso stanchi e sfiduciati, Dio Padre annuncia il suo messaggio di pace, promette di riprendere il suo posto in mezzo ad un popolo che ha lasciato passare attraverso la purificazione dell'esilio e delle sofferenze.

Preghiera

Dio pietoso, che hai perdonato la nostra cattiveria con il sangue del tuo figlio, rendici partecipi della tua salvezza, affinché ora e sempre, misericordia e verità possano incontrarsi, giustizia e pace baciarsi. **Amen.**

SALMO 85

PREGHIERA A DIO NELL'AFFLIZIONE

1 *Supplica. Di Davide.*

Signore, tendi l'orecchio, rispondimi, *
perché io sono povero e infelice.
2 Custodiscimi perché sono fedele; *
tu, Dio mio, salva il tuo servo, che in te spera.

3 Pietà di me, Signore, *
a te grido tutto il giorno.
4 Rallegra la vita del tuo servo, *
perché a te, Signore, innalzo l'anima mia.

5 Tu sei buono, Signore, e perdoni, *
sei pieno di misericordia con chi ti invoca.
6 Porgi l'orecchio, Signore, alla mia preghiera *
e sii attento alla voce della mia supplica.

7 Nel giorno dell'angoscia alzo a te il mio grido *
e tu mi esaudirai.

8 Fra gli dèi nessuno è come te, Signore, *
e non c'è nulla che uguagli le tue opere.

9 Tutti i popoli che hai creato verranno †
e si prostreranno davanti a te, o Signore, *
per dare gloria al tuo nome;

10 grande tu sei e compi meraviglie: *
tu solo sei Dio.

11 Mostrami, Signore, la tua via, *
perché nella tua verità io cammini;
donami un cuore semplice *
che tema il tuo nome.

12 Ti loderò, Signore, Dio mio, con tutto il cuore *
e darò gloria al tuo nome sempre,
13 perché grande con me è la tua misericordia: *
dal profondo degli inferi mi hai strappato.

14 Mio Dio, mi assalgono gli arroganti, †
una schiera di violenti attenta alla mia vita, *
non pongono te davanti ai loro occhi.

15 Ma tu, Signore, Dio di pietà, compassionevole, *
lento all'ira e pieno di amore, Dio fedele,
16 volgiti a me e abbi misericordia: †
dona al tuo servo la tua forza, *
salva il figlio della tua ancella.

17 Dammi un segno di benevolenza; †
vedano e siano confusi i miei nemici, *
perché tu, Signore, mi hai soccorso e consolato.

Nella preghiera il vuoto che ogni uomo porta in sé, a motivo di un'esistenza tutta intessuta di miseria e tribolazioni, si incontra con la ricchezza del Dio della misericordia e della grazia, quel Dio che non esita a dare risposta e a concedere libertà; il buio si scontra con la luce, la debolezza con la forza dell'Onnipotente.

Preghiera

Signore, ascolta la mia supplica: dammi un segno della tua benevolenza, ed io inviterò tutti gli uomini a prostrarsi al tuo cospetto, e a dare gloria al tuo nome. **Amen.**

Salmo 86

Gerusalemme, madre di tutti i popoli

1 *Dei figli di Core. Salmo. Canto.*

Le sue fondamenta sono sui monti santi; †
2 il Signore ama le porte di Sion *
più di tutte le dimore di Giacobbe.

3 Di te si dicono cose stupende, *
città di Dio.

4 Ricorderò Raab e Babilonia
fra quelli che mi conoscono; †
ecco, Palestina, Tiro ed Etiopia: *
tutti là sono nati.

5 Si dirà di Sion: "L'uno e l'altro è nato in essa *
e l'Altissimo la tiene salda".

6 Il Signore scriverà nel libro dei popoli: *
"Là costui è nato".
7 E danzando canteranno: *
"Sono in te tutte le mie sorgenti".

Nell'antica Gerusalemme terrena Dio aveva stabilito il popolo da lui liberato, perché accogliendo il Messia divenisse una Gerusalemme spirituale, apportatrice di salvezza a tutti i popoli della terra e centro di irradiazione di luce e di vita divina nel mondo. Ma Gerusalemme non si lasciò fecondare dallo Spirito Santo e non fruttificò per esso; in seguito alla sua prevaricazione,

Dio formò la Gerusalemme nuova nella Chiesa riunita intorno a Cristo, perché fosse erede delle promesse e dei privilegi dell'antica città santa, distrutta a causa dei suoi peccati. Dunque, ora la Chiesa è sulla terra, la nuova Gerusalemme di Dio, luogo dove ogni uomo, alimentandosi alle sorgenti della grazia e alle fonti sacramentali, ha la possibilità di nascere a vita nuova. Ogni cristiano è invitato a sentirsi figlio di questa Chiesa, perché chi non avrà il suo nome scritto in questa "città", non avrà diritto di cittadinanza poi nella vita eterna.

Preghiera

Signore, fa' di me un membro di questa Chiesa pellegrina, in attesa di essere un giorno cittadino della Gerusalemme celeste del cielo. **Amen.**

SALMO 87

PREGHIERA DI UN UOMO GRAVEMENTE MALATO

1 *Canto. Salmo. Dei figli di Core.*
Al maestro del coro. Su "Macalat".
Per canto. Maskil. Di Eman l'Ezraita.

2 Signore, Dio della mia salvezza, *
davanti a te grido giorno e notte.
3 Giunga fino a te la mia preghiera, *
tendi l'orecchio al mio lamento.

4 Io sono colmo di sventure, *
la mia vita è vicina alla tomba.
5 Sono annoverato tra quelli che scendono nella fossa, *
sono come un morto ormai privo di forza.

6 È tra i morti il mio giaciglio, *
sono come gli uccisi stesi nel sepolcro,
dei quali tu non conservi il ricordo *
e che la tua mano ha abbandonato.

7 Mi hai gettato nella fossa profonda, *
nelle tenebre e nell'ombra di morte.
8 Pesa su di me il tuo sdegno *
e con tutti i tuoi flutti mi sommergi.

9 Hai allontanato da me i miei compagni, *
mi hai reso per loro un orrore.
Sono prigioniero senza scampo; *
10 si consumano i miei occhi nel patire.

Tutto il giorno ti chiamo, Signore, *
verso di te protendo le mie mani.
11 Compi forse prodigi per i morti? *
O sorgono le ombre a darti lode?

12 Si celebra forse la tua bontà nel sepolcro, *
la tua fedeltà negli inferi?
13 Nelle tenebre si conoscono forse i tuoi prodigi, *
la tua giustizia nel paese dell'oblio?

14 Ma io a te, Signore, grido aiuto, *
e al mattino giunge a te la mia preghiera.
15 Perché, Signore, mi respingi, *
perché mi nascondi il tuo volto?

16 Sono infelice e morente dall'infanzia, *
sono sfinito, oppresso dai tuoi terrori.
17 Sopra di me è passata la tua ira, *
i tuoi spaventi mi hanno annientato,

18 mi circondano come acqua tutto il giorno, *
tutti insieme mi avvolgono.
19 Hai allontanato da me amici e conoscenti, *
mi sono compagne solo le tenebre.

Cristo pendente dal patibolo; è questa l'immagine che dobbiamo sempre portare nel nostro cuore quando ci troviamo a toccare il fondo della desolazione, incapaci ormai di qualsiasi azione o lotta, e in tutto, corpo e cuore, immolati alla fiamma di un patimento infinito. Molti abbracciano la croce del Cristo, ma gemono sotto il suo peso, si scoraggiano, stramazzano a terra; solo Dio può concedere la grazia di rialzarsi e di riprendere il cammino. Anche noi, quando il nostro animo si smarrisce, ricordiamo che è già di per se stessa una grazia poter rivelare a Dio la nostra sofferenza e solitudine, nell'attesa che egli venga a riempirci della sua divina presenza.

Preghiera

Signore ti preghiamo per coloro che giacciono nella morte spirituale, induriti dal loro peccato; per i perseguitati, ai quali la malvagità delle torture ha tolto ogni sembianza umana; per chi è prigioniero e sfruttato; per chi è relegato ai margini della società da pregiudizi di ogni sorta; per chi è in balia dell'ingiustizia e della prepotenza; per chi, duramente provato dalla sofferenza, rischia di cadere nella disperazione; per gli agonizzanti che non hanno il conforto della fede; per coloro che l'infermità inchioda in un letto per tutta la vita; per coloro che tu vorrai purificare nell'oscurità più completa della fede, nella notte dell'anima, per unirli poi a te nella santità più eccelsa.

Amen.

SALMO 88

SIGNORE GIUDICA CHI MI ACCUSA

1 *Maskil. Di Etan l'Ezraita.*

2 Canterò senza fine le grazie del Signore, *
con la mia bocca annunzierò la tua fedeltà nei secoli,

3 perché hai detto: "La mia grazia rimane per sempre"; *
la tua fedeltà è fondata nei cieli.

4 "Ho stretto un'alleanza con il mio eletto, *
ho giurato a Davide mio servo:
5 stabilirò per sempre la tua discendenza, *
ti darò un trono che duri nei secoli".

6 I cieli cantano le tue meraviglie, Signore, *
la tua fedeltà nell'assemblea dei santi.
7 Chi sulle nubi è uguale al Signore, *
chi è simile al Signore tra gli angeli di Dio?

8 Dio è tremendo nell'assemblea dei santi, *
grande e terribile tra quanti lo circondano.

9 Chi è uguale a te, Signore, Dio degli eserciti? *
Sei potente, Signore, e la tua fedeltà ti fa corona.

10 Tu domini l'orgoglio del mare, *
tu plachi il tumulto dei suoi flutti.
11 Tu hai calpestato Raab come un vinto, *
con braccio potente hai disperso i tuoi nemici.

12 Tuoi sono i cieli, tua è la terra, *
tu hai fondato il mondo e quanto contiene;
13 il settentrione e il mezzogiorno tu li hai creati, *
il Tabor e l'Ermon cantano il tuo nome.

14 È potente il tuo braccio, *
forte la tua mano, alta la tua destra.
15 Giustizia e diritto sono la base del tuo trono, *
grazia e fedeltà precedono il tuo volto.

16 Beato il popolo che ti sa acclamare *
e cammina o Signore, alla luce del tuo volto:
17 esulta tutto il giorno nel tuo nome, *
nella tua giustizia trova la sua gloria.

18 Perché tu sei il vanto della sua forza *
e con il tuo favore innalzi la nostra potenza.
19 Perché del Signore è il nostro scudo, *
il nostro re, del Santo d'Israele.

20 Un tempo parlasti in visione ai tuoi santi dicendo: †
"Ho portato aiuto a un prode, *
ho innalzato un eletto tra il mio popolo.

21 Ho trovato Davide, mio servo, *
con il mio santo olio l'ho consacrato;
22 la mia mano è il suo sostegno, *
il mio braccio è la sua forza.

23 Su di lui non trionferà il nemico, *
né l'opprimerà l'iniquo.
24 Annienterò davanti a lui i suoi nemici *

e colpirò quelli che lo odiano.

25 La mia fedeltà e la mia grazia saranno con lui *
e nel mio nome si innalzerà la sua potenza.
26 Stenderò sul mare la sua mano *
e sui fiumi la sua destra.

27 Egli mi invocherà: Tu sei mio padre, *
mio Dio e roccia della mia salvezza.
28 Io lo costituirò mio primogenito, *
il più alto tra i re della terra.

29 Gli conserverò sempre la mia grazia, *
la mia alleanza gli sarà fedele.
30 Stabilirò per sempre la sua discendenza, *
il suo trono come i giorni del cielo.

31 Se i suoi figli abbandoneranno la mia legge *
e non seguiranno i miei decreti,
32 se violeranno i miei statuti *
e non osserveranno i miei comandi,

33 punirò con la verga il loro peccato *
e con flagelli la loro colpa.

34 Ma non gli toglierò la mia grazia *
e alla mia fedeltà non verrò mai meno.
35 Non violerò la mia alleanza, *
non muterò la mia promessa.

36 Sulla mia santità ho giurato una volta per sempre: *
certo non mentirò a Davide.

37 In eterno durerà la sua discendenza, *
il suo trono davanti a me quanto il sole,
38 sempre saldo come la luna, *
testimone fedele nel cielo".

39 Ma tu lo hai respinto e ripudiato, *
ti sei adirato contro il tuo consacrato;
40 hai rotto l'alleanza con il tuo servo, *
hai profanato nel fango la sua corona.

41 Hai abbattuto tutte le sue mura *
e diroccato le sue fortezze;
42 tutti i passanti lo hanno depredato, *
è divenuto lo scherno dei suoi vicini.

43 Hai fatto trionfare la destra dei suoi rivali, *
hai fatto gioire tutti i suoi nemici.
44 Hai smussato il filo della sua spada *
e non l'hai sostenuto nella battaglia.

45 Hai posto fine al suo splendore, *
hai rovesciato a terra il suo trono.
46 Hai abbreviato i giorni della sua giovinezza *
e lo hai coperto di vergogna.

47 Fino a quando, Signore,
continuerai a tenerti nascosto, *
arderà come fuoco la tua ira?

48 Ricorda quant'è breve la mia vita. *
Perché quasi un nulla hai creato ogni uomo?

49 Quale vivente non vedrà la morte, *
sfuggirà al potere degli inferi?
50 Dove sono, Signore, le tue grazie di un tempo, *
che per la tua fedeltà hai giurato a Davide?

51 Ricorda, Signore, l'oltraggio dei tuoi servi: *
porto nel cuore le ingiurie di molti popoli,
52 con le quali, Signore, i tuoi nemici insultano, *
insultano i passi del tuo consacrato.

53 Benedetto il Signore in eterno. *
Amen, amen.

Ogni uomo è chiamato a vivere nella grazia dell'Alleanza conclusa da Dio con l'umanità per mezzo di Gesù Cristo. Questa Alleanza però, se è vero che da una parte prevede le promesse di Dio e la sua fedeltà nel portarle a compimento, dall'altra ha bisogno anche della disponibilità di ogni uomo a collaborare con Dio, affinché proprio tali promesse possano avverarsi. L'uomo può scegliere se fare della propria vita una celebrazione della fedeltà di Dio, accogliendo ogni sua iniziativa e dirigendo ogni sua azione nella strada da lui indicata, oppure di camminare in una direzione completamente opposta. Invochiamo l'aiuto del Signore, affinché possiamo vincere ogni nostra ribellione, e così vivere nella grazia del suo Santo Spirito.
Accettiamo con coraggio la grazia di purificazione che egli vorrà offrirci in avvenimenti che superano ogni nostra comprensione.

Preghiera

O Padre, che nel Cristo tuo Figlio, hai mantenuto le promesse fatte a Davide, concedi anche a noi di essere fedeli alla nostra missione, affinché possiamo benedirti in eterno.
Amen.

I salmi

Libro IV

SALMO 89

SU DI NOI SIA LA BONTÀ DEL SIGNORE

1 *Preghiera. Di Mosè, uomo di Dio.*

Signore, tu sei stato per noi un rifugio *
di generazione in generazione.

2 Prima che nascessero i monti †
e la terra e il mondo fossero generati, *
da sempre e per sempre tu sei, Dio.

3 Tu fai ritornare l'uomo in polvere *
e dici: "Ritornate, figli dell'uomo".

4 Ai tuoi occhi, mille anni
sono come il giorno di ieri che è passato, *
come un turno di veglia nella notte.

5 Li annienti: li sommergi nel sonno; *
sono come l'erba che germoglia al mattino:
6 al mattino fiorisce, germoglia, *
alla sera è falciata e dissecca.

7 Perché siamo distrutti dalla tua ira, *
siamo atterriti dal tuo furore.
8 Davanti a te poni le nostre colpe, *
i nostri peccati occulti alla luce del tuo volto.

9 Tutti i nostri giorni svaniscono per la tua ira, *
finiamo i nostri anni come un soffio.

10 Gli anni della nostra vita sono settanta, *

ottanta per i più robusti,
ma quasi tutti sono fatica, dolore; *
passano presto e noi ci dileguiamo.

11 Chi conosce l'impeto della tua ira, *
tuo sdegno, con il timore a te dovuto?

12 Insegnaci a contare i nostri giorni *
e giungeremo alla sapienza del cuore.

13 Volgiti, Signore; fino a quando? *
Muoviti a pietà dei tuoi servi.
14 Saziaci al mattino con la tua grazia: *
esulteremo e gioiremo per tutti i nostri giorni.

15 Rendici la gioia per i giorni di afflizione, *
per gli anni in cui abbiamo visto la sventura.
16 Si manifesti ai tuoi servi la tua opera *
e la tua gloria ai loro figli.

17 Sia su di noi la bontà del Signore, nostro Dio: †
rafforza per noi l'opera delle nostre mani, *
l'opera delle nostre mani rafforza.

Il riconoscimento della fragilità e della caducità della nostra vita di fronte all'infinita grandezza di Dio, è la condizione prima per stabilire un rapporto vero con il Creatore, sia nella preghiera, che nella vita. L'uomo, come creatura, fa esperienza in mille modi dei propri limiti, ma si accorge anche di essere senza confini nelle aspirazioni, e si sente chiamato ad una vita superiore; sollecitato da molte attrattive, è costretto sempre a sceglierne qualcuna, a rinunciare alle altre. Inoltre, debole e peccatore, spesso fa quello che non vorrebbe e non fa ciò che vorrebbe, soffrendo così in se stesso una divisione che presenta i caratteri di una lotta drammatica tra bene e male. Spesso, inoltre si trova incapace di superare efficacemente da solo gli assalti del male. Rigettando ogni tentazione di superbia, di autonomia di fronte a Dio, persuaso che solo abbassandosi davanti al Signore potrà sentirsi sicuro, l'uomo eviterà di perdersi nell'inganno e vedrà allora il suo essere compiersi nella sua completa totalità. Oltre al riconoscimento della propria caducità, l'uomo è chiamato a riconoscere davanti a Dio la sua condizione di peccatore che lo rende indegno dei doni del Salvatore. Il frutto della nostra penitenza sarà una forza insuperabile capace di rialzare la nostra debolezza, di rallegrare la nostra afflizione, di riempire di eternità la brevità della nostra vita.

Preghiera

Padre, conforta la nostra breve vita con la tua presenza, donaci la sapienza del cuore, affinché scoprendo il tuo amore, possiamo vivere con coraggio e fede questi giorni che sono un soffio di fronte a quella eternità che tu hai preparato per ciascuno di noi.
Amen.

Salmo 90

Beato chi si pone sotto la protezione dell'Altissimo

1 Tu che abiti al riparo dell'Altissimo *
e dimori all'ombra dell'Onnipotente,
2 di' al Signore: "mio rifugio e mia fortezza, *
mio Dio, in cui confido".

3 Egli ti libererà dal laccio del cacciatore, *
dalla peste che distrugge.
4 Ti coprirà con le sue penne *
sotto le sue ali troverai rifugio.

5 La sua fedeltà ti sarà scudo e corazza; *
non temerai i terrori della notte

né la freccia che vola di giorno, †
6 la peste che vaga nelle tenebre, *
lo sterminio che devasta a mezzogiorno.

7 Mille cadranno al tuo fianco †
e diecimila alla tua destra; *
ma nulla ti potrà colpire.

8 Solo che tu guardi, con i tuoi occhi *
vedrai il castigo degli empi.
9 Poiché tuo rifugio è il Signore *
e hai fatto dell'Altissimo la tua dimora,

10 non ti potrà colpire la sventura, *
nessun colpo cadrà sulla tua tenda.

11 Egli darà ordine ai suoi angeli *
di custodirti in tutti i tuoi passi.

12 Sulle loro mani ti porteranno *
perché non inciampi nella pietra il tuo piede.
13 Camminerai su aspidi e vipere, *
schiaccerai leoni e draghi.

14 Lo salverò, perché a me si è affidato; *
lo esalterò, perché ha conosciuto il mio nome.

15 Mi invocherà e gli darò risposta; †
presso di lui sarò nella sventura, *
lo salverò e lo renderò glorioso.

16 Lo sazierò di lunghi giorni *
e gli mostrerò la mia salvezza.

La protezione di Dio Padre si estende ad ogni uomo, in qualsiasi circostanza della sua vita, ma vuole essere anche sollecitata dalla nostra fede e dalla nostra preghiera. La vita del cristiano si costituisce man mano attraverso una misteriosa collaborazione tra l'azione di Dio e la disponibilità interiore dell'uomo: se lo si invoca, allora egli risponde, se ci si affida a lui allora egli salva. Allora il segreto di ogni nostra vittoria consiste nel sapersi abbandonare nelle mani di Dio proprio come un bambino tra le braccia della sua mamma. Consegniamo nelle mani di Dio la nostra vita, perché egli ci protegga e ci custodisca per l'eternità.

Preghiera

Signore, ti prego di coprirmi con le tue ali, sii tu il mio rifugio; custodisci con i tuoi angeli il mio riposo, affinché al mio risveglio io possa riprendere con gioia il mio cammino verso l'eternità. **Amen.**

SALMO 91

LODE AL SIGNORE CREATORE

1 *Salmo. Canto. Per il giorno del sabato.*

2 È bello dar lode al Signore *
e cantare al tuo nome, o Altissimo,

3 annunziare al mattino il tuo amore, *
la tua fedeltà lungo la notte,
4 sull'arpa a dieci corde e sulla lira, *
con canti sulla cetra.

5 Poiché mi rallegri, Signore, con le tue meraviglie, *
esulto per l'opera delle tue mani.

6 Come sono grandi le tue opere, Signore, *
quanto profondi i tuoi pensieri!
7 L'uomo insensato non intende *
e lo stolto non capisce:

8 se i peccatori germogliano come l'erba *
e fioriscono tutti i malfattori,
li attende una rovina eterna: *
9 ma tu sei l'eccelso per sempre, o Signore.

10 Ecco, i tuoi nemici, o Signore, †
ecco, i tuoi nemici periranno, *
saranno dispersi tutti i malfattori.

11 Tu mi doni la forza di un bufalo, *
mi cospargi di olio splendente.

12 I miei occhi disprezzeranno i miei nemici, †
e contro gli iniqui che mi assalgono *
i miei orecchi udranno cose infauste.

13 Il giusto fiorirà come palma, *
crescerà come cedro del Libano;
14 piantati nella casa del Signore, *
fioriranno negli atri del nostro Dio.

15 Nella vecchiaia daranno ancora frutti *
saranno vegeti e rigogliosi,
16 per annunziare quanto è retto il Signore: *
mia roccia, in lui non c'è ingiustizia.

La gioia del cristiano nasce dalla contemplazione delle mirabili opere divine, dalla fiducia nel Signore, che dona forza e libera dal male, da una vita vissuta nella grazia, e si traduce in rendimento di grazie, nella lode, nella proclamazione della sua bontà. Ma da tale gioia sgorga soprattutto la preghiera e l'anima dell'orante vibra davanti a Dio come uno strumento musicale. Il fedele cresce e fruttifica nella casa del Signore e, se in lui l'uomo esteriore si va disfacendo, quello interiore si rinnova di giorno in giorno.

Preghiera

Signore, fa' che contemplando le meraviglie da te operate nel creato, possiamo anche noi fiorire come robusti, fecondi e longevi cedri, e così portare, in Cristo, frutti abbondanti e buoni per tutti gli uomini. **Amen.**

SALMO 92

ESALTAZIONE DELLA POTENZA DI DIO CREATORE

1 Il Signore regna, si ammanta di splendore; †
il Signore si riveste, si cinge di forza; *
rende saldo il mondo, non sarà mai scosso.

2 Saldo è il tuo trono fin dal principio, *
da sempre tu sei.

3 Alzano i fiumi, Signore, †
alzano i fiumi la loro voce, *
alzano i fiumi il loro fragore.

4 Ma più potente delle voci di grandi acque, †
più potente dei flutti del mare, *
potente nell'alto è il Signore.

5 Degni di fede sono i tuoi insegnamenti, †
la santità si addice alla tua casa *
per la durata dei giorni, Signore.

Noi siamo il Regno di Dio, perché dopo essere stati liberati dai peccati nostri nel Sangue di Cristo, oggi possiamo vivere rivestiti della stessa gloria, della forza del Signore ed essere sostenuti dalla sua potenza. Ogni cristiano regna con Dio; noi siamo il piccolo mondo che egli ha consolidato perché non sia mai più scosso, e sul quale ha stabilito il suo trono. Contro l'impetuoso accavallarsi delle passioni, il Signore ci rafforza con la sua grazia e la sua pace. Siamo il suo tempio e lo Spirito abita in noi.

Preghiera

Signore, manifesta la tua sovranità divina sul mondo agitato, fa' che ogni uomo non chini più il capo in adorazione di falsi re; Tu solo sei il vero re della pace e della gioia, solo in te è giustizia e verità. **Amen.**

SALMO 93

DIO RENDE GIUSTIZIA AI SANTI

1 Dio che fai giustizia, o Signore, *
Dio che fai giustizia: mostrati!
2 Alzati, giudice della terra, *
rendi la ricompensa ai superbi.

3 Fino a quando gli empi, Signore, *
fino a quando gli empi trionferanno?
4 Sparleranno, diranno insolenze, *
si vanteranno tutti i malfattori?

5 Signore, calpestano il tuo popolo, *
opprimono la tua eredità.
6 Uccidono la vedova e il forestiero, *
danno la morte agli orfani.

7 Dicono: "Il Signore non vede, *
il Dio di Giacobbe non se ne cura".

8 Comprendete, insensati tra il popolo, *
stolti, quando diventerete saggi?
9 Chi ha formato l'orecchio, forse non sente? *
Chi ha plasmato l'occhio, forse non guarda?

10 Chi regge i popoli forse non castiga, *
lui che insegna all'uomo il sapere?
11 Il Signore conosce i pensieri dell'uomo: *
non sono che un soffio.

12 Beato l'uomo che tu istruisci, Signore, *
e che ammaestri nella tua legge,
13 per dargli riposo nei giorni di sventura, *
finché all'empio sia scavata la fossa.

14 Perché il Signore non respinge il suo popolo, *
la sua eredità non la può abbandonare,
15 ma il giudizio si volgerà a giustizia, *
la seguiranno tutti i retti di cuore.

16 Chi sorgerà per me contro i malvagi? *
Chi starà con me contro i malfattori?
17 Se il Signore non fosse il mio aiuto, *
in breve io abiterei nel regno del silenzio.

18 Quando dicevo: "Il mio piede vacilla", *
la tua grazia, Signore, mi ha sostenuto.
19 Quand'ero oppresso dall'angoscia, *
il tuo conforto mi ha consolato.

20 Può essere tuo alleato un tribunale iniquo, *
che fa angherie contro la legge?

21 Si avventano contro la vita del giusto, *
e condannano il sangue innocente.

22 Ma il Signore è la mia difesa, *
roccia del mio rifugio è il mio Dio;

23 egli ritorcerà contro di essi la loro malizia, †
per la loro perfidia li farà perire, *
li farà perire il Signore, nostro Dio.

Un problema, quello di sempre: il trionfo degli empi, la caduta dei buoni sotto lo stesso sguardo di Dio. E spesso la preghiera dell'uomo vorrebbe risolversi in un atto di accusa, quasi in un'imprecazione, in un'invocazione affinché la giustizia di Dio non tardi a manifestarsi in difesa dei suoi piccoli. Ma il cristiano sa di non potere invocare la vendetta di Dio contro altri uomini, che deve invece amare e perdonare, ma bensì contro satana e gli angeli ribelli, nemici invisibili, i quali hanno trovato connivenza in ognuno di noi. Questo è il nemico contro Dio ha intrapreso la sua battaglia, questo è il nemico che Cristo è venuto a sconfiggere con la sua morte, per purificare gli uomini dal male che in essi si annida. Ogni cristiano è, dunque, come un campo di battaglia, ove scendono in lotta l'uomo vecchio, radicato nelle sue passioni, nelle sue debolezze, nei suoi peccati, e quello nuovo, formato da Cristo.

Preghiera

Signore, che hai sconfitto il male, non permettere che gli empi trionfino. Non abbandonarci, ma sostienici sempre con la tua grazia, concedici il dono di saper perdonare, ma, soprattutto, quello di essere poi a nostra volta perdonati. **Amen.**

Salmo 94

Invito a lodare Dio

1 Venite, applaudiamo al Signore, *
acclamiamo alla roccia della nostra salvezza.
2 Accostiamoci a lui per rendergli grazie, *
a lui acclamiamo con canti di gioia.

3 Poiché grande Dio è il Signore, *
grande re sopra tutti gli dèi.
4 Nella sua mano sono gli abissi della terra, *
sono sue le vette dei monti.

5 Suo è il mare, egli l'ha fatto, *
le sue mani hanno plasmato la terra. *

6 Venite, prostràti adoriamo, *
in ginocchio davanti al Signore che ci ha creati.
7 Egli è il nostro Dio, e noi il popolo del suo pascolo, *
il gregge che egli conduce.

8 Ascoltate oggi la sua voce: †
"Non indurite il cuore, *
come a Merìba, come nel giorno di Massa
nel deserto,

9 dove mi tentarono i vostri padri: *
mi misero alla prova
pur avendo visto le mie opere.

10 Per quarant'anni mi disgustai di quella generazione †
e dissi: "Sono un popolo dal cuore traviato, *

non conoscono le mie vie;

11 perciò ho giurato nel mio sdegno: *
Non entreranno nel luogo del mio riposo"

Un invito ad adorare e a lodare Dio, Creatore e Signore di ogni cosa, Salvatore e Pastore del suo popolo; un invito ad ascoltare con fede, ubbidienza e docilità la sua parola. Ognuna delle nostre giornate è "quell'oggi" in cui il Signore parla e ci invita a non indurire il nostro cuore, perché come vapore è la nostra vita, che appare per un istante e subito dopo più non è. Eppure in quel poco, la parola di Dio pone già il seme della vita eterna, che porterà frutto laddove troverà un cuore buono, sincero, costante, un cuore disposto ad amare.

Preghiera

Signore, concedimi il dono di un cuore sempre disposto ad ascoltare la tua voce, perché anch'io un giorno possa entrare nel luogo del tuo riposo. **Amen.**

SALMO 95

DIO, RE GIUDICE DELL'UNIVERSO

1 Cantate al Signore un canto nuovo, *
cantate al Signore da tutta la terra.
2 Cantate al Signore, benedite il suo nome, *
annunziate di giorno in giorno la sua salvezza.

3 In mezzo ai popoli raccontate la sua gloria, *
a tutte le nazioni dite i suoi prodigi.
4 Grande è il Signore e degno di ogni lode, *
terribile sopra tutti gli dèi.

5 Tutti gli dèi delle nazioni sono un nulla, *
ma il Signore ha fatto i cieli.
6 Maestà e bellezza sono davanti a lui, *
potenza e splendore nel suo santuario.

7 Date al Signore, o famiglie dei popoli, †
date al Signore gloria e potenza, *
8 date al Signore la gloria del suo nome.

Portate offerte ed entrate nei suoi atri, *
9 prostratevi al Signore in sacri ornamenti.
Tremi davanti a lui tutta la terra. *
10 Dite tra i popoli: "Il Signore regna!".

Sorregge il mondo, perché non vacilli; *
giudica le nazioni con rettitudine.

11 Gioiscano i cieli, esulti la terra, †
frema il mare e quanto racchiude; *
12 esultino i campi e quanto contengono,

si rallegrino gli alberi della foresta †
13 davanti al Signore che viene, *
perché viene a giudicare la terra.

Giudicherà il mondo con giustizia *
e con verità tutte le genti.

Con la sua morte in croce, il Cristo ha conquistato il suo Regno sull'umanità; con la sua risurrezione ha rinnovato ogni cosa e ha dato ad ogni uomo la possibilità di cantare a Dio un cantico nuovo, in cui pure si ode la voce di tutte le cose inanimate, le quali, attraverso il cuore e la voce dell'umanità, possono far pervenire la loro stessa lode a Dio creatore. Cantiamo anche noi, nella grazia di Dio, da uomini rinnovati dal Cristo, nella carità verso il prossimo, nella gioiosa attesa di essere sudditi di un re tanto potente e buono. Celebriamo la venuta di Gesù nel mondo e la gloria del suo nome, per invitare tutti gli uomini a riconoscere nel Signore l'unico vero Dio e rendiamogli il culto dovuto, nella celebrazione dell'eucaristia e nella conversione della vita. Dio regni dovunque e nell'intimo di ogni creatura.

Preghiera

O Dio, che hai costituito Cristo re dell'universo, concedici di annunciare ad ogni uomo i tuoi prodigi, affinché ogni uomo possa innalzare, in una gioia senza fine, un canto nuovo al Salvatore. **Amen.**

Salmo 96

La gloria del Signore nel giudizio

1 Il Signore regna, esulti la terra, *
gioiscano le isole tutte.
2 Nubi e tenebre lo avvolgono, *
giustizia e diritto sono la base del suo trono.

3 Davanti a lui cammina il fuoco *
e brucia tutt'intorno i suoi nemici.
4 Le sue folgori rischiarano il mondo: *
vede e sussulta la terra.

5 I monti fondono come cera davanti al Signore, *
davanti al Signore di tutta la terra.
6 I cieli annunziano la sua giustizia *
e tutti i popoli contemplano la sua gloria.

7 Siano confusi tutti gli adoratori di statue †
e chi si gloria dei propri idoli. *
Si prostrino a lui tutti gli dèi!

8 Ascolta Sion e ne gioisce, †
esultano le città di Giuda *
per i tuoi giudizi, Signore.

9 Perché tu sei, Signore, l'Altissimo su tutta la terra, *
tu sei eccelso sopra tutti gli dèi!

10 Odiate il male, voi che amate il Signore: †
lui che custodisce la vita dei suoi fedeli *
li strapperà dalle mani degli empi.

11 Una luce si è levata per il giusto, *
gioia per i retti di cuore.
12 Rallegratevi, giusti, nel Signore, *
rendete grazie al suo santo nome.

Il giorno del trionfo finale di Dio è una realtà già presente e operante, che porterà alla conclusione di un conflitto tra due mondi in opposizione tra loro; l'avvento finale del Cristo è in atto dal giorno della sua ascensione al cielo. La sua manifestazione si rende sempre più precisa nei suoi lineamenti gloriosi, man mano che in noi il vecchio uomo idolatra va scomparendo e la venuta del giorno di Dio è affrettata dalla santità nella nostra condotta. Purtroppo oggi l'esistenza umana si è accomodata nel mondo, viene meno quella tensione, quella serietà nel riflettere, quell'entusiasmo nel donarsi, quel fervore diffuso nell'aria e nei cuori; la coscienza del ritorno del Signore non esercita più un influsso serio, è come un avvenimento così remoto da potersene stare tranquilli.

Preghiera

Padre, fa' che la fede nel ritorno del Signore sia sempre una fiamma accesa nel nostro cuore, e che il nostro pensiero sia sempre volto al Cristo che torna per mettere termine a questa esistenza terrena; solo così ogni nostra azione sarà compiuta nel desiderio di crescere nella grazia e di conservarsi senza macchia, per poter entrare un giorno nel regno della gioia senza fine.

Amen.

SALMO 97

IL TRIONFO DEL SIGNORE ALLA SUA VENUTA FINALE

1 *Salmo.*

Cantate al Signore un canto nuovo, *
perché ha compiuto prodigi.

Gli ha dato vittoria la sua destra *
e il suo braccio santo.
2 Il Signore ha manifestato la sua salvezza, *
agli occhi dei popoli ha rivelato la sua giustizia.

3 Egli si è ricordato del suo amore, *
della sua fedeltà alla casa di Israele.
Tutti i confini della terra hanno veduto *
la salvezza del nostro Dio.

4 Acclami al Signore tutta la terra, *
gridate, esultate con canti di gioia.

5 Cantate inni al Signore con l'arpa, *
con l'arpa e con suono melodioso;
6 con la tromba e al suono del corno *
acclamate davanti al re, il Signore.

7 Frema il mare e quanto racchiude, *
il mondo e i suoi abitanti.

8 I fiumi battano le mani, *
esultino insieme le montagne

9 davanti al Signore che viene, *
che viene a giudicare la terra.

Giudicherà il mondo con giustizia *
e i popoli con rettitudine.

Il compimento della salvezza e il giudizio di Dio sono in atto nella vita interiore di ogni uomo. Il cristiano è chiamato a cogliere l'aspetto gioioso di questi divini misteri e ad esprimere la sua gioia con il canto, la vita stessa deve essere un canto di lode sempre nuovo: dal giorno del battesimo al momento del passaggio all'eternità, nella celebrazione dell'eucaristia e di tutti gli altri sacramenti. Un canto nuovo nel continuo rinnovamento della fede, della speranza e della carità. Ma Dio rinnova i suoi prodigi non solo in ognuno di noi, ma anche per mezzo proprio di noi; su ogni fedele grava il glorioso peso di lavorare affinché il disegno di salvezza raggiunga ogni giorno più uomini, perché il Signore desidera dilatare il suo regno di verità, di vita, di santità, di grazia, di giustizia, di amore e pace, un regno ove tutte le creature saranno liberate dalla schiavitù della corruzione per partecipare alla gloriosa libertà dei figli di Dio.

Preghiera

Signore, nostro protettore, custode e difensore, fa' che tutti gli uomini riuniti nella tua Chiesa elevino un canto nuovo alla tua bontà, in attesa di associarsi un giorno cantato in eterno dagli eletti in cielo. **Amen.**

SALMO 98

SANTO È IL SIGNORE DIO NOSTRO

1 Il Signore regna, tremino i popoli; *
siede sui cherubini, si scuota la terra.
2 Grande è il Signore in Sion, *
eccelso sopra tutti i popoli.

3 Lodino il tuo nome grande e terribile, *
perché è santo.

4 Re potente che ami la giustizia, †
tu hai stabilito ciò che è retto, *
diritto e giustizia tu eserciti in Giacobbe.

5 Esaltate il Signore nostro Dio, †
prostratevi allo sgabello dei suoi piedi, *
perché è santo.

6 Mosè e Aronne tra i suoi sacerdoti, †
Samuele tra quanti invocano il suo nome: *
invocavano il Signore ed egli rispondeva.

7 Parlava loro da una colonna di nubi: †
obbedivano ai suoi comandi *
e alla legge che aveva loro dato.

8 Signore, Dio nostro, tu li esaudivi, †
eri per loro un Dio paziente, *
pur castigando i loro peccati.

9 Esaltate il Signore nostro Dio, †
prostratevi davanti al suo monte santo, *
perché santo è il Signore, nostro Dio.

Di fronte alla santità di Dio, l'uomo non può che riconoscersi colpevole e tremare, ma deve anche riconoscere di averne un bisogno infinito; nasce allora nel cuore dell'uomo un desiderio di unirsi a lui e partecipare alla sua santità. La rivelazione di tale santità impone all'uomo una purificazione che non sia più soltanto esteriore, ma soprattutto interiore, che lo renda meno indegno di stare davanti a Dio; solo così sentirà quell'anelito alla purezza che solo la grazia di Cristo può soddisfare, trasformando radicalmente il cuore e comunicando all'uomo la stessa santità di Dio.

Preghiera

Dio, che sei santo e sorgente di ogni santità, santifica la tua Chiesa, i sacerdoti e tutti gli uomini; fa' che tutti si prostino davanti a te e a inneggiare alla gloria del Cristo. **Amen.**

Salmo 99

La gioia di coloro che entrano nel tempio

1 *Salmo. In rendimento di grazie.*

2 Acclamate al Signore, voi tutti della terra, †
servite il Signore nella gioia, *
presentatevi a lui con esultanza.

3 Riconoscete che il Signore è Dio; †
egli ci ha fatti e noi siamo suoi, *
suo popolo e gregge del suo pascolo.

4 Varcate le sue porte con inni di grazie, †
i suoi atri con canti di lode,
lodatelo, benedite il suo nome;

5 poiché buono è il Signore, †
eterna la sua misericordia, *
la sua fedeltà per ogni generazione.

Noi tutti siamo nelle mani di Dio, Signore e Re, e tutti lo celebriamo, nella fiducia che egli non ci lascerà cadere dalle sue mani di Creatore e di Padre; Dio è uno, è bontà, è amore misericordioso, è fedeltà. Con serena fiducia nell'amore divino che non verrà mai meno, il popolo di Dio s'incammina nella storia con le sue tentazioni e debolezze quotidiane. *Giovanni Paolo II*

Preghiera

Onnipotente mio Signore, che con amore infinito hai redento ogni uomo, fa' che anch'io possa sempre servirti nella gioia; concedimi di benedire sempre il tuo santo nome e di esserti fedele nelle tribolazioni e nelle tentazioni. **Amen.**

SALMO 100

PROGRAMMA DI UN RE FEDELE A DIO

1 *Di Davide. Salmo.*

Amore e giustizia voglio cantare, *
voglio cantare inni a te, o Signore.
2 Agirò con saggezza nella via dell'innocenza: *
quando a me verrai?

Camminerò con cuore integro, *
dentro la mia casa.

3 Non sopporterò davanti ai miei occhi
azioni malvagie; †
detesto chi fa il male, *
non mi sarà vicino.

4 Lontano da me il cuore perverso, *
il malvagio non lo voglio conoscere.

5 Chi calunnia in segreto il suo prossimo *
io lo farò perire;
chi ha occhi altezzosi e cuore superbo *
non lo potrò sopportare.

6 I miei occhi sono rivolti ai fedeli del paese †
perché restino a me vicino: *
chi cammina per la via integra
sarà mio servitore.

7 Non abiterà nella mia casa
chi agisce con inganno, *
chi dice menzogne non starà alla mia presenza.

8 Sterminerò ogni mattino tutti gli empi del paese, *
per estirpare dalla città del Signore
quanti operano il male.

In ogni uomo vi è un cuore perverso e superbo, che agisce con inganno e che dice menzogne, e vi è pure l'uomo nuovo, il servo fedele. Ognuno deve impegnarsi a far tacere e allontanare i primo e a fortificare il secondo. Questo programma di vita va applicato anche alle relazioni umane, evitando la familiarità delle persone depravate, orgogliose e malvagie e cercando la buona conversazione di coloro che aspirano alla santità. Coloro che, poi, sono investiti di qualche autorità o responsabilità verso i fratelli, ispirino la loro condotta e facciano le proprie scelte secondo la legge del signore, lottando contro ogni genere di male, per essere di incoraggiamento per quanti lottano e soffrono per il trionfo del bene.

Preghiera

Padre, che in Cristo ci hai dato un modello di santità, fa' che lo imitiamo amando la giustizia e camminando nella via dell'innocenza, affinché con lui possiamo abitare nella tua casa e stare alla tua presenza. **Amen.**

Salmo 101

Supplica nello sconforto

1 *Preghiera di un afflitto che è stanco*
e sfoga dinanzi a Dio la sua angoscia.

2 Signore, ascolta la mia preghiera, *
a te giunga il mio grido.

3 Non nascondermi il tuo volto; †
nel giorno della mia angoscia
piega verso di me l'orecchio. *
Quando ti invoco: presto, rispondimi.

4 Si dissolvono in fumo i miei giorni *
e come brace ardono le mie ossa.
5 Il mio cuore abbattuto come erba inaridisce, *
dimentico di mangiare il mio pane.

6 Per il lungo mio gemere *
aderisce la mia pelle alle mie ossa.
7 Sono simile al pellicano del deserto, *
sono come un gufo tra le rovine.

8 Veglio e gemo *
come uccello solitario sopra un tetto.
9 Tutto il giorno mi insultano i miei nemici, *
furenti imprecano contro il mio nome.

10 Di cenere mi nutro come di pane, *
alla mia bevanda mescolo il pianto,

11 davanti alla tua collera e al tuo sdegno, *
perché mi sollevi e mi scagli lontano.

12 I miei giorni sono come ombra che declina, *
e io come erba inaridisco.

13 Ma tu, Signore, rimani in eterno, *
il tuo ricordo per ogni generazione.

14 Tu sorgerai, avrai pietà di Sion, †
perché è tempo di usarle misericordia: *
l'ora è giunta.

15 Poiché ai tuoi servi sono care le sue pietre *
e li muove a pietà la sua rovina.

16 I popoli temeranno il nome del Signore *
e tutti i re della terra la tua gloria,
17 quando il Signore avrà ricostruito Sion *
e sarà apparso in tutto il suo splendore.

18 Egli si volge alla preghiera del misero *
e non disprezza la sua supplica.

19 Questo si scriva per la generazione futura *
e un popolo nuovo darà lode al Signore.

20 Il Signore si è affacciato dall'alto del suo santuario, *
dal cielo ha guardato la terra,
21 per ascoltare il gemito del prigioniero, *
per liberare i condannati a morte;

22 perché sia annunziato in Sion il nome del Signore
e la sua lode in Gerusalemme,

23 quando si aduneranno insieme i popoli *
e i regni per servire il Signore.

24 Ha fiaccato per via la mia forza, *
ha abbreviato i miei giorni.

25 Io dico: mio Dio, †
non rapirmi a metà dei miei giorni; *
i tuoi anni durano per ogni generazione.

26 In principio tu hai fondato la terra, *
i cieli sono opera delle tue mani.

27 Essi periranno, ma tu rimani, *
tutti si logorano come veste,
come un abito tu li muterai *
ed essi passeranno.

28 Ma tu resti lo stesso *
e i tuoi anni non hanno fine.
29 I figli dei tuoi servi avranno una dimora, *
resterà salda davanti a te la loro discendenza.

Siamo tribolati da ogni parte, ma non schiacciati; siamo sconvolti, ma non disperati, perseguitati ma non abbandonati, colpiti ma non uccisi, portando sempre e dovunque nel nostro corpo la morte di Gesù, perché anche la vita di Gesù si manifesti nel nostro corpo. L'esistenza umana è misera, fugace e piena di solitudine, così come l'universo è mutabile e fragile; eppure con una semplice invocazione noi possiamo deporre questa esistenza e questo universo nelle mani di Dio, eterno ed immutabile. Rianimiamo, dunque, la nostra speranza e Dio ci recherà conforto; accogliamo con fiducia le sue parole di consolazione, sapendo che, per grazia di Cristo, siamo introdotti nella vita eterna.

Preghiera

Signore, la vera causa della nostra miseria è il peccato; apri il nostro cuore, affinché ciascuno di noi capisca che la vera redenzione consiste nell'assumere la sofferenza causata dal peccato come espiazione delle colpe commesse; così ha fatto Gesù, così fa' la Chiesa, così segue il suo esempio ogni uomo di buona volontà. **Amen.**

Salmo 102

Canto d'amore

1 *Di Davide.*

Benedici il Signore, anima mia, *
quanto è in me benedica il suo santo nome.
2 Benedici il Signore, anima mia, *
non dimenticare tanti suoi benefici.

3 Egli perdona tutte le tue colpe, *
guarisce tutte le tue malattie;
4 salva dalla fossa la tua vita, *
ti corona di grazia e di misericordia;

5 egli sazia di beni i tuoi giorni *
e tu rinnovi come aquila la tua giovinezza.

6 Il Signore agisce con giustizia *
e con diritto verso tutti gli oppressi.
7 Ha rivelato a Mosè le sue vie, *
ai figli d'Israele le sue opere.

8 Buono e pietoso è il Signore, *
lento all'ira e grande nell'amore.
9 Egli non continua a contestare *
e non conserva per sempre il suo sdegno.

10 Non ci tratta secondo i nostri peccati, *
non ci ripaga secondo le nostre colpe.

11 Come il cielo è alto sulla terra, *
così è grande la sua misericordia
su quanti lo temono;

12 come dista l'oriente dall'occidente, *
così allontana da noi le nostre colpe.
13 Come un padre ha pietà dei suoi figli, *
così il Signore ha pietà di quanti lo temono.

14 Perché egli sa di che siamo plasmati, *
ricorda che noi siamo polvere.
15 Come l'erba sono i giorni dell'uomo, *
come il fiore del campo, così egli fiorisce.

16 Lo investe il vento e più non esiste *
e il suo posto non lo riconosce.

17 Ma la grazia del Signore è da sempre, *
dura in eterno per quanti lo temono.

La sua giustizia per i figli dei figli, †
18 per quanti custodiscono la sua alleanza *
e ricordano di osservare i suoi precetti.

19 Il Signore ha stabilito nel cielo il suo trono *
e il suo regno abbraccia l'universo.

20 Benedite il Signore, voi tutti suoi angeli, †
potenti esecutori dei suoi comandi, *
pronti alla voce della sua parola.

21 Benedite il Signore, voi tutte, sue schiere, *

suoi ministri, che fate il suo volere.

22 Benedite il Signore, voi tutte opere sue, †
in ogni luogo del suo dominio. *
Benedici il Signore, anima mia.

Il ringraziamento è il riconoscimento che ciò che siamo, ciò di cui viviamo, ciò che avviene nella nostra vita e la circonda, tutto è dono di Dio; dono di Dio sono l'universo creato e la nostra esistenza, perché tutto è uscito in modo libero e gratuito dalle sue mani. E la spiegazione è semplicemente amore. Dono di Dio assolutamente gratuito è la rivelazione della salvezza in Cristo. Il ringraziamento è riconoscimento della nostra fragilità e debolezza, è accettazione dei doni di Dio, è desiderio di collaborare con lui perché tali doni abbiano a fruttificare in noi; è anche ringraziamento di ciò che può tornarci gravoso, delle prove e difficoltà della vita, di quegli avvenimenti che fanno parte del misterioso disegno di Dio per la nostra salvezza, soprattutto quando di alcuni di essi non riusciamo a scorgere il reale significato. L'espressione più alta del ringraziamento ci è data da Cristo nell'Eucaristia; in essa siamo associati al Cristo nel suo rendimento di grazie al Padre per quella salvezza, di cui nell'eucaristia si fa memoria e che nell'Eucaristia si compie. In tal modo, ringraziando Dio per i suoi doni, questi ci sono rinnovati e moltiplicati, fino al giorno in cui, nel possesso del dono perfetto, vivremo in un eterno rendimento di grazie.

Preghiera

Signore, che hai pietà di noi perdonandoci tutte le colpe, accogli la lode e la benedizione che ti eleviamo insieme ai tuoi angeli, e confermaci sempre la tua benevolenza. **Amen.**

Salmo 103

"Inno a Dio creatore"

1 Benedici il Signore, anima mia, *
Signore, mio Dio, quanto sei grande!
Rivestito di maestà e di splendore, *
2 avvolto di luce come di un manto.

Tu stendi il cielo come una tenda, *
3 costruisci sulle acque la tua dimora,

fai delle nubi il tuo carro, *
cammini sulle ali del vento;

4 fai dei venti i tuoi messaggeri, *
delle fiamme guizzanti i tuoi ministri.

5 Hai fondato la terra sulle sue basi, *
mai potrà vacillare.

6 L'oceano l'avvolgeva come un manto, *
le acque coprivano le montagne.

7 Alla tua minaccia sono fuggite, *
al fragore del tuo tuono hanno tremato.

8 Emergono i monti, scendono le valli *
al luogo che hai loro assegnato.

9 Hai posto un limite alle acque:
non lo passeranno, *
non torneranno a coprire la terra.

10 Fai scaturire le sorgenti nelle valli *
e scorrono tra i monti;
11 ne bevono tutte le bestie selvatiche *
e gli ònagri estinguono la loro sete.

12 Al di sopra dimorano gli uccelli del cielo, *
cantano tra le fronde.

13 Dalle tue alte dimore irrighi i monti, *
con il frutto delle tue opere sazi la terra.

14 Fai crescere il fieno per gli armenti †
e l'erba al servizio dell'uomo, *
perché tragga alimento dalla terra:

15 il vino che allieta il cuore dell'uomo; †
l'olio che fa brillare il suo volto *
e il pane che sostiene il suo vigore.

16 Si saziano gli alberi del Signore, *
i cedri del Libano da lui piantati.
17 Là gli uccelli fanno il loro nido *
e la cicogna sui cipressi ha la sua casa.

18 Per i camosci sono le alte montagne, *
le rocce sono rifugio per gli iràci.

19 Per segnare le stagioni hai fatto la luna *
e il sole che conosce il suo tramonto.

20 Stendi le tenebre e viene la notte *
e vagano tutte le bestie della foresta;
21 ruggiscono i leoncelli in cerca di preda *
e chiedono a Dio il loro cibo.

22 Sorge il sole, si ritirano *
e si accovacciano nelle tane.
23 Allora l'uomo esce al suo lavoro, *
per la sua fatica fino a sera.

24 Quanto sono grandi, Signore, le tue opere! †
Tutto hai fatto con saggezza, *
la terra è piena delle tue creature.

25 Ecco il mare spazioso e vasto: †
lì guizzano senza numero *
animali piccoli e grandi.

26 Lo solcano le navi, *
il Leviatàn che hai plasmato
perché in esso si diverta.

27 Tutti da te aspettano *
che tu dia loro il cibo in tempo opportuno.
28 Tu lo provvedi, essi lo raccolgono, *
tu apri la mano, si saziano di beni.

29 Se nascondi il tuo volto, vengono meno, †
togli loro il respiro, muoiono *
e ritornano nella loro polvere.

30 Mandi il tuo spirito, sono creati, *
e rinnovi la faccia della terra.

31 La gloria del Signore sia per sempre; *
gioisca il Signore delle sue opere.
32 Egli guarda la terra e la fa sussultare, *
tocca i monti ed essi fumano.

33 Voglio cantare al Signore finché ho vita, *
cantare al mio Dio finché esisto.
34 A lui sia gradito il mio canto; *
la mia gioia è nel Signore.

35 Scompaiano i peccatori dalla terra †
e più non esistano gli empi. *
Benedici il Signore, anima mia.

Nella contemplazione della presenza di Dio nel creato, impariamo ad avere fiducia nel Padre, ricevendo con riconoscenza dalle sue mani le creature che egli ha messo a nostra disposizione, affinché servendoci di esse secondo la sua volontà, possiamo entrare in possesso del suo regno e della sua giustizia. Un atteggiamento, però, si impone all'uomo nel suo incontro con l'universo ed è quello dell'umiltà e della sottomissione a Dio, in modo che, mentre nella creazione egli ricava i mezzi di sussistenza, sappia altresì trovare motivi di fede, di amore e di riconoscenza verso il Creatore e di purificazione.

Preghiera

Nelle tue mani Gesù le cose del mondo son divenute sorgenti di vita eterna, come l'acqua del battesimo, il pane e il vino dell'Eucaristia, l'olio e il balsamo del sacro crisma. Fa che contemplando le meraviglie del creato, diamo a te lode, gloria, onore e benedizione. **Amen.**

Salmo 104

Il patto con i padri

1 *Alleluia.*

Lodate il Signore e invocate il suo nome, *
proclamate tra i popoli le sue opere.
2 Cantate a lui canti di gioia, *
meditate tutti i suoi prodigi.

3 Gloriatevi del suo santo nome: *
gioisca il cuore di chi cerca il Signore.
4 Cercate il Signore e la sua potenza, *
cercate sempre il suo volto.

5 Ricordate le meraviglie che ha compiute, *
i suoi prodigi e i giudizi della sua bocca:
6 voi stirpe di Abramo, suo servo, *
figli di Giacobbe, suo eletto.

7 È lui il Signore, nostro Dio, *
su tutta la terra i suoi giudizi.

8 Ricorda sempre la sua alleanza: *
parola data per mille generazioni,
9 l'alleanza stretta con Abramo *
e il suo giuramento ad Isacco.

10 La stabilì per Giacobbe come legge, *
come alleanza eterna per Israele:
11 "Ti darò il paese di Cànaan *
come eredità a voi toccata in sorte".

12 Quando erano in piccolo numero, *
pochi e forestieri in quella terra,
13 e passavano di paese in paese, *
da un regno ad un altro popolo,

14 non permise che alcuno li opprimesse *
e castigò i re per causa loro:
15 "Non toccate i miei consacrati, *
non fate alcun male ai miei profeti".

16 Chiamò la fame sopra quella terra *
e distrusse ogni riserva di pane.
17 Davanti a loro mandò un uomo, *
Giuseppe, venduto come schiavo.

18 Gli strinsero i piedi con ceppi, *
il ferro gli serrò la gola,
19 finché si avverò la sua predizione *
e la parola del Signore gli rese giustizia.

20 Il re mandò a scioglierlo, *
il capo dei popoli lo fece liberare;
21 lo pose signore della sua casa, *
capo di tutti i suoi averi,

22 per istruire i capi secondo il suo giudizio *
e insegnare la saggezza agli anziani.

23 E Israele venne in Egitto, *
Giacobbe visse nel paese di Cam come straniero.
24 Ma Dio rese assai fecondo il suo popolo, *
lo rese più forte dei suoi nemici.

25 Mutò il loro cuore e odiarono il suo popolo, *
contro i suoi servi agirono con inganno.
26 Mandò Mosè suo servo *
e Aronne che si era scelto.

27 Compì per mezzo loro i segni promessi *
e nel paese di Cam i suoi prodigi.

28 Mandò le tenebre e si fece buio, *
ma resistettero alle sue parole.
29 Cambiò le loro acque in sangue *
e fece morire i pesci.

30 Il loro paese brulicò di rane *
fino alle stanze dei loro sovrani.
31 Diede un ordine e le mosche vennero a sciami *
e le zanzare in tutto il loro paese.

32 Invece delle piogge mandò loro la grandine, *
vampe di fuoco sul loro paese.
33 Colpì le loro vigne e i loro fichi, *
schiantò gli alberi della loro terra.

34 Diede un ordine e vennero le locuste *
e bruchi senza numero;
35 divorarono tutta l'erba del paese *
e distrussero il frutto del loro suolo.

36 Colpì nel loro paese ogni primogenito, *
tutte le primizie del loro vigore.
37 Fece uscire il suo popolo con argento e oro, *
fra le tribù non c'era alcun infermo.

38 L'Egitto si rallegrò della loro partenza *
perché su di essi era piombato il terrore.
39 Distese una nube per proteggerli *
e un fuoco per illuminarli di notte.

40 Alla loro domanda fece scendere le quaglie *
e li saziò con il pane del cielo.
41 Spaccò una rupe e ne sgorgarono acque, *
scorrevano come fiumi nel deserto,

42 perché ricordò la sua parola santa *
data ad Abramo suo servo.

43 Fece uscire il suo popolo con esultanza, *
i suoi eletti con canti di gioia.
44 Diede loro le terre dei popoli, *
ereditarono la fatica delle genti,

45 perché custodissero i suoi decreti *
e obbedissero alle sue leggi.
Alleluia.

Il disegno della nostra salvezza, la sua preparazione, il suo svolgimento e il suo compimento, appartengono nel modo più assoluto a Dio Padre. Dio sceglie i suoi collaboratori e dispone i singoli avvenimenti della loro vita in modo che tutto concorra al bene di coloro che amano Dio e che sono stati chiamati secondo il suo disegno. La vita di ogni uomo è ordinata al grande progetto di salvezza, come un filo che deve servire per l'orditura del meraviglioso tessuto della storia; tutto ciò che accade ha un preciso significato, che il più delle volte ci resta incomprensibile. A questo punto deve intervenire la fede, per collocare ogni situazione nel piano provvidenziale voluto da Dio, facendo sì che alla sua volontà misteriosa corrisponda la nostra volontà obbediente. Dio è stato fedele alle promesse fatte, il popolo sia fedele a Dio e alle sue leggi, per non rendersi indegno dei favori divini.

Preghiera

Signore, rinnova in noi le meraviglie operate per il tuo popolo; fa' che bevendo l'acqua scaturita dal costato di Cristo e mangiando il pane eucaristico, attraversiamo il deserto della vita e giungiamo alla terra promessa del paradiso. **Amen.**

SALMO 105

BONTÀ DEL SIGNORE E INFEDELTÀ DEL POPOLO

1 *Alleluia.*

Celebrate il Signore, perché è buono, *
perché eterna è la sua misericordia.

2 Chi può narrare i prodigi del Signore, *
far risuonare tutta la sua lode?

3 Beati coloro che agiscono con giustizia *
e praticano il diritto in ogni tempo.

4 Ricordati di noi, Signore, per amore del tuo popolo, *
visitaci con la tua salvezza,

5 perché vediamo la felicità dei tuoi eletti, †
godiamo della gioia del tuo popolo, *
ci gloriamo con la tua eredità.

6 Abbiamo peccato come i nostri padri, *
abbiamo fatto il male, siamo stati empi.

7 I nostri padri in Egitto †
non compresero i tuoi prodigi, *
non ricordarono tanti tuoi benefici
e si ribellarono presso il mare, presso il mar Rosso. *

8 Ma Dio li salvò per il suo nome, *
per manifestare la sua potenza.

9 Minacciò il mar Rosso e fu disseccato, *
li condusse tra i flutti come per un deserto;
10 li salvò dalla mano di chi li odiava, *
li riscattò dalla mano del nemico.

11 L'acqua sommerse i loro avversari; *
nessuno di essi sopravvisse.
12 Allora credettero alle sue parole *
e cantarono la sua lode.

13 Ma presto dimenticarono le sue opere, *
non ebbero fiducia nel suo disegno,
14 arsero di brame nel deserto, *
e tentarono Dio nella steppa.

15 Concesse loro quanto domandavano *
e saziò la loro ingordigia.

16 Divennero gelosi di Mosè negli accampamenti, *
e di Aronne, il consacrato del Signore.
17 Allora si aprì la terra *
e inghiottì Datan, e seppellì l'assemblea di Abiron.

18 Divampò il fuoco nella loro fazione *
e la fiamma divorò i ribelli.

19 Si fabbricarono un vitello sull'Oreb, *
si prostrarono a un'immagine di metallo fuso;
20 scambiarono la loro gloria *
con la figura di un toro che mangia fieno.

21 Dimenticarono Dio che li aveva salvati, *
che aveva operato in Egitto cose grandi,

22 prodigi nel paese di Cam, *
cose terribili presso il mar Rosso.

23 E aveva già deciso di sterminarli, †
se Mosè suo eletto
non fosse stato sulla breccia di fronte a lui, *
per stornare la sua collera dallo sterminio.

24 Rifiutarono un paese di delizie, *
non credettero alla sua parola.
25 Mormorarono nelle loro tende, *
non ascoltarono la voce del Signore.

26 Egli alzò la mano su di loro *
giurando di abbatterli nel deserto,
27 di disperdere i loro discendenti tra le genti *
e disseminarli per il paese.

28 Si asservirono a Baal di Peor *
e mangiarono i sacrifici dei morti,
29 provocarono Dio con tali azioni *
e tra essi scoppiò una pestilenza.

30 Ma Finees si alzò e si fece giudice, *
allora cessò la peste
31 e gli fu computato a giustizia *
presso ogni generazione, sempre.

32 Lo irritarono anche alle acque di Merìba *
e Mosè fu punito per causa loro,
33 perché avevano inasprito l'animo suo *
ed egli disse parole insipienti.

34 Non sterminarono i popoli *
come aveva ordinato il Signore,
35 ma si mescolarono con le nazioni *
e impararono le opere loro.

36 Servirono i loro idoli *
e questi furono per loro un tranello.
37 Immolarono i loro figli *
e le loro figlie agli dèi falsi.

38 Versarono sangue innocente, †
il sangue dei figli e delle figlie *
sacrificati agli idoli di Canaan;

la terra fu profanata dal sangue, †
39 si contaminarono con le opere loro, *
si macchiarono con i loro misfatti.

40 L'ira del Signore si accese contro il suo popolo, *
ebbe in orrore il suo possesso;
41 e li diede in balìa dei popoli, *
li dominarono i loro avversari,

li oppressero i loro nemici *
42 e dovettero piegarsi sotto la loro mano.

Molte volte li aveva liberati; †
43 ma essi si ostinarono nei loro disegni *
e per le loro iniquità furono abbattuti.

44 Pure, egli guardò alla loro angoscia *
quando udì il loro grido.

45 Si ricordò della sua alleanza con loro, *
si mosse a pietà per il suo grande amore.
46 Fece loro trovare grazia *

presso quanti li avevano deportati.
47 Salvaci, Signore Dio nostro, *
e raccoglici di mezzo ai popoli,
perché proclamiamo il tuo santo nome *
e ci gloriamo della tua lode.

48 Benedetto il Signore, Dio d'Israele †
da sempre, per sempre. *
Tutto il popolo dica: Amen.

Il Cristo è ancora oggi segno di contraddizione e le tentazioni che assalirono Israele continuano ad insidiare anche noi; la nostra storia è un insieme di cadute, di ribellioni, di tradimenti. È la storia di Dio che ci insegue geloso, ed è la storia di noi che sfuggiamo ai suoi richiami e al suo amore. La pesante realtà delle cose terrene sembra talora sopraffare la tenue voce della fede e relegare nel mondo dei sogni ciò che è soprannaturale; pretendiamo di essere noi stessi gli artefici della nostra salvezza. In ogni uomo resta aperto il conflitto della propria volontà contro la volontà di Dio; sempre pronti ad equivocare sulla parola di Dio, a fare compromessi coi nostri nemici spirituali, a ricostruire gli idoli un tempo rinnegati, a preferire ai beni soprannaturali le magre ricchezze della terra, a dimenticare i benefici di Dio appena ricevuti, a dare maggiore credito alle insinuazioni dei falsi profeti e alla voce delle passioni che alla parola di Cristo. In tal modo noi poniamo continui ostacoli all'azione salvatrice del Signore.

Preghiera

Visitaci, o Signore, con la tua salvezza, raccoglici di mezzo ai popoli, preserva il tuo popolo dalle divisioni, riconducili all'unità nella santa assemblea del cielo, dove tutti possiamo contemplare, dopo il travaglio della vita presente, il volto della tua gloria. **Amen.**

I salmi

Libro V

SALMO 106

RINGRAZIAMENTO

1 *Alleluia.*

Celebrate il Signore perché è buono, *
perché eterna è la sua misericordia.
2 Lo dicano i riscattati del Signore, *
che egli liberò dalla mano del nemico

3 e radunò da tutti i paesi, †
dall'oriente e dall'occidente, *
dal settentrione e dal mezzogiorno.

4 Vagavano nel deserto, nella steppa, *
non trovavano il cammino
per una città dove abitare.

5 Erano affamati e assetati, *
veniva meno la loro vita.

6 Nell'angoscia gridarono al Signore *
ed egli li liberò dalle loro angustie.

7 Li condusse sulla via retta, *
perché camminassero verso una città dove abitare.

8 Ringrazino il Signore per la sua misericordia, *
per i suoi prodigi a favore degli uomini;

poiché saziò il desiderio dell'assetato, *
e l'affamato ricolmò di beni.

10 Abitavano nelle tenebre e nell'ombra di morte, *
prigionieri della miseria e dei ceppi,
11 perché si erano ribellati alla parola di Dio *
e avevano disprezzato il disegno dell'Altissimo.

12 Egli piegò il loro cuore sotto le sventure; *
cadevano e nessuno li aiutava.

13 Nell'angoscia gridarono al Signore *
ed egli li liberò dalle loro angustie.

14 Li fece uscire dalle tenebre e dall'ombra di morte *
e spezzò le loro catene.

15 Ringrazino il Signore per la sua misericordia, *
per i suoi prodigi a favore degli uomini;

16 perché ha infranto le porte di bronzo *
e ha spezzato le barre di ferro.

17 Stolti per la loro iniqua condotta, *
soffrivano per i loro misfatti;
18 rifiutavano ogni nutrimento *
e già toccavano le soglie della morte.

19 Nell'angoscia gridarono al Signore *
ed egli li liberò dalle loro angustie.

20 Mandò la sua parola e li fece guarire, *
li salvò dalla distruzione.

21 Ringrazino il Signore per la sua misericordia *
e per i suoi prodigi a favore degli uomini.

22 Offrano a lui sacrifici di lode, *
narrino con giubilo le sue opere.

23 Coloro che solcavano il mare sulle navi *
e commerciavano sulle grandi acque
24 videro le opere del Signore, *
i suoi prodigi nel mare profondo.

25 Egli parlò e fece levare un vento burrascoso *
che sollevò i suoi flutti.

26 Salivano fino al cielo, †
scendevano negli abissi; *
la loro anima languiva nell'affanno.

27 Ondeggiavano e barcollavano come ubriachi, *
tutta la loro perizia era svanita.

28 Nell'angoscia gridarono al Signore *
ed egli li liberò dalle loro angustie.

29 Ridusse la tempesta alla calma, *
tacquero i flutti del mare.
30 Si rallegrarono nel vedere la bonaccia *
ed egli li condusse al porto sospirato.

31 Ringrazino il Signore per la sua misericordia *
ha fatto prodigi a salvezza dell'uomo.

32 Lo esaltino nell'assemblea del popolo, *
lo lodino nel consesso degli anziani.

33 Ridusse i fiumi a deserto, *
a luoghi aridi le fonti d'acqua
34 e la terra fertile a palude *
per la malizia dei suoi abitanti.

35 Ma poi cambiò il deserto in lago, *
e la terra arida in sorgenti d'acqua.
36 Là fece dimorare gli affamati *
ed essi fondarono una città dove abitare.

37 Seminarono campi e piantarono vigne, *
e ne raccolsero frutti abbondanti.
38 Li benedisse e si moltiplicarono, *
non lasciò diminuire il loro bestiame.

39 Ma poi, ridotti a pochi, furono abbattuti, *
perché oppressi dalle sventure e dal dolore.
40 Colui che getta il disprezzo sui potenti *
li fece vagare in un deserto senza strade.

41 Ma risollevò il povero dalla miseria *
e rese le famiglie numerose come greggi.

42 Vedono i giusti e ne gioiscono *
e ogni iniquo chiude la sua bocca.
43 Chi è saggio osservi queste cose *
e comprenderà la bontà del Signore.

Varie sono le circostanze in cui si è manifestato l'intervento di Dio per il popolo che lo invocava nell'oppressione: in ognuna di queste circostanze il popolo ha levato a Dio la sua supplica e Dio è corso in aiuto. Nella sua Passione e morte, Gesù ha sperimentato la violenza della tempesta, ma nella risurrezione, la sua potenza divina, ha fatto tacere i flutti e ora dalla sponda dell'eternità egli guida al porto della salvezza eterna coloro che hanno fede in lui.

Preghiera

O Signore, salva l'umanità da ogni male, allontana le epidemie, vinci la fame, spezza la segregazione, libera gli oppressi, dai sicurezza a chi è in viaggio, concedi il ritorno ai lontani, la salute ai malati, e ai morenti la salvezza eterna. **Amen.**

SALMO 107

LODE A DIO E INVOCAZIONE DI AIUTO

1 *Canto. Salmo. Di Davide.*

2 Saldo è il mio cuore, Dio, †
saldo è il mio cuore: *
voglio cantare inni, anima mia.

3 Svegliatevi, arpa e cetra, *
voglio svegliare l'aurora.

4 Ti loderò tra i popoli, Signore, *
a te canterò inni tra le genti,
5 perché la tua bontà è grande fino ai cieli *
e la tua verità fino alle nubi.

6 Innàlzati, Dio, sopra i cieli, *
su tutta la terra la tua gloria.
7 Perché siano liberati i tuoi amici, *
salvaci con la tua destra e ascoltaci.

8 Dio ha parlato nel suo santuario: †
"Esulterò, voglio dividere Sichem *
e misurare la valle di Succot;

9 mio è Gàlaad, mio Manasse, †
Èfraim è l'elmo del mio capo, *
Giuda il mio scettro.

10 Moab è il catino per lavarmi, †
sull'Idumea getterò i miei sandali, *
sulla Filistea canterò vittoria".

11 Chi mi guiderà alla città fortificata, *
chi mi condurrà fino all'Idumea?
12 Non forse tu, Dio, che ci hai respinti *
e più non esci, Dio, con i nostri eserciti?

13 Contro il nemico portaci soccorso, *
poiché vana è la salvezza dell'uomo.
14 Con Dio noi faremo cose grandi *
ed egli annienterà chi ci opprime.

Lodiamo la bontà di Dio, chiediamo il suo aiuto e proclamiamo di avere fiducia soltanto in lui; la storia è piena di tanti e meravigliosi interventi di Dio, per questo eleviamo a lui il nostro ringraziamento e invochiamo ancora una volta il suo aiuto. Cerchiamo in Dio, in lui solo, quella fortezza che non possiamo sperare dalle instabili e precarie risorse terrene ed umane. La vera liberazione viene dal Signore e anche noi con lui potremo fare cose grandi.

Preghiera

Signore, la tua bontà è infinita; ascolta la mia preghiera, rinnova i tuoi prodigi, affinché anch'io giunga alla città fortificata del paradiso. **Amen.**

Salmo 108

Contro gli empi

1 *Al maestro del coro. Di Davide. Salmo.*

Dio della mia lode, non tacere, *
2 poiché contro di me si sono aperte
la bocca dell'empio e dell'uomo di frode;
parlano di me con lingua di menzogna. †

3 Mi investono con parole di odio, *
mi combattono senza motivo.

4 In cambio del mio amore mi muovono accuse, *
mentre io sono in preghiera.
5 Mi rendono male per bene *
e odio in cambio di amore.

6 Suscita un empio contro di lui *
e un accusatore stia alla sua destra.

7 Citato in giudizio, risulti colpevole *
e il suo appello si risolva in condanna.
8 Pochi siano i suoi giorni *
e il suo posto l'occupi un altro.

9 I suoi figli rimangano orfani *
e vedova sua moglie.
10 Vadano raminghi i suoi figli, mendicando, *
siano espulsi dalle loro case in rovina.

11 L'usuraio divori tutti i suoi averi *
e gli estranei faccian preda del suo lavoro.

12 Nessuno gli usi misericordia, *
nessuno abbia pietà dei suoi orfani.
13 La sua discendenza sia votata allo sterminio, *
nella generazione che segue
sia cancellato il suo nome.

14 L'iniquità dei suoi padri sia ricordata al Signore, *
il peccato di sua madre non sia mai cancellato.
15 Siano davanti al Signore sempre *
ed egli disperda dalla terra il loro ricordo.

16 Perché ha rifiutato di usare misericordia †
e ha perseguitato il misero e l'indigente, *
per far morire chi è affranto di cuore.

17 Ha amato la maledizione: ricada su di lui! *
Non ha voluto la benedizione:
da lui si allontani!

18 Si è avvolto di maledizione come di un mantello: †
è penetrata come acqua nel suo intimo *
e come olio nelle sue ossa.

19 Sia per lui come vestito che lo avvolge, *
come cintura che sempre lo cinge.

20 Sia questa da parte del Signore †
la ricompensa per chi mi accusa, *
per chi dice male contro la mia vita.

X

21 Ma tu, Signore Dio, †
agisci con me secondo il tuo nome: *
salvami, perché buona è la tua grazia.

22 Io sono povero e infelice *
e il mio cuore è ferito nell'intimo.
23 Scompaio come l'ombra che declina, *
sono sbattuto come una locusta.

24 Le mie ginocchia vacillano per il digiuno, *
il mio corpo è scarno e deperisce.
25 Sono diventato loro oggetto di scherno, *
quando mi vedono scuotono il capo.

26 Aiutami, Signore mio Dio, *
salvami per il tuo amore.
27 Sappiano che qui c'è la tua mano: *
tu, Signore, tu hai fatto questo.

28 Maledicano essi, ma tu benedicimi; †
insorgano quelli e arrossiscano, *
ma il tuo servo sia nella gioia.

29 Sia coperto di infamia chi mi accusa *
e sia avvolto di vergogna come d'un mantello.

30 Alta risuoni sulle mie labbra la lode del Signore, *
lo esalterò in una grande assemblea;
31 poiché si è messo alla destra del povero *
per salvare dai giudici la sua vita.

X

Esiste una legge antica che pone come misura del contegno verso gli altri la giustizia: come l'altro viene incontro a me, così io muoverò incontro a lui, alla violenza allora rendo violenza, alla cattiveria cattiveria, a patto che io non faccia di più di quanto è stato fatto a me. Ma in realtà la giustizia non sta in questo; fino a quando ci atteniamo unicamente alla giusta corrispondenza, non ci liberiamo dall'ingiustizia, anzi dibattendoci nel groviglio di colpo e contraccolpo, di attacco e difesa, saremo sempre coinvolti da capo in una sorta di circolo vizioso, e il risultato sarà una nuova ingiustizia. Chi esige ammenda non ammette mai giustizia. Se vogliamo davvero progredire dobbiamo uscire da questa rete, cercare una forza nuova, non già di affermazione di noi stessi, ma di rinuncia a noi stessi; l'uomo sarà davvero giustificato soltanto cercando qualcosa di più della mera giustizia. Dobbiamo cercare una forza che, messe al bando l'ingiustizia e la violenza, crei un clima tale per cui trionfi solo ed esclusivamente l'amore. Il mistero della nostra salvezza non si compie perciò sulla base dell'odio e della vendetta dell'uomo contro il suo simile, ma vuole raccogliere tutti gli uomini in unità contro l'unico irriducibile nemico di Dio e dell'umanità: il male.

Preghiera

Signore, soltanto nel tuo giudizio tutto è verità senza ombra di passione, di vendetta e di male. Di fronte a coloro che nel peccato hanno consumato la loro esistenza noi ci asteniamo da qualsiasi giudizio, potendo solo odiare il peccato con tutte le nostre forze, e amare tutti gli uomini, compresi i nostri nemici e coloro che ci perseguitano, con il medesimo amore con cui tu per primo hai amato tutti noi, portando i nostri peccati sul tuo corpo sul legno della croce, perché non vivendo più per il peccato, vivessimo per la giustizia. **Amen.**

Salmo 109

Il messia re e sacerdote

1 *Di Davide. Salmo.*

Oracolo del Signore al mio Signore: *
"Siedi alla mia destra,
finché io ponga i tuoi nemici *
a sgabello dei tuoi piedi".

2 Lo scettro del tuo potere stende il Signore da Sion: *
"Domina in mezzo ai tuoi nemici.

3 A te il principato nel giorno della tua potenza *
tra santi splendori;
dal seno dell'aurora, *
come rugiada, io ti ho generato".

4 Il Signore ha giurato e non si pente: *
"Tu sei sacerdote per sempre
al modo di Melchisedek".
5 Il Signore è alla tua destra, *
annienterà i re nel giorno della sua ira.

6 Giudicherà i popoli: in mezzo a cadaveri *
ne stritolerà la testa su vasta terra.
7 Lungo il cammino si disseta al torrente *
e solleva alta la testa.

Cristo è il Signore vero e unico, nelle cui mani è l'onnipotenza; egli governa su tutto e a lui sono soggetti tutti gli eventi, anche quelli in apparenza a lui contrari. Raccoglie da tutto i frutti, su tutto trionfa, tutto dirige e manda a compimento. Spesso si nasconde, in apparenza contrastato dagli avvenimenti, debole come quando si adattò perfino alla morte, ma un giorno verrà l'ora in cui si mostrerà. Allora, la sua potenza irromperà incontenibile e l'ordine sarà ristabilito secondo giustizia. Tutto ciò sia di conforto per chi crede.

Preghiera

Signore, che hai generato il tuo Figlio dalla tua sostanza e lo hai costituito nostro re e sacerdote, rendici partecipi della sua Passione, affinché un giorno possiamo essere introdotti, con tutti i santi, nella sua gloria senza fine. **Amen.**

SALMO 110

GRANDI LE OPERE DEL SIGNORE

1 *ALLELUIA.*

Renderò grazie al Signore con tutto il cuore, *
nel consesso dei giusti e nell'assemblea.

2 Grandi le opere del Signore, *
le contemplino coloro che le amano.
3 Le sue opere sono splendore di bellezza, *
la sua giustizia dura per sempre.

4 Ha lasciato un ricordo dei suoi prodigi: *
pietà e tenerezza è il Signore.
5 Egli dà il cibo a chi lo teme, *
si ricorda sempre della sua alleanza.

6 Mostrò al suo popolo la potenza delle sue opere, *
gli diede l'eredità delle genti.

7 Le opere delle sue mani sono verità e giustizia,
stabili sono tutti i suoi comandi,
8 immutabili nei secoli, per sempre, *
eseguiti con fedeltà e rettitudine.

9 Mandò a liberare il suo popolo, *
stabilì la sua alleanza per sempre.

10 Santo e terribile il suo nome. *
Principio della saggezza è il timore del Signore, *
saggio è colui che gli è fedele; *
la lode del Signore è senza fine.

Grandi e numerose sono le opere compiute da Dio in favore del suo popolo: il dono della manna nel deserto, il possesso della terra di Canaan, la Legge fondata sulla giustizia e sulla verità, la liberazione dalla schiavitù. Ogni uomo dia uno sguardo alla propria vita, per scoprire le tracce del passaggio di Dio, nei solchi della vita. Egli ha disseminato ricordi innumerevoli della sua misericordia, grazie spirituali e soprannaturali, buone ispirazioni suggerite nel segreto al nostro spirito, grandi avvenimenti che hanno segnato svolte decisive. Meditiamo tutte queste cose, glorificando e lodando Dio per tutto ciò che riusciamo a udire e vedere della sua opera in noi.

Preghiera

Concedimi, Signore, il santo timore di te, che mi faccia temere, il non amare abbastanza, più dei castighi, che sia la mia guida per una vita che, rinnegando empietà e desideri mondani, sia rivestita dalla giustizia e dalla pietà, nell'attesa della beata speranza della manifestazione della gloria del mio Salvatore Gesù. **Amen.**

SALMO 111

BEATITUDINE DELL'UOMO GIUSTO

1 *ALLELUIA.*

Beato l'uomo che teme il Signore *
e trova grande gioia nei suoi comandamenti.
2 Potente sulla terra sarà la sua stirpe, *
la discendenza dei giusti sarà benedetta.

3 Onore e ricchezza nella sua casa, *
la sua giustizia rimane per sempre.
4 Spunta nelle tenebre come luce per i giusti, *
buono, misericordioso e giusto.

5 Felice l'uomo pietoso che dà in prestito, *
amministra i suoi beni con giustizia.
6 Egli non vacillerà in eterno: *
il giusto sarà sempre ricordato.

7 Non temerà annunzio di sventura, *
saldo è il suo cuore, confida nel Signore.
8 Sicuro è il suo cuore, non teme, *
finché trionferà dei suoi nemici

9 Egli dona largamente ai poveri, †
la sua giustizia rimane per sempre, *
La sua potenza s'innalza nella gloria.

10 L'empio vede e si adira, †
digrigna i denti e si consuma. *
Ma il desiderio degli empi fallisce.

Da Cristo è sorta una nuova generazione di uomini giusti; sono gli uomini che temono il Signore e trovano grande gioia nei suoi comandamenti, che sanno di poter trovare nella Casa di Dio ricchezze di grazia. La domenica è il loro giorno, il giorno dell'amore e della carità fraterna, che altro non è se non anticipo della vita eterna. Grande e felice è l'uomo giusto; vive onorato, possiede ricchezze che gli danno modo di essere generoso con il prossimo.

Preghiera

Signore, che ami chi dona con gioia e abbondi in noi ogni grazia affinché, avendo sempre il necessario in tutto, possiamo compiere generosamente tutte le opere di bene, fa' che ciascuno di noi dia secondo quanto ha deciso nel proprio cuore, e che non lo faccia con tristezza né per forza, ma solo per tuo amore. Rendici uomini giusti e moltiplica i frutti di tale giustizia, affinché in tutto il mondo risplendano il tuo amore e la tua bontà. **Amen.**

SALMO 112

LODATE IL SIGNORE

1 *ALLELUIA.*

Lodate, servi del Signore, *
lodate il nome del Signore.
2 Sia benedetto il nome del Signore, *
ora e sempre.

3 Dal sorgere del sole al suo tramonto *
sia lodato il nome del Signore.
4 Su tutti i popoli eccelso è il Signore, *
più alta dei cieli e la sua gloria.

5 Chi è pari al Signore nostro Dio che siede nell'alto *
6 e si china a guardare nei cieli e sulla terra?

7 Solleva l'indigente dalla polvere, *
dall'immondizia rialza il povero,
8 per farlo sedere tra i principi, *
tra i principi del suo popolo.

9 Fa abitare la sterile nella sua casa *
quale madre gioiosa di figli.

Coloro che amano il Signore sono invitati a lodare il suo nome in ogni tempo e in ogni luogo; Dio è grande e glorioso e dall'altezza in cui abita si interessa di tutto quanto accade nel mondo. Egli si prende cura del povero e lo solleva dalla sua miseria e lo onora, conforta la donna sterile e le dona la gioia di una fecondità materna. Poveri e sterili stanno ad indicare tutti gli indifesi e i diseredati ai quali, di preferenza, Dio offre la sua protezione; povero e sterile era Israele quando Dio venne a trovarlo per salvarlo e innalzarlo al di sopra di tutti i popoli e per farlo sedere nella sua casa, moltiplicando nelle sue generazioni la vita; poveri e sterili siamo noi nei nostri peccati e nelle nostre sofferenze, e nel nostro bisogno di Dio Salvatore.

Preghiera

Signore, nel tuo giorno che non conosce tramonto, fa' che possiamo partecipare alla gloria del Cristo, dopo essere stati elevati dall'abisso dei nostri peccati alla partecipazione della sua vita divina, a quell'altezza dalla quale egli domina e governa tutte le cose. **Amen.**

SALMO 113 A

MERAVIGLIE DELL'ESODO DALL'EGITTO

1 *ALLELUIA.*

Quando Israele uscì dall'Egitto, *
la casa di Giacobbe da un popolo barbaro,
2 Giuda divenne il suo santuario, *
Israele il suo dominio.

3 Il mare vide e si ritrasse, *
il Giordano si volse indietro,
4 i monti saltellarono come arieti, *
le colline come agnelli di un gregge.

5 Che hai tu, mare, per fuggire, *
e tu, Giordano, perché torni indietro?
6 Perché voi monti saltellate come arieti *
e voi colline come agnelli di un gregge?

7 Trema, o terra, davanti al Signore, *
davanti al Dio di Giacobbe,
8 che muta la rupe in un lago, *
la roccia in sorgenti d'acqua.

Ogni uomo si trova a percorrere un cammino che lo porterà sempre più lontano dal paese nemico verso la patria; lo accompagna in questo viaggio il canto della speranza e della gioia., la fiducia che la potenza di Dio, che un tempo ha fatto tremare la terra e le acque, lo sorreggerà nell'esodo e lo disseterà alla sorgente della grazia di Dio. Rinnoviamo la grazia del battesimo, nel quale per la prima volta abbiamo varcato i confini che dividono la terra della schiavitù, dell'amarezza, della tristezza e delle tenebre da quella della libertà, della gioia, della festa e della luce. Impariamo a gustare, nella riconoscenza a Dio, la gioia di essere finalmente liberi, in Cristo risorto, dalla morte e tale gioia alimentiin noi una perenne nostalgia della patria celeste. e ricordiamo sempre che con la morte, il giusto abbandona per sempre "l'Egitto"che è in lui, quel vecchio uomo che non muore del tutto finché siamo pellegrini quaggiù.

Preghiera

Padre, che nella liberazione dall'Egitto hai prefigurato la liberazione dal peccato, concedici di vivere nella tua grazia, affinché possiamo raggiungere, alla fine del pellegrinaggio terreno, la terra promessa del tuo regno. **Amen.**

Salmo 113 B

Lode al vero Dio

1 Non a noi, Signore, non a noi, †
ma al tuo nome da' gloria, *
per la tua fedeltà, per la tua grazia.

2 Perché i popoli dovrebbero dire: *
"Dov'è il loro Dio?".
3 Il nostro Dio è nei cieli, *
egli opera tutto ciò che vuole.

4 Gli idoli delle genti sono argento e oro, *
opera delle mani dell'uomo.
5 Hanno bocca e non parlano, *
hanno occhi e non vedono,

6 hanno orecchi e non odono, *
hanno narici e non odorano.

7 Hanno mani e non palpano, †
hanno piedi e non camminano; *
dalla gola non emettono suoni.

8 Sia come loro chi li fabbrica *
e chiunque in essi confida.

9 Israele confida nel Signore: *
egli è loro aiuto e loro scudo.
10 Confida nel Signore la casa di Aronne: *
egli è loro aiuto e loro scudo.

11 Confida nel Signore chiunque lo teme: *
egli è loro aiuto e loro scudo.

12 Il Signore si ricorda di noi, ci benedice: †
benedice la casa d'Israele, *
benedice la casa di Aronne.

13 Il Signore benedice quelli che lo temono, *
benedice i piccoli e i grandi.

14 Vi renda fecondi il Signore, *
voi e i vostri figli.

15 Siate benedetti dal Signore *
che ha fatto cielo e terra.
16 I cieli sono i cieli del Signore, *
ma ha dato la terra ai figli dell'uomo.

17 Non i morti lodano il Signore, *
né quanti scendono nella tomba.
18 Ma noi, i viventi, benediciamo il Signore *
ora e per sempre.

Mutano le forme di adorazione e gli idoli, ma è sempre identico il loro contenuto: il male, che dietro a questi idoli si maschera, trova mille espedienti per inserirsi nel cuore umano, per sedurlo e allontanarlo da Dio. Cerchiamo di maturare in noi una decisione che sia determinante per tutta la nostra esistenza: riconosciamo chi è Dio di fronte agli idoli e cosa succede all'uomo quando, pur fatto ad immagine del suo creatore, rinnega il suo Signore, sorgente e ragione di tutta la sua vita, degradando se stesso, rendendosi simile, anzi schiavo di ciò che, invece, dovrebbe dominare.

Preghiera

Signore, che operi tutto ciò che vuoi, aiutaci a comprendere la vanità di tanti nostri idoli; fa' che confidiamo solo in te, nostro aiuto e nostro vero protettore. **Amen.**

SALMO 114

RENDIMENTO DI GRAZIE

1 *ALLELUIA.*

Amo il Signore perché ascolta *
il grido della mia preghiera.
2 Verso di me ha teso l'orecchio *
nel giorno in cui lo invocavo.

3 Mi stringevano funi di morte, *
ero preso nei lacci degli inferi.

Mi opprimevano tristezza e angoscia †
4 e ho invocato il nome del Signore: *
"Ti prego, Signore, salvami".

5 Buono e giusto è il Signore, *
il nostro Dio è misericordioso.
6 Il Signore protegge gli umili: *
ero misero ed egli mi ha salvato.

7 Ritorna, anima mia, alla tua pace, *
poiché il Signore ti ha beneficato;

8 egli mi ha sottratto dalla morte, †
ha liberato i miei occhi dalle lacrime, *
ha preservato i miei piedi dalla caduta.

9 Camminerò alla presenza del Signore *
sulla terra dei viventi.

È necessario attraversare molte tribolazioni per entrare nel regno di Dio, ma la vita di ogni uomo è una storia sacra segnata da continui interventi del Signore, lui che ci chiama a libertà, che risponde quando gridiamo, che sorregge la nostra debolezza e ci conforta nel pianto, che ci strappa da morte e ci aiuta in tanti modi nel silenzio e nell'ombra. Rendiamo grazie a Dio, che esaudisce le nostre preghiere, con sentimenti di vera e profonda riconoscenza, e con il desiderio di ritrovare la serenità per riprendere il cammino della vita alla presenza del Signore.

Preghiera

Signore, quando il ricordo dei passati pericoli torna a turbarmi, quando lo sconforto mi tormenta, quando i miei occhi non riescono a scorgere via d'uscita, il ricordo degli innumerevoli prodigi da te operati nella mia vita rinfranchi il mio cuore; allora, tornerà il coraggio ed io tornerò di nuovo a lottare forte della tua presenza vicino a me. **Amen.**

Salmo 115 

Rendimento di grazie nel tempio

10 *Alleluia.*

Ho creduto anche quando dicevo: *
"Sono troppo infelice".
11 Ho detto con sgomento: *
"Ogni uomo è inganno".

12 Che cosa renderò al Signore *
per quanto mi ha dato?
13 Alzerò il calice della salvezza *
e invocherò il nome del Signore.

14 Adempirò i miei voti al Signore, *
davanti a tutto il suo popolo.
15 Preziosa agli occhi del Signore *
è la morte dei suoi fedeli.

16 Sì, io sono il tuo servo, Signore, †
io sono tuo servo, figlio della tua ancella; *
hai spezzato le mie catene.

17 A te offrirò sacrifici di lode *
e invocherò il nome del Signore.

18 Adempirò i miei voti al Signore *
davanti a tutto il suo popolo,
19 negli atri della casa del Signore, *
in mezzo a te, Gerusalemme.

Dio ci ama con un amore incondizionato che non conosce stanchezza, che non si spegne mai. Israele, il popolo dell'elezione, ha una missione da espletare; deve proclamare due grandi virtù divine, che ha sperimentato vivendo l'alleanza col Signore. La prima di queste due virtù, che sono i lineamenti del volto divino, sta ad indicare una trama di sentimenti profondi che intercorrono tra due persone, legate da un vincolo autentico e costante, per cui abbraccia valori come l'amore, la fedeltà, la misericordia, la bontà, la tenerezza. La seconda virtù è la genuinità di un rapporto, la sua autenticità e lealtà, che si conserva nonostante gli ostacoli e le prove; è la fedeltà pura e gioiosa che non conosce incrinature. L'amore fedele di Dio non verrà mai meno e non ci abbandonerà all'oscurità del non-senso, di un destino cieco, del vuoto e della morte. Dio ci ama con un amore che non si spegne mai. Lodiamo dunque il Signore, lodiamolo senza stancarci; ma la nostra lode sia espressa con la vita, prima che con le parole.

Giovanni Paolo II

Preghiera

Signore, che nella tua bontà hai fatto al tuo popolo delle promesse, assicurando garanzia di compimento, fa' che rispondiamo alla tua benevolenza, invitando tutti gli uomini ad elevare a te una lode senza fine. **Amen.**

Salmo 116

Invito a lodare Dio per il suo amore

1 *Alleluia.*

Lodate il Signore, popoli tutti, *
voi tutte, nazioni, dategli gloria;

2 perché forte è il suo amore per noi *
e la fedeltà del Signore dura in eterno.

Si dice che il grande filosofo e scienziato Blaise Pascal recitasse quotidianamente questo che è il più ampio di tutti i salmi, mentre il teologo Dietrich Bonhoeffer, assassinato dai nazisti nel 1945 lo faceva diventare preghiera viva e attuale scrivendo: "Indubbiamente il salmo 118 è pesante per la sua lunghezza e monotonia, ma noi dobbiamo procedere proprio parola per parola, frase per frase, molto lentamente e pazientemente. Scopriremo, allora, che le apparenti ripetizioni sono in realtà aspetti nuovi di una sola e medesimo realtà: l'amore per la Parola di Dio. Come questo amore non può mai avere fine, così non hanno fine le parole che lo confessano. Esse possono accompagnarci per tutta la vita e nella loro semplicità divengono preghiera del fanciullo, dell'uomo, del vegliardo". Il fatto di ripetere, oltre che aiutare la memoria nel canto corale, è quindi una via per stimolare l'adesione interiore e l'abbandono fiducioso tra le braccia di Dio invocato e amato.

Giovanni Paolo II

Preghiera

Padre, che con il dono della tua legge guidi il nostro cammino sulla retta via, aiutaci ad osservarla fedelmente e, in Cristo, che è venuto a compiere tale legge, che è egli stesso legge, in lui che in tutto ha sempre compiuto la tua volontà, aiutaci a ricercare quello che è il tuo volere, a meditarlo, ad amarlo e a realizzarlo pienamente; concedici di mantenere pura la nostra vita, aiutaci a non temere le difficoltà che incontreremo, ad essere saldi nella fede e nella nostra missione nel mondo. **Amen.**

SALMO 117

CANTI DI GIOIA E DI VITTORIA

1 *ALLELUIA.*

Celebrate il Signore, perché è buono; *
perché eterna è la sua misericordia.

2 Dica Israele che egli è buono: *
eterna è la sua misericordia.

3 Lo dica la casa di Aronne: *
eterna è la sua misericordia.

4 Lo dica chi teme Dio: *
eterna è la sua misericordia.

5 Nell'angoscia ho gridato al Signore, *
mi ha risposto, il Signore, e mi ha tratto in salvo.

6 Il Signore è con me, non ho timore; *
che cosa può farmi l'uomo?
7 Il Signore è con me, è mio aiuto, *
sfiderò i miei nemici.

8 È meglio rifugiarsi nel Signore *
che confidare nell'uomo.
9 È meglio rifugiarsi nel Signore *
che confidare nei potenti.

10 Tutti i popoli mi hanno circondato, *
ma nel nome del Signore li ho sconfitti.
11 Mi hanno circondato, mi hanno accerchiato, *
ma nel nome del Signore li ho sconfitti.

12 Mi hanno circondato come api, †
come fuoco che divampa tra le spine, *
ma nel nome del Signore li ho sconfitti.

13 Mi avevano spinto con forza per farmi cadere, *
ma il Signore e stato mio aiuto.
14 Mia forza e mio canto è il Signore, *
egli è stato la mia salvezza.

15 Grida di giubilo e di vittoria, *
nelle tende dei giusti:

la destra del Signore ha fatto meraviglie, †
16 la destra del Signore si è innalzata, *
la destra del Signore ha fatto meraviglie.

17 Non morirò, resterò in vita †
e annunzierò le opere del Signore.
18 Il Signore mi ha provato duramente, *
ma non mi ha consegnato alla morte.

19 Apritemi le porte della giustizia: *
voglio entrarvi e rendere grazie al Signore.
20 È questa la porta del Signore, *
per essa entrano i giusti.

21 Ti rendo grazie, perché mi hai esaudito, *
perché sei stato la mia salvezza.

22 La pietra scartata dai costruttori *
è divenuta testata d'angolo;
23 ecco l'opera del Signore: *
una meraviglia ai nostri occhi.

24 Questo è il giorno fatto dal Signore: *
rallegriamoci ed esultiamo in esso.

25 Dona, Signore, la tua salvezza, *
dona, Signore, la vittoria!

26 Benedetto colui che viene nel nome del Signore. *
Vi benediciamo dalla casa del Signore;

27 Dio, il Signore è nostra luce. †
Ordinate il corteo con rami frondosi *
fino ai lati dell'altare.

28 Sei tu il mio Dio e ti rendo grazie, *
sei il mio Dio e ti esalto.

29 Celebrate il Signore, perché è buono: *
perché eterna è la sua misericordia.

Questo splendido inno biblico è collocato all'interno della piccola raccolta di salmi, dal 112 al 117, detta "l'Hallel pasquale", cioè la lode salmica usata dal culto ebraico per la Pasqua e anche per le principali solennità dell'anno liturgico. Il filo conduttore del salmo 117 può essere considerato il rito processionale, scandito forse da canti per il solista e per il coro, sullo sfondo della città santa e del suo tempio. Una bella antifona apre e chiude il testo: "Celebrate il Signore perché è buono, eterna è la sua misericordia". Il salmo 117 rincuora i cristiani a riconoscere nell'evento pasquale di Gesù "il giorno fatto dal Signore", in cui "la pietra scartata dai costruttori è divenuta testata d'angolo". Col salmo essi possono, quindi, cantare pieni di gratitudine: "Mia forza e mio canto è il Signore, egli è stato la mia salvezza" (v.14); "Questo è il giorno fatto dal Signore, rallegriamoci ed esultiamo in esso" (v.24).

Giovanni Paolo II

Preghiera

Gesù, pietra scartata da tutti i migliori costruttori, poi divenuta pietra angolare di una nuova costruzione, la più grandiosa, la più meravigliosa; porta del cielo, la più stretta, la più difficile, eppure la più sicura; ti rendiamo grazie e ti supplichiamo di essere tu la luce che illumina il nostro cammino, affinché vinte le tenebre del mondo, possiamo giungere un giorno alla tua casa. **Amen.**

SALMO 118

MEDITAZIONE DELLA PAROLA DI DIO NELLA LEGGE

1 *ALLELUIA.*

1 ALEF

1 Beato l'uomo di integra condotta, *
che cammina nella legge del Signore.
2 Beato chi è fedele ai suoi insegnamenti *
e lo cerca con tutto il cuore.

3 Non commette ingiustizie, *
cammina per le sue vie.
4 Tu hai dato i tuoi precetti *
perché siano osservati fedelmente.

5 Siano diritte le mie vie, *
nel custodire i tuoi decreti.
6 Allora non dovrò arrossire *
se avrò obbedito ai tuoi comandi.

7 Ti loderò con cuore sincero *
quando avrò appreso le tue giuste sentenze.
8 Voglio osservare i tuoi decreti: *
non abbandonarmi mai.

2 BET

9 Come potrà un giovane tenere pura la sua via? *
Custodendo le tue parole.

10 Con tutto il cuore ti cerco: *
non farmi deviare dai tuoi precetti.

11 Conservo nel cuore le tue parole *
per non offenderti con il peccato.
12 Benedetto sei tu, Signore; *
mostrami il tuo volere.

13 Con le mie labbra ho enumerato *
tutti i giudizi della tua bocca.
14 Nel seguire i tuoi ordini è la mia gioia *
più che in ogni altro bene.

15 Voglio meditare i tuoi comandamenti, *
considerare le tue vie.
16 Nella tua volontà è la mia gioia; *
mai dimenticherò la tua parola.

3 GHIMEL

17 Sii buono con il tuo servo e avrò vita, *
custodirò la tua parola.
18 Aprimi gli occhi *
perché io veda le meraviglie della tua legge.

19 Io sono straniero sulla terra, *
non nascondermi i tuoi comandi.
20 Io mi consumo nel desiderio dei tuoi precetti *
in ogni tempo.

21 Tu minacci gli orgogliosi; *
maledetto chi devìa dai tuoi decreti.
22 Allontana da me vergogna e disprezzo, *
perché ho osservato le tue leggi.

23 Siedono i potenti, mi calunniano, *
ma il tuo servo medita i tuoi decreti.
24 Anche i tuoi ordini sono la mia gioia, *
miei consiglieri i tuoi precetti.

4 DALET

25 Io sono prostrato nella polvere; *
dammi vita secondo la tua parola.
26 Ti ho manifestato le mie vie e mi hai risposto; *
insegnami i tuoi voleri.

27 Fammi conoscere la via dei tuoi precetti *
e mediterò i tuoi prodigi.
28 Io piango nella tristezza; *
sollevami secondo la tua promessa.

29 Tieni lontana da me la via della menzogna, *
fammi dono della tua legge.
30 Ho scelto la via della giustizia, *
mi sono proposto i tuoi giudizi.

31 Ho aderito ai tuoi insegnamenti, Signore, *
che io non resti confuso.
32 Corro per la via dei tuoi comandamenti, *
perché hai dilatato il mio cuore.

5 HE

33 Indicami, Signore, la via dei tuoi precetti *
e la seguirò sino alla fine.
34 Dammi intelligenza, perché io osservi la tua legge *
e la custodisca con tutto il cuore.

35 Dirigimi sul sentiero dei tuoi comandi, *
perché in esso è la mia gioia.
36 Piega il mio cuore verso i tuoi insegnamenti *
e non verso la sete del guadagno.

37 Distogli i miei occhi dalle cose vane, *
fammi vivere sulla tua via.
38 Con il tuo servo sii fedele alla parola *
che hai data, perché ti si tema.

39 Allontana l'insulto che mi sgomenta, *
poiché i tuoi giudizi sono buoni.
40 Ecco, desidero i tuoi comandamenti; *
per la tua giustizia fammi vivere.

6 VAU

41 Venga a me, Signore, la tua grazia, *
la tua salvezza secondo la tua promessa;
42 a chi mi insulta darò una risposta, *
perché ho fiducia nella tua parola.

43 Non togliere mai dalla mia bocca la parola vera, *
perché confido nei tuoi giudizi.
44 Custodirò la tua legge per sempre, *
nei secoli, in eterno.

45 Sarò sicuro nel mio cammino, *
perché ho ricercato i tuoi voleri.
46 Davanti ai re parlerò della tua alleanza *
senza temere la vergogna.

47 Gioirò per i tuoi comandi *
che ho amati.
48 Alzerò le mani ai tuoi precetti che amo, *
meditero le tue leggi.

7 ZAIN

49 Ricorda la promessa fatta al tuo servo, *
con la quale mi hai dato speranza.
50 Questo mi consola nella miseria: *
la tua parola mi fa vivere.

51 I superbi mi insultano aspramente, *
ma non devio dalla tua legge.
52 Ricordo i tuoi giudizi di un tempo, Signore, *
e ne sono consolato.

53 M'ha preso lo sdegno contro gli empi *
che abbandonano la tua legge.
54 Sono canti per me i tuoi precetti, *
nella terra del mio pellegrinaggio.

55 Ricordo il tuo nome lungo la notte *
e osservo la tua legge, Signore.
56 Tutto questo mi accade *
perché ho custodito i tuoi precetti.

8 HET

57 La mia sorte, ho detto, Signore, *
è custodire le tue parole.
50 Con tutto il cuore ti ho supplicato, *
fammi grazia secondo la tua promessa.

59 Ho scrutato le mie vie, *
ho rivolto i miei passi verso i tuoi comandamenti.
60 Sono pronto e non voglio tardare *
a custodire i tuoi decreti.

61 I lacci degli empi mi hanno avvinto, *
ma non ho dimenticato la tua legge.
62 Nel cuore della notte mi alzo a renderti lode *
per i tuoi giusti decreti.

63 Sono amico di coloro che ti sono fedeli *
e osservano i tuoi precetti.
64 Del tuo amore, Signore, è piena la terra; *
insegnami il tuo volere.

9 TET

65 Hai fatto il bene al tuo servo, Signore, *
secondo la tua parola.
66 Insegnami il senno e la saggezza, *
perché ho fiducia nei tuoi comandamenti.

67 Prima di essere umiliato andavo errando, *
ma ora osservo la tua parola.
68 Tu sei buono e fai il bene, *
insegnami i tuoi decreti.

69 Mi hanno calunniato gli insolenti *
ma io con tutto il cuore osservo i tuoi precetti.
70 Torpido come il grasso è il loro cuore, *
ma io mi diletto della tua legge.

71 Bene per me se sono stato umiliato, *

perché impari ad obbedirti.
72 La legge della tua bocca mi è preziosa *
più di mille pezzi d'oro e d'argento.

10 IOD

73 Le tue mani mi hanno fatto e plasmato; *
fammi capire e imparerò i tuoi comandi.
74 I tuoi fedeli al vedermi avranno gioia, *
perché ho sperato nella tua parola.

75 Signore, so che giusti sono i tuoi giudizi *
e con ragione mi hai umiliato.
76 Mi consoli la tua grazia, *
secondo la tua promessa al tuo servo.

77 Venga su di me la tua misericordia e avrò vita, *
poiché la tua legge è la mia gioia.
78 Siano confusi i superbi che a torto mi opprimono; *
io mediterò la tua legge.

79 Si volgano a me i tuoi fedeli *
e quelli che conoscono i tuoi insegnamenti.
80 Sia integro nei tuoi precetti il mio cuore, *
perché non resti confuso.

11 CAF

81 Mi consumo nell'attesa della tua salvezza, *
spero nella tua parola.
82 Si consumano i miei occhi dietro la tua promessa, *
mentre dico: "Quando mi darai conforto?".

83 Io sono come un otre esposto al fumo, *
ma non dimentico i tuoi insegnamenti.
84 Quanti saranno i giorni del tuo servo? *
Quando farai giustizia dei miei persecutori?

85 Mi hanno scavato fosse gli insolenti *
che non seguono la tua legge.
86 Verità sono tutti i tuoi comandi; *
a torto mi perseguitano: vieni in mio aiuto.

87 Per poco non mi hanno bandito dalla terra, *
ma io non ho abbandonato i tuoi precetti.
88 Secondo il tuo amore fammi vivere *
e osserverò le parole della tua bocca.

12 LAMED

89 La tua parola, Signore, *
è stabile come il cielo.
90 La tua fedeltà dura per ogni generazione; *
hai fondato la terra ed essa è salda.

91 Per tuo decreto tutto sussiste fino ad oggi, *
perché ogni cosa è al tuo servizio.
92 Se la tua legge non fosse la mia gioia, *
sarei perito nella mia miseria.

93 Mai dimenticherò i tuoi precetti: *
per essi mi fai vivere.
94 Io sono tuo: salvami, *
perché ho cercato il tuo volere.

95 Gli empi mi insidiano per rovinarmi, *
ma io medito i tuoi insegnamenti.

96 Di ogni cosa perfetta ho visto il limite, *
ma la tua legge non ha confini.

13 MEM

97 Quanto amo la tua legge, Signore; *
tutto il giorno la vado meditando.
98 Il tuo precetto mi fa più saggio dei miei nemici, *
perché sempre mi accompagna.

99 Sono più saggio di tutti i miei maestri, *
perché medito i tuoi insegnamenti.
100 Ho più senno degli anziani, *
perché osservo i tuoi precetti.

101 Tengo lontano i miei passi da ogni via di male, *
per custodire la tua parola.
102 Non mi allontano dai tuoi giudizi, *
perché sei tu ad istruirmi.

103 Quanto sono dolci al mio palato le tue parole: *
più del miele per la mia bocca.
104 Dai tuoi decreti ricevo intelligenza, *
per questo odio ogni via di menzogna.

14 NUN

105 Lampada per i miei passi è la tua parola, *
luce sul mio cammino.
106 Ho giurato, e lo confermo, *
di custodire i tuoi precetti di giustizia.

107 Sono stanco di soffrire, Signore, *
dammi vita secondo la tua parola.

108 Signore, gradisci le offerte delle mie labbra, *
insegnami i tuoi giudizi.

109 La mia vita è sempre in pericolo, *
ma non dimentico la tua legge.
110 Gli empi mi hanno teso i loro lacci, *
ma non ho deviato dai tuoi precetti.

111 Mia eredità per sempre sono i tuoi insegnamenti, *
sono essi la gioia del mio cuore.
112 Ho piegato il mio cuore ai tuoi comandamenti, *
in essi è la mia ricompensa per sempre.

15 SAMECH

113 Detesto gli animi incostanti, *
io amo la tua legge.
114 Tu sei mio rifugio e mio scudo, *
spero nella tua parola.

115 Allontanatevi da me, o malvagi, *
osserverò i precetti del mio Dio.
116 Sostienimi secondo la tua parola e avrò vita, *
non deludermi nella mia speranza.

117 Sii tu il mio aiuto e sarò salvo, *
gioirò sempre nei tuoi precetti.
118 Tu disprezzi chi abbandona i tuoi decreti *
perché la sua astuzia è fallace.

119 Consideri scorie tutti gli empi della terra, *
perciò amo i tuoi insegnamenti.
120 Tu fai fremere di spavento la mia carne, *
io temo i tuoi giudizi.

16 AIN

121 Ho agito secondo diritto e giustizia; *
non abbandonarmi ai miei oppressori.
122 Assicura il bene al tuo servo; *
non mi opprimano i superbi.

123 I miei occhi si consumano nell'attesa
della tua salvezza *
e della tua parola di giustizia.
124 Agisci con il tuo servo secondo il tuo amore *
e insegnami i tuoi comandamenti.

125 Io sono tuo servo, fammi comprendere *
e conoscerò i tuoi insegnamenti.
126 È tempo che tu agisca, Signore; *
hanno violato la tua legge.

127 Perciò amo i tuoi comandamenti *
più dell'oro, più dell'oro fino.
128 Per questo tengo cari i tuoi precetti *
e odio ogni via di menzogna.

17 PE

129 Meravigliosa è la tua alleanza, *
per questo le sono fedele.
130 La tua parola nel rivelarsi illumina, *
dona saggezza ai semplici.

131 Apro anelante la bocca, *
perché desidero i tuoi comandamenti.
132 Volgiti a me e abbi misericordia, *
tu che sei giusto per chi ama il tuo nome.

133 Rendi saldi i miei passi secondo la tua parola *
e su di me non prevalga il male.
134 Salvami dall'oppressione dell'uomo *
e obbedirò ai tuoi precetti.

135 Fa' risplendere il volto sul tuo servo *
e insegnami i tuoi comandamenti.
136 Fiumi di lacrime mi scendono dagli occhi, *
perché non osservano la tua legge.

18 SADE

137 Tu sei giusto, Signore, *
e retto nei tuoi giudizi.
138 Con giustizia hai ordinato le tue leggi *
e con fedeltà grande.

139 Mi divora lo zelo della tua casa, *
perché i miei nemici dimenticano le tue parole.
140 Purissima è la tua parola, *
il tuo servo la predilige.

141 Io sono piccolo e disprezzato, *
ma non trascuro i tuoi precetti.
142 La tua giustizia è giustizia eterna *
e verità è la tua legge.

143 Angoscia e affanno mi hanno colto, *
ma i tuoi comandi sono la mia gioia.
144 Giusti sono i tuoi insegnamenti per sempre, *
fammi comprendere e avrò la vita.

19 KOF

XX

145 T'invoco con tutto il cuore, Signore, rispondimi; *
custodirò i tuoi precetti.
146 Io ti chiamo, salvami, *
e seguirò i tuoi insegnamenti.

147 Precedo l'aurora e grido aiuto, *
spero sulla tua parola.
148 I miei occhi prevengono le veglie della notte *
per meditare sulle tue promesse.

149 Ascolta la mia voce, secondo la tua grazia; *
Signore, fammi vivere secondo il tuo giudizio.
150 A tradimento mi assediano i miei persecutori, *
sono lontani dalla tua legge.

151 Ma tu, Signore, sei vicino, *
tutti i tuoi precetti sono veri.
152 Da tempo conosco le tue testimonianze *
che hai stabilite per sempre. XX

20 RES

XX

153 Vedi la mia miseria, salvami, *
perché non ho dimenticato la tua legge.
154 Difendi la mia causa, riscattami, *
secondo la tua parola fammi vivere.

155 Lontano dagli empi è la salvezza, *
perché non cercano il tuo volere.
156 Le tue misericordie sono grandi, Signore,
secondo i tuoi giudizi fammi vivere. XX

157 Sono molti i persecutori che mi assalgono,
ma io non abbandono le tue leggi.
158 Ho visto i ribelli e ne ho provato ribrezzo,
perché non custodiscono la tua parola.

159 Vedi che io amo i tuoi precetti, *
Signore, secondo la tua grazia dammi vita.
160 La verità è principio della tua parola, *
resta per sempre ogni sentenza della tua giustizia.

21 SIN

161 I potenti mi perseguitano senza motivo, *
ma il mio cuore teme le tue parole.
162 Io gioisco per la tua promessa, *
come uno che trova grande tesoro.

163 Odio il falso e lo detesto, *
amo la tua legge.
164 Sette volte al giorno io ti lodo *
per le sentenze della tua giustizia.

165 Grande pace per chi ama la tua legge, *
nel suo cammino non trova inciampo.
166 Aspetto da te la salvezza, Signore, *
e obbedisco ai tuoi comandi.

167 Io custodisco i tuoi insegnamenti *
e li amo sopra ogni cosa.
168 Osservo i tuoi decreti e i tuoi insegnamenti: *
davanti a te sono tutte le mie vie.

22 TAU

169 Giunga il mio grido fino a te, Signore, *
fammi comprendere secondo la tua parola.
170 Venga al tuo volto la mia supplica, *
salvami secondo la tua promessa.

171 Scaturisca dalle mie labbra la tua lode, *
poiché mi insegni i tuoi voleri.
172 La mia lingua canti le tue parole, *
perché sono giusti tutti i tuoi comandamenti.

173 Mi venga in aiuto la tua mano, *
poiché ho scelto i tuoi precetti.
174 Desidero la tua salvezza, Signore, *
e la tua legge è tutta la mia gioia.

175 Possa io vivere e darti lode, *
mi aiutino i tuoi giudizi.
176 Come pecora smarrita vado errando; †
cerca il tuo servo, *
perché non ho dimenticato i tuoi comandamenti.

Si dice che il grande filosofo e scienziato Blaise Pascal recitasse quotidianamente questo che è il più ampio di tutti i salmi, mentre il teologo Dietrich Bonhoeffer, assassinato dai nazisti nel 1945 lo faceva diventare preghiera viva e attuale scrivendo "Indubbiamente il salmo 118 è pesante per la sua lunghezza e monotonia, ma noi dobbiamo procedere proprio parola per parola, frase per frase, molto lentamente e pazientemente. Scopriremo, allora, che le apparenti ripetizioni sono in realtà aspetti nuovi di una sola e medesima realtà: l'amore per la Parola di Dio. Come questo amore non può mai avere fine, così non hanno fine le parole che lo confessano. Esse possono accompagnarci per tutta la vita e nella loro semplicità divengono preghiera del fanciullo, dell'uo-

mo, del vegliardo". Il fatto di ripetere, oltre che aiutare la memoria nel canto corale, è quindi una via per stimolare l'adesione interiore e l'abbandono fiducioso tra le braccia di Dio invocato e amato.

Giovanni Paolo II

Preghiera

Padre, che con il dono della tua legge guidi il nostro cammino sulla retta via, aiutaci ad osservarla fedelmente e, in Cristo, che è venuto a compiere tale legge, che è egli stesso legge, in lui che in tutto ha sempre compiuto la tua volontà, aiutaci a ricercare quello che è il tuo volere, a meditarlo, ad amarlo e a realizzarlo pienamente; concedici di mantenere pura la nostra vita, aiutaci a non temere le difficoltà che incontreremo, ad essere saldi nella fede e nella nostra missione nel mondo. **Amen.**

SALMO 119

DESIDERIO DELLA PACE MINACCIATA DAI MALVAGI

1 *Canto delle ascensioni.*

Nella mia angoscia ho gridato al Signore *
ed egli mi ha risposto.

2 Signore, libera la mia vita dalle labbra di menzogna, *
dalla lingua ingannatrice.

3 Che ti posso dare, come ripagarti, *
lingua ingannatrice?
4 Frecce acute di un prode, *
con carboni di ginepro.

5 Me infelice: abito straniero in Mosoch, *
dimoro fra le tende di Kedar!
6 Troppo io ho dimorato *
con chi detesta la pace.

7 Io sono per la pace, *
ma quando ne parlo, essi vogliono la guerra.

È elevando il proprio cuore a Dio che l'uomo riesce a vivere una vita perfetta e a raggiungere la pace suprema. Ma condizione prima per intraprendere un simile cammino è il distacco dal mondo e dai suoi compromessi, separazione che a volte comporta anche negazione di se stessi; e questo può farlo solo chi prende coscienza di non appartenere a questo mondo. Chi vuole vedere dei giorni davvero felici, trattenga la sua lingua dal male e dalle parole d'inganno, eviti il male e faccia il bene, cerchi la pace per-

ché ricercare e perseguire la pace è opera dei figli di Dio. Se qualcuno non riesce a tenere a freno la propria lingua, allora, la sua fede è vana; come un piccolo fuoco che incendia una grande foresta, così è la lingua, un male ribelle. Dalla stessa bocca possono uscire benedizione e maledizione. Frutti di pace raccoglie chi semina pace. Il credente ricordi sempre che quaggiù non abbiamo una città stabile, ma che siamo in cammino verso quella futura, di ritorno alla nostra vera patria.

Preghiera

Signore, fa' di me un operatore di pace; fa' che nella tua parola ogni uomo possa trovare la vera pace, quella pace che il mondo con le sue illusioni non può dare. Concedimi il dono di una vita serena, affinché io possa già pregustare, anche se in piccola misura, qui in terra quella che un giorno sarà la pace riservata a tutti gli uomini che avranno perseverato nel compiere la tua volontà, facendolo solo ed esclusivamente per tuo amore. **Amen.**

Salmo 120

Il guardiano d'Israele

1 *Canto delle ascensioni.*

Alzo gli occhi verso i monti: *
da dove mi verrà l'aiuto?
2 Il mio aiuto viene dal Signore, *
che ha fatto cielo e terra.

3 Non lascerà vacillare il tuo piede, *
non si addormenterà il tuo custode.
4 Non si addormenterà, non prenderà sonno, *
il custode d'Israele.

5 Il Signore è il tuo custode, †
il Signore è come ombra che ti copre, *
e sta alla tua destra.

6 Di giorno non ti colpirà il sole, *
né la luna di notte.
7 Il Signore ti proteggerà da ogni male, *
egli proteggerà la tua vita.

8 Il Signore veglierà su di te,
quando esci e quando entri, *
da ora e per sempre.

Il cristiano sa di poter contare nella presenza attiva di Dio in ogni momento della vita; il credente non è mai solo, nella solitudine, nella libertà, nella responsabilità c'è qualcosa di più: c'è il Cristo. Gesù vive in ogni uomo, rivive per così dire la sua vita.

prima è un bambino, poi man mano cresce fino a raggiungere l'età della maturità. In ogni uomo egli vive, prendendone su di sé il destino, anche lui pellegrino su questa terra; è da dentro di noi, che egli ci protegge, custode sempre vigilante e guardiano delle nostre anime.

Preghiera

Signore, sii il consolatore di chi è in viaggio, riparo nella pioggia e nel freddo, sostegno nella stanchezza, difesa nei pericoli, appoggio nel cammino difficile, porto nella tempesta, affinché, sotto la tua guida, possiamo giungere felicemente alla nostra "meta", e tornare sani e salvi alla nostra "casa". **Amen.**

Salmo 121 

Saluto a Gerusalemme

1 *Canto delle ascensioni. Di Davide.*

Quale gioia, quando mi dissero: *
"Andremo alla casa del Signore".
2 E ora i nostri piedi si fermano *
alle tue porte, Gerusalemme!

3 Gerusalemme è costruita *
come città salda e compatta.

4 La salgono insieme le tribù, le tribù del Signore, *
secondo la legge di Israele, *
per lodare il nome del Signore.

5 Là sono posti i seggi del giudizio,
i seggi della casa di Davide.

6 Domandate pace per Gerusalemme: *
sia pace a coloro che ti amano,
7 sia pace sulle tue mura, *
sicurezza nei tuoi baluardi.

8 Per i miei fratelli e i miei amici *
io dirò: "Su di te sia pace!".
9 Per la casa del Signore nostro Dio, *
chiederò per te il bene.

Noi siamo i fortunati cittadini della Gerusalemme celeste, la Chiesa, infatti, sappiamo che quando verrà disfatto questo nostro corpo, nostra abitazione sulla terra, riceveremo una casa da Dio, una dimora eterna, mai costruita da mani d'uomo, nei cieli. Più ci avviciniamo a questa meta, più sentiamo la gioia di appartenere alla Chiesa, di vivere in essa, di ritrovarci in una sorta di comunione fraterna non solo con coloro che compiono il medesimo nostro viaggio, ma anche con i santi che già vivono lassù congiunti con Cristo. Preghiamo affinché la pace di Cristo, alla quale siamo chiamati nell'unità di un medesimo corpo, regni sovrana nei nostri cuori.

Preghiera

Dio, che in Gesù hai rinnovato l'umanità e l'hai unita e affidata alla Chiesa, dona la tua santa pace alla nostra vita, affinché tutti possiamo salire un giorno alla Gerusalemme celeste. **Amen.**

Salmo 122

La fiducia del popolo è nel Signore

1 *Canto delle ascensioni. Di Davide.*

A te levo i miei occhi, *
a te che abiti nei cieli.

2 Ecco, come gli occhi dei servi
alla mano dei loro padroni; *
come gli occhi della schiava,
alla mano della sua padrona,

così i nostri occhi sono rivolti al Signore nostro Dio *
finché abbia pietà di noi.

3 Pietà di noi, Signore, pietà di noi, *
già troppo ci hanno colmato di scherni,
4 noi siamo troppo sazi degli scherni dei gaudenti, *
del disprezzo dei superbi.

Leviamo a Dio i nostri occhi; mettiamoci completamente nelle sue mani, attenti al minimo cenno della sua volontà, come servi la cui vita dipende in tutto dalla volontà del padrone, in attesa che egli usi pietà verso di noi. Anche se la mano di Dio ci ha colpito duramente, tuttavia essa è l'unica nostra salvezza. Con lo sguardo fisso al Cristo, lungo il cammino particolarmente faticoso della vita, con fiducia illimitata e perseverante andiamo alla ricerca della sua misericordia; egli non aspetta altro per venirci incontro.

Preghiera

Signore, fa' di noi uomini sempre attenti ai minimi movimenti della tua volontà, per poterla cogliere ed essere pronti a realizzarla nella pratica con amore e coraggio. Aiutaci a superare gli scherni e il disprezzo di chi sceglie di vivere la propria vita calpestando il tuo amore e la tua bontà. **Amen.**

Salmo 123 

Il nostro aiuto è nel nome del Signore

1 *Canto delle ascensioni. Di Davide.*

Se il Signore non fosse stato con noi,
- lo dica Israele - †
2 se il Signore non fosse stato con noi, *
quando uomini ci assalirono,

3 ci avrebbero inghiottiti vivi, *
nel furore della loro ira.

4 Le acque ci avrebbero travolti; †
un torrente ci avrebbe sommersi, *
5 ci avrebbero travolti acque impetuose.

6 Sia benedetto il Signore, *
che non ci ha lasciati, in preda ai loro denti.

7 Noi siamo stati liberati come un uccello *
dal laccio dei cacciatori:
il laccio si è spezzato *
e noi siamo scampati.

8 Il nostro aiuto è nel nome del Signore *
che ha fatto cielo e terra.

Veramente il nostro aiuto è nel nome del Signore; di tutto siamo capaci con il sostegno di Colui che ci rende forti e che, dopo averci liberati dalle catene del demonio, vive con noi per renderci sempre maggiormente liberi dai lacci delle nostre passioni. Aumenti la nostra fede in lui, cresca la nostra riconoscenza nel rendimento di grazie.

Preghiera

Glorioso mio Signore, che mai abbandoni chi si trova nella prova, conservami in mezzo alle acque impetuose, fa' che da esse io non venga mai travolto e, libero dai lacci del nemico, possa a tutti annunciare la tua onnipotenza e la tua grandezza. **Amen.**

SALMO 124

IL SIGNORE CUSTODISCE IL SUO POPOLO

1 *Canto delle ascensioni.*

Chi confida nel Signore è come il monte Sion: *
non vacilla, è stabile per sempre.

2 I monti cingono Gerusalemme: †
il Signore è intorno al suo popolo *
ora e sempre.

3 Egli non lascerà pesare lo scettro degli empi *
sul possesso dei giusti,
perché i giusti non stendano le mani *
a compiere il male.

4 La tua bontà, Signore, sia con i buoni *
e con i retti di cuore.

5 Quelli che vanno per sentieri tortuosi †
il Signore li accomuni alla sorte dei malvagi. *
Pace su Israele!

Talvolta anche coloro che servono Dio, vedendo se stessi nell'afflizione, nel dolore, in disgrazia e in altre necessità, e chi invece, non solo non adora Dio, ma spendendo la propria esistenza nel fare del male agli altri uomini, riesce perfino a godere della salute e dell'abbondanza di beni, finiscono con il vacillare e si affievoliscono nella fede. Difendiamoci dalle tentazioni di facili compromessi tra la nostra fede e la varie situazioni della vita e dalle illusioni di una falsa felicità che da tali compromessi sembrano poter derivare.

Preghiera

Signore, noi ti preghiamo di confortare tutti i buoni e di ridurre al silenzio coloro che piegano per vie tortuose, accecati da illusioni, perché non abbiano a coinvolgere nei loro traviamenti i deboli e gli incerti. Difendici dagli assalti degli empi e dagli scandali dei cattivi cristiani. **Amen.**

SALMO 125

DIO NOSTRA GIOIA E NOSTRA SPERANZA

1 *Canto delle ascensioni.*

Quando il Signore ricondusse i prigionieri di Sion, *
ci sembrava di sognare.
2 Allora la nostra bocca si aprì al sorriso, *
la nostra lingua si sciolse in canti di gioia.

Allora si diceva tra i popoli: *
“Il Signore ha fatto grandi cose per loro”.
3 Grandi cose ha fatto il Signore per noi, *
ci ha colmati di gioia.

4 Riconduci, Signore, i nostri prigionieri, *
come i torrenti del Negheb.
5 Chi semina nelle lacrime *
mieterà con giubilo.

6 Nell’andare, se ne va e piange, *
portando la semente da gettare,
ma nel tornare, viene con giubilo, *
portando i suoi covoni.

Nelle delusioni che possiamo incontrare pur vivendo con fedeltà la nostra vita di cristiani, ricordiamo sempre che l’esistenza è sostanzialmente opera di semina: ogni uomo va verso un mondo nuovo ed è chiamato a seminare. Ciò che l’uomo semina sono le sue opere buone; e nel farlo non sempre trova un tempo propizio; eppure quando arriva la stagione della semina egli non può lasciarla passare, deve lavorare affinché non debba poi trovarsi a mani vuote in quella del raccolto. Seminiamo in Cristo, nella Chiesa, nei poveri, nei bisognosi, e ricordiamo che non conta avere molte cose da donare, basta la buona volontà nel farlo. Ricordiamo sempre che tutto ciò che compiamo di buono sulla terra, solitamente avviene in mezzo a difficoltà e dolore, ma ricordiamo sempre che chi semina nelle lacrime, un giorno raccoglierà nella gioia e questa volta sarà la felicità senza fine.

Preghiera

Signore, rinnova nella tua Chiesa i prodigi del tuo amore affinché, dopo la tristezza dell'esilio terreno, possiamo giungere, carichi di raccolto, nella patria celeste. **Amen.**

SALMO 126

OGNI FATICA È VANA SENZA IL SIGNORE

1 *Canto delle ascensioni. Di Salomone.*

Se il Signore non costruisce la casa, *
invano vi faticano i costruttori.
Se la città non è custodita dal Signore *
invano veglia il custode.

2 Invano vi alzate di buon mattino, †
tardi andate a riposare
e mangiate pane di sudore: *
il Signore ne darà ai suoi amici nel sonno.

3 Ecco, dono del Signore sono i figli, *
è sua grazia il frutto del grembo.
4 Come frecce in mano a un eroe *
sono i figli della giovinezza.

5 Beato l'uomo *
che ne ha piena la farètra:
non resterà confuso quando verrà a trattare alla porta *
con i propri nemici.

Vane sono le fatiche umane senza l'intervento e l'aiuto di Dio. Invano si affatica l'uomo per costruire la sua casa, cioè il suo benessere terreno, invano, difende la sua città, cioè le sue conquiste sociali e invano, consuma le sue giornate nel lavoro, se Dio non ne sostiene la fatica; mentre Dio provvede ai suoi amici anche quando riposano. La conclusione è che, senza l'aiuto del Signore, vane sono tutte le imprese e iniziative umane; l'uomo allora è invitato a subordinare tutte le sue attività all'azione di Dio nella consapevolezza che Dio, dopo averlo fatto dal nulla, lo segue e lo accompagna in ogni azione con infinito amore. Così, allo stesso modo, i figli sono un dono e una benedizione di Dio, e anche in essi l'uomo è chiamato a collaborare all'opera della creazione, nella sottomissione più completa a Colui che ha fatto dell'uomo stesso il centro di tutto l'universo.

Preghiera

Signore, aiutaci a riconoscere umilmente i nostri limiti ed insegnaci ad avere fiducia in te, affinché non fatichiamo invano e non restiamo mai confusi di fronte ai nemici. **Amen.**

SALMO 127

LA PACE DI DIO NELLA FAMIGLIA FEDELE

1 *Canto delle ascensioni.*

Beato l'uomo che teme il Signore *
e cammina nelle sue vie.
2 Vivrai del lavoro delle tue mani, *
sarai felice e godrai d'ogni bene.

3 La tua sposa come vite feconda *
nell'intimità della tua casa;
i tuoi figli come virgulti d'ulivo *
intorno alla tua mensa.

4 Così sarà benedetto l'uomo che teme il Signore. *
5 Ti benedica il Signore da Sion!
Possa tu vedere la prosperità di Gerusalemme *
per tutti i giorni della tua vita.

6 Possa tu vedere i figli dei tuoi figli. *
Pace su Israele!

Felice è l'uomo che teme il Signore e cammina per le sue vie; godrà del frutto del suo lavoro, sarà benedetto nella sua famiglia e nella sua discendenza. Il lavoro e la famiglia, due delle realtà più profondamente umane, consacrate nel Sangue di Cristo, diventano il più valido aiuto per il perfezionamento spirituale dell'uomo; l'unione nuziale di Cristo e della Chiesa, è il modello da cui deriva ogni unione di vita e di amore, da essa tale unità riceve dignità e consacrazione, verso di essa è orientata, perché in essa trova il suo compimento voluto da Dio.

Preghiera

Signore, fa' che la vita, in tutte le sue espressioni sia sempre accolta come una tua benedizione, e fa che tutti i figli crescano come virgulti di ulivo nelle loro famiglie e nella Chiesa, nella luce e nel timore del creatore; fa' che un giorno ciascuno di noi possa ritrovarsi nella grande famiglia celeste, riuniti attorno a te, nostro Padre comune. **Amen.**

Salmo 128

Rinasce la fiducia nel popolo provato

1 *Canto delle ascensioni.*

Dalla giovinezza molto mi hanno perseguitato, *
- lo dica Israele -
2 dalla giovinezza molto mi hanno perseguitato, *
ma non hanno prevalso.

3 Sul mio dorso hanno arato gli aratori, *
hanno fatto lunghi solchi.
4 Il Signore è giusto: *
ha spezzato il giogo degli empi.

5 Siano confusi e volgano le spalle *
quanti odiano Sion.
6 Siano come l'erba dei tetti: *
prima che sia strappata, dissecca;

7 non se ne riempie la mano il mietitore, *
né il grembo chi raccoglie covoni.

8 I passanti non possono dire: †
"La benedizione del Signore sia su di voi, *
vi benediciamo nel nome del Signore".

Forse anche noi abbiamo più volte deluso il Signore. Venuto a cercare frutti nel nostro campo, ha trovato solo delusione, ha raccolto solo tribolazioni e spine; preghiamo, dunque, affinché le cat-

tive passioni e i nemici di Dio, che sono in noi, diventino come l'erba dei tetti, che prima di essere strappata, dissecca. E quando il nemico viene a scavare dei solchi sul nostro dorso, ricordiamo sempre, con pazienza e fiducia, che il male prima o poi dissecca proprio mentre raccoglie ciò che semina, ovvero rovina, sterilità e maledizione.

Preghiera

Padre, aiutaci con la potenza della tua grazia, affinché superate con forza e coraggio le prove della vita, possiamo conoscere l'esperienza gloriosa della vittoria del bene sul male. **Amen.**

Salmo 129

Dal profondo a te grido

1 *Canto delle ascensioni.*

Dal profondo a te grido, o Signore; *
2 Signore, ascolta la mia voce.
Siano i tuoi orecchi attenti *
alla voce della mia preghiera.

3 Se consideri le colpe, Signore, *
Signore, chi potrà sussistere?
4 Ma presso di te è il perdono: *
e avremo il tuo timore.

5 Io spero nel Signore, *
l'anima mia spera nella sua parola.
6 L'anima mia attende il Signore *
più che le sentinelle l'aurora.

7 Israele attenda il Signore, *
perché presso il Signore è la misericordia
e grande presso di lui la redenzione. *
8 Egli redimerà Israele da tutte le sue colpe.

La storia di ogni uomo è un abisso di miseria, al quale Dio, nella sua infinita bontà, ha fatto pervenire in Cristo la sua voce, e dal quale egli ci chiama verso di lui, infinito amore e perdono. Nell'angosciosa solitudine e nell'oppressione, si apre per noi uno spiraglio di luce: più grande della nostra colpa è il perdono di Dio. La sua bontà ci spinga al pentimento: Dio ha promesso misericordia a chi rinnega il proprio peccato.

Preghiera

Dio, ravviva in noi la speranza dopo le innumerevoli ricadute nel male, ricolmaci del tuo perdono, affinché possiamo essere anche noi salvati; se tu Signore, infatti, considerassi tutte le nostre colpe, chi potrebbe scampare alla dannazione eterna? Ma eterna è la tua misericordia e il tuo amore è per sempre. **Amen.**

Salmo 130

Confidare in Dio come il bimbo nella madre

1 *Canto delle ascensioni. Di Davide.*

Signore, non si inorgoglisce il mio cuore *
e non si leva con superbia il mio sguardo;
non vado in cerca di cose grandi, *
superiori alle mie forze.

2 Io sono tranquillo e sereno †
come bimbo svezzato in braccio a sua madre, *
come un bimbo svezzato è l'anima mia.

3 Speri Israele nel Signore,
ora e sempre.

Vive nella pace interiore colui che, conscio dei propri limiti e soprattutto libero da ogni ambiziosa Passione, riesce a godere la gioia e la pace di vivere alla presenza di Dio, abbandonandosi tra le sue braccia come fa un bimbo con la sua mamma. In questo consiste la vera pace: speranza e abbandono totale in Dio.

Preghiera

Gesù, tu ci hai indicato la via più breve e più sicura per poter ascendere al cielo, quella strada intessuta di tante piccole cose ordinarie, ma completamente votata ad un filiale abbandono alla provvidenza di Dio Padre, nella pace serena del cuore. Fa' che da te, che sei mite ed umile di cuore, impariamo ad essere tranquilli e sereni tra le braccia di Dio Padre, proprio come bimbi svezzati sotto le ali della propria mamma. **Amen.**

Salmo 131

Le promesse divine fatte a Davide

1 *Canto delle ascensioni.*

Ricordati, Signore, di Davide, *
di tutte le sue prove,
2 quando giurò al Signore, *
al Potente di Giacobbe fece voto:

3 "Non entrerò sotto il tetto della mia casa, *
non mi stenderò sul mio giaciglio,
4 non concederò sonno ai miei occhi *
né riposo alle mie palpebre,

5 finché non trovi una sede per il Signore, *
una dimora per il Potente di Giacobbe".

6 Ecco, abbiamo saputo che era in Èfrata, *
l'abbiamo trovata nei campi di Iàar.
7 Entriamo nella sua dimora, *
prostriamoci allo sgabello dei suoi piedi.

8 Alzati, Signore, verso il luogo del tuo riposo, *
tu e l'arca della tua potenza.
9 I tuoi sacerdoti si vestano di giustizia, *
i tuoi fedeli cantino di gioia.

10 Per amore di Davide tuo servo *
non respingere il volto del tuo consacrato.

11 Il Signore ha giurato a Davide †
e non ritratterà la sua parola: *

"Il frutto delle tue viscere
io metterò sul tuo trono!

12 Se i tuoi figli custodiranno la mia alleanza †
e i precetti che insegnerò ad essi, *
anche i loro figli per sempre
sederanno sul tuo trono".

13 Il Signore ha scelto Sion, *
L'ha voluta per sua dimora:
14 "Questo è il mio riposo per sempre; *
qui abiterò, perché l'ho desiderato.

15 Benedirò tutti i suoi raccolti, *
sazierò di pane i suoi poveri.
16 Rivestirò di salvezza i suoi sacerdoti, *
esulteranno di gioia i suoi fedeli.

17 Là farò germogliare la potenza di Davide, *
preparerò una lampada al mio consacrato.
18 Coprirò di vergogna i suoi nemici, *
ma su di lui splenderà la corona".

Ogni uomo faccia propria la preoccupazione di dare al Signore una dimora conveniente, un posto degno di lui nella propria vita, perché più di ogni cosa conta la presenza e la grazia di Dio in ciascuno di noi. Dio saprà ricambiare con sovrabbondanza chi lo serve con generosità. Cerchiamo di essere tante piccole chiese, nelle quali il Cristo possa stabilire il suo trono e regnare.

Preghiera

Signore, vieni a dimorare nel mio cuore; fa che anche della mia anima tu possa dire con felicità: "Qui è il mio riposo, qui io siedo perché l'ho desiderato, perché sono stato accolto". **Amen.**

SALMO 132 

GIOIA DELL'AMORE FRATERNO

1 *Canto delle ascensioni. Di Davide.*

Ecco quanto è buono e quanto è soave *
che i fratelli vivano insieme!

2 È come olio profumato sul capo, †
che scende sulla barba, sulla barba di Aronne, *
che scende sull'orlo della sua veste.

3 È come rugiada dell'Ermon, *
che scende sui monti di Sion.

Là il Signore dona la benedizione *
e la vita per sempre.

Gesù ha lasciato un rimedio a tutti i mali che opprimono l'uomo, una fonte di gioia e di benedizione, la via più veloce e sicura alla santità: la carità. È proprio la carità la meta e l'anima di tutto il nostro terreno pellegrinaggio; essa è pazienza, è bene, è amore, è rispetto, è mitezza, è perdono. Tutto la carità copre, tutto crede, tutto spera, tutto sopporta. E la cosa più bella e più vera è che la carità non avrà mai fine. Crescere nella carità non è facile, spesso comporta esercitare su se stessi una specie di violenza, a volte perfino vivere secondo una morale di perversione, perché tale è giudicata oggi una vita tutta offerta per il bene del prossimo, nella completa rinuncia del bene personale. Ma Gesù è il nostro modello e attorno all'amore fraterno da lui portato nel mondo, noi vogliamo costruire pian piano un mondo nuovo, un'assemblea eterna, perfetta nell'unità e nella pace.

Preghiera

Gesù, dammi il coraggio e la forza per essere testimone del vero amore fraterno, affinché chiunque a me si avvicini possa sentire il profumo da te lasciato su quella croce, segno del tuo infinito amore per noi. **Amen.**

Salmo 133

Orazione notturna nel tempio

1 *Canto delle ascensioni.*

Ecco, benedite il Signore, *
voi tutti, servi del Signore;

voi che state nella casa del Signore *
durante le notti.

2 Alzate le mani verso il tempio *
e benedite il Signore.

3 Da Sion ti benedica il Signore, *
che ha fatto cielo e terra.

Ogni cristiano è un piccolo tempio del Signore e la sua anima è la casa della preghiera che ci assicura la presenza e l'efficacia di Gesù in noi. La preghiera ci mantiene in costante servizio a Dio e ai fratelli, perché fa del nostro cuore un unico cuore con quello della Chiesa stessa questa, con la sua ininterrotta preghiera, purifica gli uomini, li preserva dal male, trattiene la giustizia divina provocata da innumerevoli peccati, riconcilia i peccatori con il Signore, conforta gli afflitti e i sofferenti, eleva il mondo verso Dio e ci accompagna verso la patria eterna, armandoci contro satana.

Preghiera

Signore, che illumini la notte con la tua presenza, accogli le preghiere di chi alza le mani verso di te, per benedirti e per ottenere la tua protezione e un riposo sereno. **Amen.**

SALMO 134

LODATE IL SIGNORE CHE OPERA MERAVIGLIE

1 *ALLELUIA.*

Lodate il nome del Signore, *
lodatelo, servi del Signore,
2 voi che state nella casa del Signore, *
negli atri della casa del nostro Dio.

3 Lodate il Signore: il Signore è buono; *
cantate inni al suo nome, perché è amabile.
4 Il Signore si è scelto Giacobbe, *
Israele come suo possesso.

5 Io so che grande è il Signore, *
il nostro Dio sopra tutti gli dèi.

6 Tutto ciò che vuole il Signore, lo compie †
in cielo e sulla terra, *
nei mari e in tutti gli abissi.

7 Fa salire le nubi dall'estremità della terra, †
produce le folgori per la pioggia, *
dalle sue riserve libera i venti.

8 Egli percosse i primogeniti d'Egitto, *
dagli uomini fino al bestiame.
9 Mandò segni e prodigi in mezzo a te, Egitto, *
contro il faraone e tutti i suoi ministri.

10 Colpì numerose nazioni *
e uccise re potenti:
11 Seon, re degli Amorrèi, Og, re di Basan, *
e tutti i regni di Canaan.

12 Diede la loro terra in eredità a Israele, *
in eredità a Israele suo popolo.

13 Signore, il tuo nome è per sempre; *
Signore, il tuo ricordo per ogni generazione.

14 Il Signore guida il suo popolo, *
si muove a pietà dei suoi servi.

15 Gli idoli dei popoli sono argento e oro, *
opera delle mani dell'uomo.
16 Hanno bocca e non parlano; *
hanno occhi e non vedono;

17 hanno orecchi e non odono; *
non c'è respiro nella loro bocca.
18 Sia come loro chi li fabbrica *
e chiunque in essi confida.

19 Benedici il Signore, casa d'Israele; *
benedici il Signore, casa di Aronne;
20 benedici il Signore, casa di Levi; *
voi che temete il Signore, benedite il Signore.

21 Da Sion sia benedetto il Signore *
che abita a Gerusalemme. ALLELUIA.

L'uomo incontra dei limiti ovunque, nei pensieri, nelle azioni, nelle aspirazioni; Dio invece non conosce limiti, in lui è tutto, la pienezza, la forza.

Preghiera

Ti lodiamo Signore per tutte le meraviglie da te operate, per l'amore che ci hai dimostrato e vogliamo rinunciare a tutte le seduzioni del male, ai nostri idoli che troppe volte ci hanno tenuti prigionieri nello squallore di una vita falsa e inutile. **Amen.**

SALMO 135

INNO PASQUALE

1 *ALLELUIA.*

Lodate il Signore perché è buono: *
eterna è la sua misericordia.

2 Lodate il Dio degli dèi: *
eterna è la sua misericordia.

3 Lodate il Signore dei signori: *
eterna è la sua misericordia.

4 Egli solo ha compiuto meraviglie: *
eterna è la sua misericordia.

5 Ha creato i cieli con sapienza: *
eterna è la sua misericordia.

6 Ha stabilito la terra sulle acque: *
eterna è la sua misericordia.

7 Ha fatto i grandi luminari: *
eterna è la sua misericordia.

8 Il sole per regolare il giorno: *
eterna è la sua misericordia.

9 La luna e le stelle per regolare la notte: *
eterna è la sua misericordia.

10 Percosse l'Egitto nei suoi primogeniti: *
eterna è la sua misericordia.
11 Da loro liberò Israele: *
eterna è la sua misericordia;

12 con mano potente e braccio teso: *
eterna è la sua misericordia.

13 Divise il Mar Rosso in due parti: *
eterna è la sua misericordia.

14 In mezzo fece passare Israele: *
eterna è la sua misericordia.

15 Travolse il faraone e il suo esercito nel Mar Rosso: *
eterna è la sua misericordia.

16 Guidò il suo popolo nel deserto: *
eterna è la sua misericordia.

17 Percosse grandi sovrani: *
eterna è la sua misericordia.

18 Uccise re potenti: *
eterna è la sua misericordia.

19 Seon, re degli Amorrèi: *
eterna è la sua misericordia.

20 Og, re di Basan: *
eterna è la sua misericordia.

21 Diede in eredità il loro paese: *
eterna è la sua misericordia.

22 In eredità a Israele suo servo: *
eterna è la sua misericordia.

23 Nella nostra umiliazione si è ricordato di noi: *
eterna è la sua misericordia.

24 Ci ha liberati dai nostri nemici: *
eterna è la sua misericordia.

25 Egli dà il cibo ad ogni vivente: *
eterna è la sua misericordia.

26 Lodate il Dio dei cieli: *
eterna è la sua misericordia.

Nell'amore misericordioso di Dio è la chiave di lettura di tutta la creazione; la bontà di Dio è la ragione di essere di tutto ciò che egli ha operato. In tale bontà tutto respira, tutto vive e si illumina. Tutto l'universo, tutta la storia della salvezza dal suo inizio al suo termine sono la manifestazione del suo amore verso noi tutti.Sia ogni uomo attento ad ogni singola manifestazione di amore che Dio compie nella nostra vita, per rendere grazie e prendere coscienza che ogni nostro passo, ogni nostro respiro sono dono della sua misericordia.

Preghiera

Signore, apri il nostro cuore, affinché possiamo scoprire e vedere tutte le varie manifestazioni della tua infinita misericordia nella nostra vita, e conservando la nostra fiducia in te, nonostante le nostre colpe, possiamo lodare sempre la tua bontà. **Amen.**

SALMO 136

"CANTO DELL'ESULE"

1 Sui fiumi di Babilonia, là sedevamo piangendo *
al ricordo di Sion.
2 Ai salici di quella terra *
appendemmo le nostre cetre.

3 Là ci chiedevano parole di canto *
coloro che ci avevano deportato,
canzoni di gioia, i nostri oppressori: *
"Cantateci i canti di Sion!".

4 Come cantare i canti del Signore *
in terra straniera?
5 Se ti dimentico, Gerusalemme, *
si paralizzi la mia destra;

6 mi si attacchi la lingua al palato, †
se lascio cadere il tuo ricordo, *
se non metto Gerusalemme
al di sopra di ogni mia gioia.

7 Ricordati, Signore, dei figli di Edom, †
che nel giorno di Gerusalemme
dicevano: "Distruggete, distruggete *
anche le sue fondamenta".

8 Figlia di Babilonia devastatrice, *
beato chi ti renderà quanto ci hai fatto.
9 Beato chi afferrerà i tuoi piccoli *
e li sbatterà contro la pietra.

Babilonia, crogiuolo di popoli, di genti che alla potenza del male si sono prostituiti, città sorta e cresciuta in opposizione a Dio e a tutto ciò che viene da lui, culla di tutti gli egoismi e di tutte le cupidigie umane. Gerusalemme, popolo sradicato dalla sua terra, strappato ai suoi affetti più cari, avvilito e disperso, a cui si vuol togliere anche ciò che più gelosamente conserva: i sentimenti intimi del suo animo. Ogni uomo può scegliere la sua via, a quale delle due città ancorare la sua esistenza; per il credente c'è ben poca scelta: essere inesorabile contro ogni forma di male che tenti di sedurlo e di spegnere in lui il desiderio di camminare verso la patria del Signore. Allora, libero davvero dal peccato e dalla schiavitù dei desideri, le cetre del suo cuore, non saranno più mute ed avvilite, ma risuoneranno in eterno di gioia e di lode al Signore.

Preghiera

Signore, aiutaci a volgere il nostro sguardo verso il cielo ogni volta che ci ritroveremo piangenti lungo le rive del fiume dell'esilio; dillo tu al nostro cuore, di come ci attende già una città sempre in festa e piena di amore, dove la nostra felicità e la nostra lode non verrà mai più messa a tacere. **Amen.**

SALMO 137

RENDIMENTO DI GRAZIE

1 *Di Davide.*

Ti rendo grazie, Signore, con tutto il cuore: *
hai ascoltato le parole della mia bocca.
A te voglio cantare davanti agli angeli, *
2 mi prostro verso il tuo tempio santo.

Rendo grazie al tuo nome *
per la tua fedeltà e la tua misericordia:
hai reso la tua promessa *
più grande di ogni fama.

3 Nel giorno in cui t'ho invocato, mi hai risposto, *
hai accresciuto in me la forza.
4 Ti loderanno, Signore, tutti i re della terra *
quando udranno le parole della tua bocca.

5 Canteranno le vie del Signore, *
perché grande è la gloria del Signore;
6 eccelso è il Signore e guarda verso l'umile *
ma al superbo volge lo sguardo da lontano.

7 Se cammino in mezzo alla sventura *
tu mi ridoni vita;
contro l'ira dei miei nemici stendi la mano *
e la tua destra mi salva.

8 Il Signore completerà per me l'opera sua. *
Signore, la tua bontà dura per sempre:
non abbandonare
l'opera delle tue mani. *

Il Regno di Dio Padre è un regno fatto di umili e piccoli uomini, persone che spesso vivono ai margini del mondo, ma che nella loro semplicità hanno potuto cogliere e percepire un qualcosa che invece non è dato sapere ai superbi e ai sapienti di questa terra: sono i vinti , sono quelli che sicuramente hanno subito più di una sconfitta lottando contro il mondo, sono i deboli, i più indifesi, eppure solo coloro di cui Dio Padre si compiace, sono i suoi figli prediletti, sono coloro che Dio ama di un amore infinito eppure, per un disegno che sfugge alla nostra mente limitata, egli permette che essi si ritrovano costantemente nel mare in tempesta, senza tregua, senza riposo; e con l'unica certezza che, pur restando la prova, Dio non li lascerà mai affondare, portando a termine l'opera delle sue mani.

Preghiera

Signore, che in Cristo hai rinnovato gli uomini e le cose, ti ringraziamo davanti ai tuoi angeli, per quanto hai operato, e ti preghiamo di creare in noi un cuore umile e puro. **Amen.**

SALMO 138

DIO VEDE TUTTO

1 *Al maestro del coro. Di Davide. Salmo.*

Signore, tu mi scruti e mi conosci, *
2 tu sai quando seggo e quando mi alzo.
Penetri da lontano i miei pensieri, *
3 mi scruti quando cammino e quando riposo.

Ti sono note tutte le mie vie; †
4 la mia parola non è ancora sulla lingua *
e tu, Signore, già la conosci tutta.

5 Alle spalle e di fronte mi circondi *
e poni su di me la tua mano.
6 Stupenda per me la tua saggezza, *
troppo alta, e io non la comprendo.

7 Dove andare lontano dal tuo spirito, *
dove fuggire dalla tua presenza?
8 Se salgo in cielo, là tu sei, *
se scendo negli inferi, eccoti.

9 Se prendo le ali dell'aurora *
per abitare all'estremità del mare,
10 anche là mi guida la tua mano *
e mi afferra la tua destra.

11 Se dico: "Almeno l'oscurità mi copra *
e intorno a me sia la notte";

12 nemmeno le tenebre per te sono oscure, †
e la notte è chiara come il giorno; *
per te le tenebre sono come luce.

13 Sei tu che hai creato le mie viscere *
e mi hai tessuto nel seno di mia madre.

14 Ti lodo, perché mi hai fatto come un prodigio; †
sono stupende le tue opere, *
tu mi conosci fino in fondo.

15 Non ti erano nascoste le mie ossa †
quando venivo formato nel segreto, *
intessuto nelle profondità della terra.

16 Ancora informe mi hanno visto i tuoi occhi *
e tutto era scritto nel tuo libro;
i miei giorni erano fissati, *
quando ancora non ne esisteva uno.

17 Quanto profondi per me i tuoi pensieri, *
quanto grande il loro numero, o Dio;
18 se li conto sono più della sabbia, *
se li credo finiti, con te sono ancora.

19 Se Dio sopprimesse i peccatori! *
Allontanatevi da me, uomini sanguinari.
20 Essi parlano contro di te con inganno: *
contro di te insorgono con frode.

21 Non odio, forse, Signore, quelli che ti odiano *
e non detesto i tuoi nemici?
22 Li detesto con odio implacabile *

come se fossero miei nemici.

23 Scrutami, Dio, e conosci il mio cuore, *
provami e conosci i miei pensieri:
24 vedi se percorro una via di menzogna *
e guidami sulla via della vita.

Non siamo mai soli: Dio Padre, ci ha creati e continua a mantenerci con la sua volontà, perché così lui vuole, perché lui ci vuole; egli ci desidera e ci ha fatti, creati secondo un suo disegno di amore. Quando davanti a noi si affacciano tutte quelle situazioni in cui non vorremmo essere guardati da Dio: i nostri peccati, i nostri desideri sbagliati, il nostro amor proprio, sentiamo quasi il desiderio di nasconderci nelle tenebre, di sfuggire a quella luce interiore che illumina la nostra coscienza, la luce dei rimorsi, del rimpianto. Ma perfino le tenebre per Dio sono luce; la luce del Signore fa chiaro dentro di noi, non ci lascia tranquilli; è una luce che ci riporta sempre alla verità. Allora, vediamo come il segreto per vivere bene consista nel pensare e operare costantemente alla presenza di Dio; tale presenza ci libera dalla nostra solitudine, ci sorregge, ci dona la pace, a patto che non poniamo spontaneamente una barriera tra lui e noi. Il cristiano, nel quale in modo particolare rifulge la grazia e la tenerezza paterna di Dio, è chiamato a manifestare nelle parole e nei gesti questa divina presenza nel mondo.

Preghiera

O Dio, che scruti ogni cosa, che avvolgi la nostra esistenza con il costante tuo amore, concedici di vivere sempre alla luce della verità, dissolvi le tenebre, guidaci lontani dalle vie della menzogna, verso la strada della vita. Quando Cristo ci giudicherà, possa egli trovarci degni di lodarti con tutti i tuoi Santi. **Amen.**

SALMO 139

TU SEI IL MIO RIFUGIO

1 *Al maestro del coro. Salmo. Di Davide.*

2 Salvami, Signore, dal malvagio, *
proteggimi dall'uomo violento,
3 da quelli che tramano sventure nel cuore *
e ogni giorno scatenano guerre.

4 Aguzzano la lingua come serpenti; *
veleno d'aspide è sotto le loro labbra.

5 Proteggimi, Signore, dalle mani degli empi, †
salvami dall'uomo violento: *
essi tramano per farmi cadere.

6 I superbi mi tendono lacci †
e stendono funi come una rete, *
pongono agguati sul mio cammino.

7 Io dico al Signore: "Tu sei il mio Dio; *
ascolta, Signore, la voce della mia preghiera".
8 Signore, mio Dio, forza della mia salvezza, *
proteggi il mio capo nel giorno della lotta.

9 Signore, non soddisfare i desideri degli empi, *
non favorire le loro trame.

10 Alzano la testa quelli che mi circondano, *
ma la malizia delle loro labbra li sommerge.

11 Fa' piovere su di loro carboni ardenti, *
gettali nel baratro e più non si rialzino.
12 Il maldicente non duri sulla terra, *
il male spinga il violento alla rovina.

13 So che il Signore difende la causa dei miseri, *
il diritto dei poveri.
14 Sì, i giusti loderanno il tuo nome, *
i retti abiteranno alla tua presenza.

Soltanto la preghiera di Cristo crocifisso può sorreggere e custodire l'uomo da quel nemico che, dopo aver sedotto Eva con la sua astuzia, torna ad escogitare nuovi piani di rovina per l'umanità, somministrando il suo veleno in forme apparentemente gradevoli. Con sentimenti di carità fraterna e di perdono, il cristiano rechi sollievo a tutti coloro che sono oggetto di calunnie e di ingiustizie a causa della prepotenza e della malvagità di tanti uomini.

Preghiera

Signore, che hai risposto alla violenza con docilità e amore, ascolta la mia supplica: salvami dalle tentazioni, dalla violenza e fa' che anch'io risponda sempre con l'amore a chi mi perseguita ingiustamente. **Amen.**

Salmo 140

Preghiera nel pericolo

1 *Salmo. Di Davide.*

Signore, a te grido, accorri in mio aiuto; *
ascolta la mia voce quando t'invoco.
2 Come incenso salga a te la mia preghiera, *
le mie mani alzate come sacrificio della sera.

3 Poni, Signore, una custodia alla mia bocca, *
sorveglia la porta delle mie labbra.

4 Non lasciare che il mio cuore si pieghi al male †
e compia azioni inique con i peccatori: *
che io non gusti i loro cibi deliziosi.

5 Mi percuota il giusto e il fedele mi rimproveri, †
ma l'olio dell'empio non profumi il mio capo; *
tra le loro malvagità continui la mia preghiera.

6 Dalla rupe furono gettati i loro capi, *
che da me avevano udito dolci parole.

7 Come si fende e si apre la terra, *
le loro ossa furono disperse
alla bocca degli inferi.

8 A te, Signore mio Dio, sono rivolti i miei occhi; *
in te mi rifugio, proteggi la mia vita.
9 Preservami dal laccio che mi tendono, *
dagli agguati dei malfattori.

10 Gli empi cadono insieme nelle loro reti, *
ma io passerò oltre incolume.

Una delle molteplici forme, sotto cui si presenta il peccato, è quella delle vane parole, delle lingue maligne e bugiarde. È il peccato che ci spinge a ricercare la compagnia di persone ricche e potenti, ma cattive; è il peccato in cui cadiamo per non essere stati capaci di rinnegare certe amicizie che lusingano il nostro orgoglio e la nostra vanità. Meglio sarebbe per l'uomo preferire la compagnia e l'amicizia dei buoni, anche quando, e questo accade quasi sempre, essi possono diventare un "rimprovero" alla nostra condotta.

Preghiera

Gesù, che sulla croce hai offerto te stesso per ogni uomo, intercedi per me, prega per me, e fa' che la tua preghiera salga come incenso davanti a Dio, il suo profumo avvolga la mia anima e io sia tutto consumato dal tuo amore divino. **Amen.**

Salmo 141

Sei il mio rifugio

1 *Maskil. Di Davide, quando era nella caverna.*
Preghiera

2 Con la mia voce al Signore grido aiuto, *
con la mia voce supplico il Signore;
3 davanti a lui effondo il mio lamento, *
al tuo cospetto sfogo la mia angoscia.

4 Mentre il mio spirito vien meno, *
tu conosci la mia via.
Nel sentiero dove cammino *
mi hanno teso un laccio.

5 Guarda a destra e vedi: *
nessuno mi riconosce.
Non c'è per me via di scampo, *
nessuno ha cura della mia vita.

6 Io grido a te, Signore; †
dico: Sei tu il mio rifugio, *
sei tu la mia sorte nella terra dei viventi.

7 Ascolta la mia supplica: *
ho toccato il fondo dell'angoscia.
Salvami dai miei persecutori *
perché sono di me più forti.

9 Strappa dal carcere la mia vita, *
perché io renda grazie al tuo nome:
i giusti mi faranno corona *
quando mi concederai la tua grazia.

Quando siamo abbattuti e avviliti a causa delle dure prove, quando gemiamo e sentiamo quasi il bisogno di lamentarci davanti a Dio, quando i nemici ci tendono insidie lungo il cammino, e pensiamo che nessuno possa difenderci, prendersi cura di noi, quando ogni via di scampo ci sembra reclusa, ricordiamo a quale grande missione il Signore ci abbia chiamato: essere cristiani. Allora, avremo un solo pensiero, un'unica certezza che farà nascere in noi un impensabile forza: Dio conosce la sorte della nostra vita, Dio è lì, vicino a noi. Preghiamo, allora, per coloro che sono oppressi dalla solitudine e abbandonati a se stessi nelle sofferenze.

Preghiera

Gesù, che durante la tua Passione non hai trovato difensori, ma solo accusatori e giudici pronti a condannarti, che sei rimasto solo nel Getsemani, solo di fronte al sommo sacerdote e a Pilato, solo e abbandonato sulla croce, insegna ad ogni uomo che altra speranza non c'è se non in Dio, perché è lui che libera dai nemici, è lui che fa uscire le nostre anime dalla triste situazione in cui sono, è lui l'unico vero amore. **Amen.**

SALMO 142

PREGHIERA NELLA TRIBOLAZIONE

1 *Salmo. Di Davide.*

Signore, ascolta la mia preghiera, †
porgi l'orecchio alla mia supplica,
tu che sei fedele, *
e per la tua giustizia rispondimi.

2 Non chiamare in giudizio il tuo servo: *
nessun vivente davanti a te è giusto.

3 Il nemico mi perseguita, *
calpesta a terra la mia vita,
mi ha relegato nelle tenebre *
come i morti da gran tempo.

4 In me languisce il mio spirito, *
si agghiaccia il mio cuore.

5 Ricordo i giorni antichi, †
ripenso a tutte le tue opere, *
medito sui tuoi prodigi.

6 A te protendo le mie mani, *
sono davanti a te come terra riarsa.
7 Rispondimi presto, Signore, *
viene meno il mio spirito.

Non nascondermi il tuo volto, *
perché non sia come chi scende nella fossa.

8 Al mattino fammi sentire la tua grazia, *
poiché in te confido.

Fammi conoscere la strada da percorrere, *
perché a te si innalza l'anima mia.
9 Salvami dai miei nemici, Signore, *
a te mi affido.

10 Insegnami a compiere il tuo volere, †
perché sei tu il mio Dio. *
Il tuo spirito buono mi guidi in terra piana.

11 Per il tuo nome, Signore, fammi vivere, *
liberami dall'angoscia, per la tua giustizia.

12 Per la tua fedeltà disperdi i miei nemici, *
fa' perire chi mi opprime,
poiché io sono tuo servo.

Dio invita, con amore di Padre, tutti i suoi figli prodighi, desiderosi di tornare a lui, a lasciarsi andare ad una preghiera animata dallo spirito di pentimento, unica via da percorrere per poter portare a compimento la volontà e il progetto che il Signore ha su ciascuno di noi; sarà lo Spirito stesso di Dio a condurci alla conversione, è lui che ci invita a domandare ciò che da sempre egli vuole donarci. Impariamo a pregare con fede e fiducia, perché nella misura in cui ci affideremo alla preghiera, il Signore trasformerà il nostro cuore e prendendoci per mano, guiderà la nostra anima assetata e riarsa dalla sete alla fonte divina della sua grazia.

Preghiera

Signore, non nasconderci il tuo volto, salvaci da tutti i nemici, facci crescere nella tua grazia, affinché possiamo presentarci all'incontro con te senza temere il tuo giusto giudizio. **Amen.**

Salmo 143

Preghiera del re per la vittoria e per la pace

1 *Di Davide.*

Benedetto il Signore, mia roccia, †
che addestra le mie mani alla guerra, *
le mie dita alla battaglia.

2 Mia grazia e mia fortezza, *
mio rifugio e mia liberazione,
mio scudo in cui confido, *
colui che mi assoggetta i popoli.

3 Signore, che cos'è un uomo perché te ne curi? *
Un figlio d'uomo perché te ne dia pensiero?
4 L'uomo è come un soffio, *
i suoi giorni come ombra che passa.

5 Signore, piega il tuo cielo e scendi, *
tocca i monti ed essi fumeranno.
6 Le tue folgori disperdano i nemici, *
lancia frecce, sconvolgili.

7 Stendi dall'alto la tua mano, †
scampami e salvami dalle grandi acque, *
dalla mano degli stranieri.

8 La loro bocca dice menzogne *
e alzando la destra giurano il falso.

9 Mio Dio, ti canterò un canto nuovo, *
suonerò per te sull'arpa a dieci corde;
10 a te, che dai vittoria al tuo consacrato, *
che liberi Davide tuo servo.

Salvami dalla spada iniqua, *
11 liberami dalla mano degli stranieri;
la loro bocca dice menzogne *
e la loro destra giura il falso.

12 I nostri figli siano come piante *
cresciute nella loro giovinezza;
le nostre figlie come colonne d'angolo *
nella costruzione del tempio.

13 I nostri granai siano pieni, *
trabocchino di frutti d'ogni specie;

siano a migliaia i nostri greggi, †
a miriadi nelle nostre campagne; *
14 siano carichi i nostri buoi.

Nessuna breccia, nessuna incursione, *
nessun gemito nelle nostre piazze.

15 Beato il popolo che possiede questi beni: *
beato il popolo il cui Dio è il Signore.

Noi siamo popolo beato, a cui Dio dona prosperità e vittoria. Unica depositaria dei sacramenti e di ogni grazia, la Chiesa è un ovile ove si raccoglie, sempre più numeroso, da ogni parte della terra, il gregge del Signore. La Chiesa è una città ben difesa e fortificata, e quelli che vivono in lei sono i cittadini del cielo che godono della gioia e della pace dei figli di Dio.

Preghiera

Signore, fa' che un giorno anche noi possiamo essere parte del tuo regno eterno di verità, di grazia, di giustizia, di amore e di pace; l'attesa di questa terra nuova ci stimoli ad operare per ora nella vita presente, per quell'umanità nuova di cui già riesce ad offrire una certa prefigurazione nell'ombra di questo mondo. **Amen.**

SALMO 144

LODE ALLA MAESTÀ DIVINA

1 *Lodi. Di Davide.*

O Dio, mio re, voglio esaltarti *
e benedire il tuo nome in eterno e per sempre.
2 Ti voglio benedire ogni giorno, *
lodare il tuo nome in eterno e per sempre.

3 Grande è il Signore
e degno di ogni lode, *
la sua grandezza
non si può misurare. *

4 Una generazione narra all'altra le tue opere, *
annunzia le tue meraviglie.
5 Proclamano lo splendore della tua gloria *
e raccontano i tuoi prodigi.

6 Dicono la stupenda tua potenza *
e parlano della tua grandezza.
7 Diffondono il ricordo della tua bontà immensa, *
acclamano la tua giustizia.

8 Paziente e misericordioso è il Signore, *
lento all'ira e ricco di grazia.
9 Buono è il Signore verso tutti, *
la sua tenerezza si espande su tutte le creature.

10 Ti lodino, Signore, tutte le tue opere *
e ti benedicano i tuoi fedeli.

11 Dicano la gloria del tuo regno *
e parlino della tua potenza,

12 per manifestare agli uomini i tuoi prodigi *
e la splendida gloria del tuo regno.
13 Il tuo regno è regno di tutti i secoli, *
il tuo dominio si estende ad ogni generazione.

14 Il Signore sostiene quelli che vacillano *
e rialza chiunque è caduto.

15 Gli occhi di tutti sono rivolti a te in attesa *
e tu provvedi loro il cibo a suo tempo.
16 Tu apri la tua mano *
e sazi la fame di ogni vivente.

17 Giusto è il Signore in tutte le sue vie, *
santo in tutte le sue opere.
18 Il Signore è vicino a quanti lo invocano, *
a quanti lo cercano con cuore sincero.

19 Appaga il desiderio di quelli che lo temono, *
ascolta il loro grido e li salva.
20 Il Signore protegge quanti lo amano, *
ma disperde tutti gli empi.

21 Canti la mia bocca *
la lode del Signore
e ogni vivente benedica il suo nome santo, *
in eterno e sempre.

Dio è degno di ogni lode, egli è il Creatore di tutte le cose, Colui che salva i suoi fedeli con interventi e imprese prodigiose; egli è grandezza, gloria e splendore, ma anche mistero di bontà e di umiltà, infatti, dalla sua eccelsa grandezza, egli si avvicina alle sue creature, per ascoltare la voce di chi lo teme, per prendersi cura di chi lo ama. Alimentiamo, dunque, la nostra fede con sentimenti di lode, di riconoscenza, di amore, di speranza, con brevi preghiere di benedizione che, nei diversi momenti e nelle varie azioni della giornata, elevino e consacrino ogni istante della vita e glorifichino Dio in ogni cosa.

Preghiera

Signore, che sempre rialzi chi è caduto, ti ringraziamo e ti benediciamo, ti chiediamo aiuto per quanti ti invocano con fiducia e ti cercano con cuore sincero, affinché ogni vivente dia lode al tuo nome. **Amen.**

SALMO 145

BEATO CHI SPERA NEL SIGNORE

1 *ALLELUIA.*

Loda il Signore, anima mia: †
2 loderò il Signore per tutta la mia vita, *
finché vivo canterò inni al mio Dio.

3 Non confidate nei potenti, *
in un uomo che non può salvare.
4 Esala lo spirito e ritorna alla terra; *
in quel giorno svaniscono tutti i suoi disegni.

5 Beato chi ha per aiuto il Dio di Giacobbe, *
chi spera nel Signore suo Dio,
6 creatore del cielo e della terra, *
del mare e di quanto contiene.

Egli è fedele per sempre, †
7 rende giustizia agli oppressi, *
dà il pane agli affamati.

Il Signore libera i prigionieri, *
8 il Signore ridona la vista ai ciechi,
il Signore rialza chi è caduto, *
il Signore ama i giusti,

9 il Signore protegge lo straniero, †
egli sostiene l'orfano e la vedova, *
ma sconvolge le vie degli empi.

10 Il Signore regna per sempre, *
il tuo Dio, o Sion, per ogni generazione.

Se poniamo a confronto i risultati della fiducia riposta negli uomini e di quella riposta in Dio, vediamo come, anche gli uomini più potenti, non possono garantirci salvezza alcuna, anch'essi non trovano scampo alla morte. Dio, invece, è il Creatore dell'universo; egli mantiene fede alle sue promesse, e, nella sua misericordia, viene incontro a tutte le nostre necessità. Egli ama i giusti, protegge i deboli, e la sua giustizia capovolge e dissolve i disegni degli uomini empi. Gesù è venuto per rifare il volto dell'uomo deturpato dal peccato; per questo egli ha preso su di sé le nostre sofferenze, la nostra lebbra e ha compiuto miracoli che ottengano, per coloro che li impetrano, non solo il beneficio del corpo, ma anche delle anime. Oggi noi siamo la Chiesa, una riunione di poveri, storpi e ciechi che, dopo aver conosciuto le opere di misericordia del Signore, sentiamo il bisogno di esprimergli tutta la nostra lode.

Preghiera

Signore, aiutaci a non confidare mai nei potenti di questo mondo che non possono salvarci; fa' che abbiamo sempre fiducia in te, affinché una volta superate le prove della vita, possiamo raggiungere la tua gloria. **Amen.**

SALMO 146

PAZIENZA E BONTÀ DEL SIGNORE

1 *ALLELUIA.*

Lodate il Signore: †
è bello cantare al nostro Dio, *
dolce è lodarlo come a lui conviene.

2 Il Signore ricostruisce Gerusalemme, *
raduna i dispersi d'Israele.
3 Risana i cuori affranti *
e fascia le loro ferite;

4 egli conta il numero delle stelle *
e chiama ciascuna per nome.

5 Grande è il Signore, onnipotente, *
la sua sapienza non ha confini.
6 Il Signore sostiene gli umili *
ma abbassa fino a terra gli empi.

7 Cantate al Signore un canto di grazie, *
intonate sulla cetra inni al nostro Dio.

8 Egli copre il cielo di nubi, †
prepara la pioggia per la terra, *
fa germogliare l'erba sui monti.

9 Provvede il cibo al bestiame, *
ai piccoli del corvo che gridano a lui.
10 Non fa conto del vigore del cavallo,
non apprezza l'agile corsa dell'uomo.

11 Il Signore si compiace di chi lo teme, *
di chi spera nella sua grazia.

Nel testo ebraico i Salmi 146-147
sono uniti in uno solo.

Dio lascia che ogni uomo segua la sua strada, ma non cessa di dar prova di sé beneficando, concedendo dal cielo "piogge e stagioni ricche di frutti", fornendo di cibo e riempiendo di letizia i cuori; egli, che nutre gli uccelli che non seminano e non mietono, insegna ai suoi figli a non preoccuparsi del nutrimento e del vestito, esortandoli piuttosto a cercare la giustizia del suo Regno.
Infinito è l'amore del Signore verso coloro che hanno più fiducia in lui che nella forza e nella potenza terrena. Riconosciamo che Dio è il nostro salvatore, nostro Creatore e Signore di tutte le cose; e facciamo con sentimenti di gioia e di riconoscenza, perché un Dio così grande e potente ha voluto avere questo particolare sentimento di affetto proprio per ciascuno di noi.

Preghiera

Padre, che hai cura dei gigli del campo e degli uccelli del cielo, concedi a tutti gli uomini la salvezza dell'anima e del corpo, affinché tutti siano resi partecipi della vita immortale. **Amen.**

Salmo 147

La Gerusalemme riedificata

Alleluia.

12 Glorifica il Signore, Gerusalemme, *
loda, Sion, il tuo Dio.
13 Perché ha rinforzato le sbarre delle tue porte, *
in mezzo a te ha benedetto i tuoi figli.

14 Egli ha messo pace nei tuoi confini *
e ti sazia con fior di frumento.
15 Manda sulla terra la sua parola, *
il suo messaggio corre veloce.

16 Fa scendere la neve come lana, *
come polvere sparge la brina.
17 Getta come briciole la grandine, *
di fronte al suo gelo chi resiste?

18 Manda una sua parola ed ecco si scioglie, *
fa soffiare il vento e scorrono le acque.
19 Annunzia a Giacobbe la sua parola, *
le sue leggi e i suoi decreti a Israele.

20 Così non ha fatto
con nessun altro popolo, *
non ha manifestato ad altri
i suoi precetti.

È la parola di Dio che organizza e governa il momdo creato; i fenomeni naturali si susseguono sotto il suo comando: ora è la neve, ora la brina, ora la grandine e il gelo, che sembrano smorzare nella natura ogni segno di vita. Ma ecco che, dietro un suo cenno, tutto si scioglie: soffia il vento, scorrono le acque feconde e la vita torna a "vivere". Al gelido inverno subentra la primavera. Così per il cuore di chi accoglie il Verbo, anche se era gelido, si scioglie al calore del soffio di Dio; l'anima indurita dal peccato si riscalda col pentimento e si ravviva nella grazia per una vita nuova.

Preghiera

Padre, che hai rivelato l'infinità del tuo amore nella follia della croce, rendici degni di essere tuoi figli e capaci di glorificare il tuo nome in questa vita e in quella che tu ci hai preparato nella gioia senza fine. **Amen.**

SALMO 148

GLORIFICAZIONE DI DIO SIGNORE E CREATORE

1 *ALLELUIA.*

Lodate il Signore dai cieli, *
lodatelo nell'alto dei cieli.
2 Lodatelo, voi tutti, suoi angeli, *
lodatelo, voi tutte, sue schiere.

3 Lodatelo, sole e luna, *
lodatelo, voi tutte, fulgide stelle.
4 Lodatelo, cieli dei cieli, *
voi acque al di sopra dei cieli.

5 Lodino tutti il nome del Signore, *
perché egli disse e furono creati.
6 Li ha stabiliti per sempre, *
ha posto una legge che non passa.

7 Lodate il Signore dalla terra, *
mostri marini e voi tutti abissi,
8 fuoco e grandine, neve e nebbia, *
vento di bufera che obbedisce alla sua parola,

9 monti e voi tutte, colline, *
alberi da frutto e tutti voi, cedri,
10 voi fiere e tutte le bestie, *
rettili e uccelli alati.

11 I re della terra e i popoli tutti, *
i governanti e i giudici della terra,

12 i giovani e le fanciulle, †
i vecchi insieme ai bambini *
13 lodino il nome del Signore:

perché solo il suo nome è sublime, †
la sua gloria risplende sulla terra e nei cieli. *
14 Egli ha sollevato la potenza del suo popolo.

È canto di lode per tutti i suoi fedeli, *
per i figli di Israele, popolo che egli ama.

ALLELUIA.

Il salmo ci introduce come in un tempio cosmico che ha per abside i cieli e per navate le regioni del mondo e al cui interno canta a Dio il coro della creature. Questa visione potrebbe essere, per un verso, la rappresentazione di un paradiso perduto e, per un altro, quella del paradiso promesso. Si vede, così, che l'armonia dell'uomo con il suo simile, con il creato e con Dio è un progetto perseguito dal Creatore. Tale progetto, però, è stato ed è continuamente sconvolto dal peccato. Soprattutto nel nostro tempo, l'uomo ha devastato senza esitazioni, ha inquinato, desertificato e reso irrespirabile l'aria, umiliando quell'aiuola che è la terra, nostra dimora. Non è in gioco solo un'ecologia "fisica" attenta a tutelare l'habitat dei vari esseri viventi, ma anche un'ecologia "umana' che renda più dignitosa l'esistenza della creature, proteggendone il bene radicale della vita in tutte le sue manifestazioni e preparando alle future generazioni un ambiente che si avvicini di più al progetto del Creatore. *Giovanni Paolo II*

Preghiera

Dio, che tutto hai operato con sapienza e amore, accogli la nostra lode al sorgere di questo nuovo giorno, affinché la risurrezione del Cristo possa portare anche nella nostra vita frutti di vita eterna. **Amen.**

Salmo 149 

Festa degli amici di Dio

1 *Alleluia.*

Cantate al Signore un canto nuovo; *
la sua lode nell'assemblea dei fedeli.
2 Gioisca Israele nel suo Creatore, *
esultino nel loro Re i figli di Sion.

3 Lodino il suo nome con danze, *
con timpani e cetre gli cantino inni.
4 Il Signore ama il suo popolo, *
incorona gli umili di vittoria.

5 Esultino i fedeli nella gloria, *
sorgano lieti dai loro giacigli.
6 Le lodi di Dio sulla loro bocca *
e la spada a due tagli nelle loro mani,

7 per compiere la vendetta tra i popoli *
e punire le genti;
8 per stringere in catene i loro capi, *
i loro nobili in ceppi di ferro;

9 per eseguire su di essi
il giudizio già scritto: *
questa è la gloria
per tutti i suoi fedeli. *

"Esultino i fedeli nella gloria, sorgano lieti dai loro giacigli". Questo appello del Salmo 149 rimanda ad un'alba che sta per schiudersi e vede i fedeli pronti a intonare la loro lode mattutina.

Tale lode è definita, con un'espressione significativa, "un canto nuovo" (v. 1), cioè un inno solenne e perfetto, adatto ai giorni finali, in cui il Signore radunerà i giusti in un mondo rinnovato. Tutto il Salmo è percorso da un'atmosfera festosa, inaugurata già dall'alleluia iniziale e ritmata poi in canto, lode, gioia, danza, suono dei timpani e delle cetre. La preghiera che questo Salmo ispira è l'azione di grazie di un cuore colmo di religiosa esultanza.

Nella prospettiva attuale della nostra preghiera questa simbologia bellica diventa un'immagine dell'impegno di noi credenti che, dopo aver cantato a Dio la lode mattutina, ci avviamo per le strade del mondo, in mezzo al male e all'ingiustizia. Purtroppo le forze che si oppongono al Regno di Dio sono imponenti: il Salmista parla di "popoli, genti, capi e nobili". Eppure egli è fiducioso perché sa di aver accanto il Signore che è il vero Re della storia (v. 2). La sua vittoria sul male è, quindi, certa e sarà il trionfo dell'amore. A questa lotta partecipano tutti gli hasidim, tutti i fedeli e i giusti che con la forza dello Spirito conducono a compimento l'opera mirabile che porta il nome di Regno di Dio.

Giovanni Paolo II

Preghiera

O Dio, fortezza e corona dei tuoi santi, accogli l'inno di lode che oggi ti eleviamo, e un giorno, concluso il nostro pellegrinaggio terreno, gioiremo per sempre in te, nostro padre e creatore. **Amen.**

SALMO 150 

OGNI VIVENTE DIA LODE AL SIGNORE

1 *ALLELUIA.*

Lodate il Signore nel suo santuario, *
lodatelo nel firmamento della sua potenza.
2 Lodatelo per i suoi prodigi, *
lodatelo per la sua immensa grandezza.

3 Lodatelo con squilli di tromba, *
lodatelo con arpa e cetra;
4 lodatelo con timpani e danze, *
lodatelo sulle corde e sui flauti.

5 Lodatelo con cembali sonori, †
lodatelo con cembali squillanti; *
ogni vivente
dia lode al Signore.

Se si può pensare che tutta la vita del creato sia un inno di lode al Creatore, è, però, più preciso ritenere che una posizione di primato in questo coro venga riservata alla creatura umana. È questa una delle ricompense dell'essere uomini: la quieta esaltazione, la capacità di celebrare. Attraverso l'essere umano, inoltre portavoce dell'intera creazione, tutti i viventi lodano il Signore. Il nostro respiro di vita diventa canto e preghiera di tutta la vita che pulsa nell'universo; la lode diviene professione di fede in Dio Creatore e Redentore, celebrazione festosa dell'amore divino, che si dispiega creando e salvando, donando la vita e la liberazione. L'uomo, con tutti gli strumenti e le forme musicali che il suo stesso genio ha inventato: tromba, arpa, cetra, timpani, danze, corde, flauti, cem-

bali sonori, cembali squillanti, è invitato a stare alla presenza del Santo dei Santi in costante preghiera di lode e di ringraziamento.

Giovanni Paolo II

Preghiera

Signore, fa' che la tua umanità, pellegrina su questa terra, sia lo strumento musicale meglio accordato dal quale si elevi a te una lode continua e perfetta; fa' di ciascuno di noi dei mezzi da cui tu possa trarre meravigliosi accordi. Ti lodiamo e ti benediciamo, attendiamo con ansia il giorno in cui tutti insieme verremo chiamati a cantare per te una lode senza fine. **Amen.**

Psalmi

Antico Testamento (AT)

Canti biblici

Presentazione

Cantando i Salmi, il cristiano sperimenta una sorta di sintonia fra lo Spirito presente nelle Scritture e lo Spirito dimorante in lui per la grazia battesimale. Più che pregare con proprie parole, egli si fa eco di quei "gemiti inesprimibili" di cui parla san Paolo (cfr Rm 8,26), con i quali lo Spirito del Signore spinge i credenti ad unirsi all'invocazione caratteristica di Gesù: "Abbà, Padre!" (Rm 8,15; Gal 4,6). Gli antichi monaci erano talmente sicuri di questa verità, che non si preoccupavano di cantare i Salmi nella propria lingua materna, bastando loro la consapevolezza di essere, in qualche modo, "organi" dello Spirito Santo. Erano convinti che la loro fede permettesse ai versetti dei Salmi di sprigionare una particolare "energia" dello Spirito Santo.

Accanto alla presenza dello Spirito Santo, un'altra dimensione importante è quella dell'azione sacerdotale che Cristo svolge in questa preghiera associando a sé la Chiesa sua sposa. "Il Sommo Sacerdote della nuova ed eterna Alleanza, Cristo Gesù, [...] unisce a sé tutta la comunità degli uomini, e se l'associa nell'elevare questo divino canto di lode. Infatti Cristo continua questo ufficio sacerdotale per mezzo della sua stessa Chiesa, che loda il Signore incessantemente e intercede per la salvezza del mondo intero non solo con la celebrazione dell'Eucaristia, ma anche in altri modi, specialmente con la recita dell'Ufficio divino" (Sacrosanctum Concilium, 83).

La tradizione cristiana non si limitò a perpetuare quella ebraica, ma innovò alcune cose che finirono col caratterizzare diversamente l'intera esperienza di preghiera vissuta dai discepoli di Gesù. Oltre infatti a recitare, al mattino e alla sera, il Padre nostro, i cristiani scelsero con libertà i Salmi con i quali celebrare la loro preghiera quotidiana. Lungo la storia, questo processo suggerì l'utilizzazione di determinati Salmi per alcuni momenti di fede particolarmente significativi. Fra questi teneva il primo posto la preghiera vigiliare, che preparava al Giorno del Signore, la Domenica, in cui si celebrava la Pasqua di risurrezione. Una caratteristica tipicamente cristiana è stata poi l'aggiunta alla fine di ogni Salmo e Cantico, della dossologia trinitaria, "Gloria al Padre e al Figlio e allo Spirito Santo". Così ogni Salmo e Cantico viene illuminato dalla pienezza di Dio.

La preghiera cristiana nasce, si nutre e si sviluppa intorno all'evento per eccellenza della fede, il Mistero pasquale di Cristo. Così, al mattino e alla sera, al sorgere e al tramonto del sole, si ricordava la Pasqua, il passaggio del Signore dalla morte alla vita. Il simbolo di Cristo "luce del mondo" appare nella lampada durante la preghiera del Vespro, chiamata per questo anche lucernario. Le ore del giorno richiamano a loro volta il racconto della Passione del Signore, e l'oraterza anche la discesa dello Spirito Santo a Pentecoste. La preghiera della notte infine ha carattere escatologico, evocando la veglia raccomandata da Gesù nell'attesa del suo ritorno (cfr Mc 13,35-37). Cadenzando in questo modo la loro preghiera, i cristiani risposero al comando del Signore di "pregare incessantemente" (cfr Lc 18,1; 21,36; 1 Ts 5,17; Ef 6,18), ma senza dimenticare che tutta la vita deve in qualche modo diventare preghiera. Questo orizzonte nel suo insieme costituisce l'habitat naturale della recita dei Salmi. Se essi vengono sentiti e vissuti così, la dossologia trinitaria che corona ogni Salmo diventa, per ciascun credente in Cristo, un continuo rituffarsi, sull'onda dello Spirito e in comunione con l'intero popolo di Dio, nell'oceano di vita e di pace in cui è stato immerso col Battesimo, ossia nel mistero del Padre, del Figlio e dello Spirito Santo.

Udienza generale del 4 aprile 2001

SEGNI PER LA RECITA CORALE

1. — LA LINEETTA DOPO UN VERSETTO O A FINE PAGINA INDICA CHE LA STROFA CONTINUA E VA UNITA AL VERSETTO O ALLA PAGINA SEGUENTE.
2. * L'ASTERISCO DIVIDE IL VERSETTO IN DUE PARTI E INDICA UNA LEGGERA PAUSA.
3. † LA CROCE INDICA UN VERSETTO A TRE PARTI, VI SI FA UNA BREVISSIMA PAUSA O UNA FLESSIONE DEL TONO.

AT 1

ESODO 15, 1-18

INNO DI VITTORIA PER IL PASSAGGIO DEL MAR ROSSO

1 Voglio cantare in onore del Signore: †
perché ha mirabilmente trionfato, *
ha gettato in mare cavallo e cavaliere.

2 Mia forza e mio canto è il Signore, *
egli mi ha salvato.
È il mio Dio e lo voglio lodare, *
è il Dio di mio padre e lo voglio esaltare!

3 Dio è prode in guerra, *
si chiama Signore.
4 I carri del faraone e il suo esercito
li ha gettati nel mare. *
e i suoi combattenti scelti
furono sommersi nel mare Rosso.

5 Gli abissi li ricoprirono, *
sprofondarono come pietra.
6 La tua destra, Signore, terribile per la potenza, *
la tua destra, Signore, annienta il nemico.

7 Con sublime grandezza abbatti i tuoi avversari, *
scateni il tuo furore che li divora come paglia.

8 Al soffio della tua ira si accumularono le acque, †
si alzarono le onde come un argine, *
si rappresero gli abissi in fondo al mare.

9 Il nemico aveva detto: *
Inseguirò, raggiungerò, spartirò il bottino,
se ne sazierà la mia brama, *
sfodererò la spada, li conquisterà la mia mano!

10 Soffiasti con il tuo alito: li coprì il mare, *
sprofondarono come piombo in acque profonde.

11 Chi è come te fra gli dèi, *
chi è come te, maestoso in santità, Signore?
Chi è come te tremendo nelle imprese, *
operatore di prodigi?

12 Stendesti la destra: *
li inghiottì la terra.
13 Guidasti con il tuo favore
questo popolo che hai riscattato, *
lo conducesti con forza alla tua santa dimora.

14 Hanno udito i popoli e tremano; *
dolore incolse gli abitanti della Filistea.
15 Già si spaventano i capi di Edom, †
i potenti di Moab li prende il timore; *
tremano tutti gli abitanti di Canaan.

16 Piombano sopra di loro la paura e il terrore; *
per la potenza del tuo braccio
restano immobili come pietra,
finché sia passato il tuo popolo, Signore, *
finché sia passato questo tuo popolo
che ti sei acquistato.

17 Lo fai entrare *
e lo pianti sul monte della tua promessa,
luogo che per tua sede, Signore, hai preparato, *
santuario che le tue mani, Signore, hanno fondato.

18 Il Signore regna *
in eterno e per sempre!

Dopo la lunga schiavitù in Egitto, ormai in cammino verso la terra promessa, gli Ebrei erano stati raggiunti dall'esercito del faraone, e nulla li avrebbe sottratti all'annientamento, se il Signore non fosse intervenuto con la sua mano potente. Dio comanda al mare di aprire un varco per il popolo aggredito e di richiudersi al passaggio degli aggressori: "Soffiasti con il tuo alito: li coprì il mare, sprofondarono come piombo in acque profonde" (Es 15,10). Sono immagini forti, che vogliono dare la misura della grandezza di Dio, mentre esprimono lo stupore di un popolo che quasi non crede ai suoi occhi, e si scioglie a una sola voce in un canto commosso: "Mia forza e mio canto è il Signore, egli mi ha salvato. È il mio Dio e lo voglio lodare, è il Dio di mio padre e lo voglio esaltare!" (Es 15,2). Il Cantico non parla soltanto della liberazione ottenuta; ne indica anche lo scopo positivo, il quale non è altro che l'ingresso nella dimora di Dio per vivere nella comunione con lui: "Guidasti con il tuo favore questo popolo che hai riscattato, lo conducesti con forza alla tua santa dimora" (Es 15,13). Così compreso, questo evento non solo fu alla base dell'alleanza tra Dio e il suo popolo, ma divenne come il "simbolo" di tutta la storia della salvezza. Tante altre volte Israele sperimenterà situazioni analoghe, e l'Esodo si riattualizzerà puntualmente. In modo speciale quell'evento prefigura la grande liberazione che Cristo realizzerà con la sua morte e risurrezione. Per questo il nostro inno risuona a titolo speciale nella liturgia della Veglia pasquale, per illustrare con l'intensità delle sue immagini ciò che si è compiuto in Cristo. In lui siamo stati salvati non da un oppressore umano, ma da quella schiavitù di satana e del peccato, che fin dalle origini pesa sul destino dell'umanità. Con lui l'umanità si rimette in cammino, sul sentiero che riconduce alla casa del Padre.

Giovanni Paolo II

AT 2

Deuteronomio 32, 1-12

I benefici di Dio in favore del popolo

1 Ascoltate, o cieli; io voglio parlare: *
oda la terra le parole della mia bocca!

2 Stilli come pioggia la mia dottrina, *
scenda come rugiada il mio dire;
come scroscio sull'erba del prato, *
come spruzzo sugli steli di grano.

3 Voglio proclamare il nome del Signore: *
date gloria al nostro Dio!

4 Egli è la Roccia; perfetta è l'opera sua; *
tutte le sue vie sono giustizia;
è un Dio verace e senza malizia; *
Egli è giusto e retto.

5 Peccarono contro di lui i figli degeneri, *
generazione tortuosa e perversa.

6 Così ripaghi il Signore. *
o popolo stolto e insipiente?
Non è lui il padre che ti ha creato, *
che ti ha fatto e ti ha costituito?

7 Ricorda i giorni del tempo antico, *
medita gli anni lontani.
Interroga tuo padre e te lo farà sapere, *
i tuoi vecchi e te lo diranno.

8 Quando l'Altissimo divideva i popoli, *
quando disperdeva i figli dell'uomo,

egli stabilì i confini delle genti *
secondo il numero degli Israeliti.

9 Porzione del Signore è il suo popolo, *
sua eredità è Giacobbe.

10 Egli lo trovò in terra deserta, *
in una landa di ululati solitari.
Lo educò, ne ebbe cura, *
lo custodì come pupilla del suo occhio.

11 Come un'aquila che veglia la sua nidiata, *
che vola sopra i suoi nati,
egli spiegò le ali e lo prese, *
lo sollevò sulle sue ali.

12 Il Signore lo guidò da solo, *
non c'era con lui alcun dio straniero.

"Mosè pronunziò innanzi tutta l'assemblea d'Israele le parole di questo canto" (Dt 31, 30) per rimproverare il popolo dell'ingratitudine dimostrata a Dio nonostante tutte le grazie che egli aveva dispensato ad esso: "Così ripaghi il Signore, o popolo stolto e insipiente?". Il peccato, infatti, è ciò che spezza l'Alleanza con Dio e la mancanza di riconoscenza è ciò che ci raffredda nei suoi confronti, ma il presente cantico dipinge in modo mirabile l'immagine di Dio nella sua tenerezza paterna: "Il Signore educò Giacobbe, ne ebbe cura, lo custodì come pupilla del suo occhio...". Gesù Figlio ci insegna l'affetto che dobbiamo ad un Padre così misericordioso che, nonostante le nostre infedeltà, dice ai servi "Presto, portate qui il vestito più bello e rivestitelo, mettetegli l'anello al dito e i calzari ai piedi. Portate il vitello grasso, ammazzatelo, mangiamo e facciamo festa, perché questo mio figlio era morto ed è tornato in vita, era perduto ed è stato ritrovato" (Lc 15, 22-24). Con fiducia quindi, ad imitazione di Gesù, invochiamo questo tenerissimo Padre dicendogli: "Padre nostro!".

AT 3

1 Samuele 2, 1-10

La gioia e la speranza degli umili è in Dio

1 Il mio cuore esulta nel Signore, *
la mia fronte s'innalza, grazie al mio Dio.
Si apre la mia bocca contro i miei nemici, *
perché io godo del beneficio che mi hai concesso.

2 Non c'è santo come il Signore, *
non c'è rocca come il nostro Dio.

3 Non moltiplicate i discorsi superbi, †
dalla vostra bocca non esca arroganza; *
perché il Signore è il Dio che sa tutto
e le sue opere sono rette.

4 L'arco dei forti s'è spezzato, *
ma i deboli sono rivestiti di vigore.

I sazi sono andati a giornata per un pane, *
mentre gli affamati han cessato di faticare.
5 La sterile ha partorito sette volte *
e la ricca di figli è sfiorita.

6 Il Signore fa morire e fa vivere, *
scendere agli inferi e risalire.
7 Il Signore rende povero e arricchisce, *
abbassa ed esalta.

8 Solleva dalla polvere il misero, *
innalza il povero dalle immondizie,
per farli sedere con i capi del popolo, *
e assegnare loro un seggio di gloria.

8 Perché al Signore appartengono i cardini della terra *
e su di essi fa poggiare il mondo.

9 Sui passi dei giusti egli veglia, †
ma gli empi svaniscono nelle tenebre. *
Certo non prevarrà l'uomo malgrado la sua forza.

10 Dal Signore saranno abbattuti i suoi avversari! *
L'Altissimo tuonerà dal cielo.

Il Signore giudicherà gli estremi confini della terra; †
al suo re darà la forza *
ed eleverà la potenza del suo Messia.

È il cantico di Anna, madre di Samuele che loda e benedice Dio per il dono della maternità. Maria nel Magnificat riprende gran parte di questo cantico insegnandoci, peraltro, a pregare il Signore mediante le stesse parole della Scrittura. In esso vediamo proprio come il Signore che fa morire e fa vivere, scendere agli inferi e risalire, che rende povero e arricchisce, abbassa ed esalta, non guarda ciò che guarda l'uomo. L'uomo, infatti, "guarda l'apparenza, il Signore guarda il cuore" (1 Sam 16, 7); per questo "le sue opere sono rette". Egli, infatti, sconvolge i nostri sistemi per elevare ciò che è disprezzato e considerato un nulla. Pensiamo a Gesù: disprezzato e reietto dagli uomini, ma assiso alla destra della maestà di Dio: "Al suo re darà la forza ed eleverà la potenza del suo Messia". È incredibile ma è così, perché: "Chi si esalta sarà umiliato e chi si umilia sarà esaltato" (Lc 14, 11). Gesù stesso dice di sé: "Io sto in mezzo a voi come colui che serve" (Lc 22, 27). Ed ancora vogliamo adorare il Messia nell'umiltà della sua incarnazione.

AT 4

1 Cronache 29, 10-13

Solo a Dio l'onore e la gloria

10 Sii benedetto,
Signore Dio d'Israele, nostro Padre, *
ora e sempre.

11 Tua, Signore, è la grandezza, la potenza, †
la gloria, la maestà e lo splendore, *
perché tutto, nei cieli e sulla terra, è tuo.

Tuo è il regno, Signore; *
tu ti innalzi sovrano su ogni cosa.
12 Da te provengono ricchezza e gloria; *
tu domini tutto;

nella tua mano c'è forza e potenza; *
dalla tua mano ogni grandezza e potere.
13 O, nostro Dio, ti ringraziamo *
e lodiamo il tuo nome glorioso.

La grande tentazione che sta sempre in agguato, quando si realizzano opere per il Signore, è quella di mettere al centro se stessi, quasi sentendosi creditori di Dio. Davide invece attribuisce tutto al Signore. Non è l'uomo, con la sua intelligenza e la sua forza, l'artefice primo di quanto si è realizzato, ma Dio stesso. Davide esprime così la profonda verità che tutto è grazia. In certo senso, quanto è stato messo a disposizione per il tempio, non è che la restituzione, oltretutto estremamente esigua, di quanto Israele ha ricevuto nell'inestimabile dono dell'alleanza stipulata da Dio con i Padri. Nella stessa linea Davide dà merito al Signore di tutto ciò che ha costituito la sua fortuna, sia in campo militare che politico ed economico. Tutto viene da lui!

Giovanni Paolo II

AT 5

TOBIA 13, 2-10a (Vg 13, 1-10)

DIO CASTIGA E SALVA

2 Benedetto Dio che vive in eterno; *
il suo regno dura per tutti i secoli;

egli castiga e usa misericordia, *
fa scendere negli abissi della terra,
fa risalire dalla grande Perdizione *
e nulla sfugge alla sua mano.

3 Lodatelo, figli di Israele, davanti alle genti: †
egli vi ha disperso in mezzo ad esse *
per proclamare la sua grandezza.

Esaltatelo davanti ad ogni vivente, †
è lui il Signore, il nostro Dio, *
lui il nostro Padre, il Dio per tutti i secoli.

5 Vi castiga per le vostre ingiustizie, *
ma userà misericordia a tutti voi.
Vi raduna da tutte le genti, *
in mezzo alle quali siete stati dispersi.

6 Convertitevi a lui con tutto il cuore
e con tutta l'anima, *
per fare la giustizia davanti a lui;

e allora egli si convertirà a voi *
e non vi nasconderà il suo volto.

7 Ora contemplate ciò che ha operato con voi *
e ringraziatelo con tutta la voce;
benedite il Signore della giustizia *

ed esaltate il re dei secoli.

8 Io gli do lode nel paese del mio esilio *
e manifesto la sua forza e grandezza
a un popolo di peccatori.

Convertitevi, o peccatori, *
e operate la giustizia davanti a lui;
chi sa che non torni ad amarvi *
e vi usi misericordia?

9 Io esalto il mio Dio e celebro il re del cielo *
ed esulto per la sua grandezza.
10 Tutti ne parlino *
e diano lode a lui in Gerusalemme.

Per comprendere pienamente il senso di questo inno, occorre tenere presenti le pagine narrative che lo precedono. La storia è ambientata tra gli israeliti esiliati a Ninive. Ad essi guarda l'autore sacro, che scrive molti secoli dopo, per additarli ai fratelli e sorelle di fede dispersi tra un popolo straniero e tentati di abbandonare le tradizioni dei Padri. Il ritratto di Tobi e della sua famiglia è offerto così come un programma di vita. Egli è l'uomo che, nonostante tutto, rimane fedele alle norme della legge, e in particolare alla pratica dell'elemosina. Su di lui si abbatte la sventura con il sopraggiungere della povertà e della cecità, ma non viene meno la sua fede. E la risposta di Dio non tarda a venire, attraverso l'angelo Raffaele, che guida il giovane Tobia in un rischioso viaggio, avviandolo a un matrimonio felice e, infine, guarendo il padre Tobi dalla cecità. Il messaggio è chiaro: chi fa il bene, soprattutto aprendo il cuore alle necessità del prossimo, è gradito al Signore, e anche se viene provato, sperimenterà alla fine la sua benevolenza.

Giovanni Paolo II

AT 6

Tobia 13, 10b-13. 15. 16c-17a. 17c-18 (Vg 13, 11-15. 17-19. 21-23)

La gloria futura di Gerusalemme e degli eletti

10 Gerusalemme, città santa, †
il Signore ti ha castigata per le opere dei tuoi figli, *
e avrà ancora pietà per i figli dei giusti.

11 Da' lode degnamente al Signore *
e benedici il re dei secoli;

egli ricostruirà in te il suo tempio con gioia, *
12 per allietare in te tutti i deportati,
per far contenti in te tutti gli sventurati, *
per tutte le generazioni dei secoli.

13 Come luce splendida brillerai
sino ai confini della terra; *
nazioni numerose verranno a te da lontano;

gli abitanti di tutti i confini della terra †
verranno verso la dimora del tuo santo nome, *
portando in mano i doni per il re del cielo.

14 Generazioni e generazioni
esprimeranno in te l'esultanza *
e il nome della città eletta durerà nei secoli.

15 Sorgi ed esulta per i figli dei giusti: †
tutti presso di te si raduneranno *
e benediranno il Signore dei secoli.

Beati coloro che ti amano, *
beati coloro che gioiscono per la tua pace.

16c Anima mia,
benedici il Signore, il gran sovrano: †
17a Gerusalemme sarà ricostruita *
come città della sua residenza per sempre.

17c Le porte di Gerusalemme saranno ricostruite
di zaffiro e di smeraldo *
e tutte le sue mura di pietre preziose.

Le torri di Gerusalemme
si costruiranno con l'oro *
e i loro baluardi con oro finissimo.

Le strade di Gerusalemme saranno lastricate *
con turchese e pietra di Ofir.

18 Le porte di Gerusalemme
risuoneranno di canti di esultanza, *
e in tutte le sue case canteranno: Alleluia.

Benedetto il Dio d'Israele †
e benedetti coloro
che benedicono il suo santo nome *
per sempre e nei secoli!

Il seguente cantico, tratto dal libro di Tobia, ci presenta la gloria futura di Gerusalemme e degli eletti che si manifesterà alla fine dei tempi secondo le parole dell'Apocalisse: "Vidi poi un nuovo cielo e una nuova terra. Vidi anche la città santa, la nuova Gerusalemme, scendere dal cielo, da Dio, pronta come una sposa adorna per il suo sposo. Udii allora una voce potente che usciva dal trono: "Ecco la dimora di Dio con gli uomini! Egli dimorerà tra di loro ed essi saranno suo popolo ed Egli sarà il Dio con loro" (Ap 21, 1-3). Infatti, esclama Tobia: "Egli ricostruirà in te il suo tempo con gioia, per allietare in te tutti gli sventurati, per tutte le generazioni dei secoli". Gesù è il tempio che ci introduce nella Gerusalemme di lassù poiché, nel suo corpo crocifisso e risorto, ci riconcilia con il Padre.

AT 7

GIUDITTA 16, 1-2a. 13-15 (Vg 16, 2-3. 15-19)

SEI GRANDE SIGNORE!

1 Lodate il mio Dio con i timpani, *
cantate al Signore con cembali,
elevate a lui l'accordo del salmo e della lode; *
esaltate e invocate il suo nome.

2 Poiché il Signore è il Dio *
che stronca le guerre.

13 Innalzerò al mio Dio un canto nuovo: †
Signore, grande sei tu e glorioso, *
mirabile nella tua potenza e invincibile.

14 Ti sia sottomessa ogni tua creatura: *
perché tu dicesti e tutte le cose furon fatte;
mandasti il tuo spirito e furono costruite *
e nessuno può resistere alla tua voce.

15 I monti sulle loro basi *
insieme con le acque sussulteranno,
davanti a te le rocce si struggeranno come cera; *
ma a coloro che hanno il tuo timore
tu sarai sempre propizio.

Occorre fidarsi di Dio! Il vero nemico che Israele deve temere, non sono i potenti di questa terra, ma l'infedeltà al Signore. È questa che lo priva della protezione di Dio e lo rende vulnerabile. Quando è fedele, invece, il popolo può contare sulla forza stessa di Dio,

"mirabile nella potenza e invincibile" (v. 13).
La situazione descritta nelle parole di Giuditta è simile ad altre vissute da Israele, in cui la salvezza era arrivata quando sembrava non esserci più via di scampo. Non era stata così anche la salvezza dell'Esodo, nel transito prodigioso attraverso il Mar Rosso? Anche ora l'assedio da parte di un esercito numeroso e potente toglie ogni speranza. Ma tutto ciò non fa che evidenziare la potenza di Dio, che si manifesta protettore invincibile del suo popolo. L'opera di Dio emerge tanto più luminosa, in quanto egli non ricorre ad un guerriero o ad un esercito, ma si serve di nuovo di una donna inerme per venire in aiuto al popolo in difficoltà. Forte della sua fede, Giuditta si avventura nell'accampamento nemico, ammalia con la sua bellezza il condottiero e lo sopprime in modo umiliante. Il Cantico sottolinea fortemente questo dato: "Il Signore onnipotente li ha resi innocui per mano di una donna! Poiché non cadde il loro capo contro giovani forti, né figli di titani lo percossero, né alti giganti l'oppressero, ma Giuditta, figlia di Merari, lo fiaccò con la bellezza del suo volto" (Gdt 16, 5-6).

Giovanni Paolo II

AT 8

PROVERBI 9, 1-6. 10-12

IL CONVITO DELLA SAPIENZA

1 La Sapienza si è costruita la casa, *
ha intagliato le sue sette colonne.
2 Ha ucciso gli animali, ha preparato il vino *
e ha imbandito la tavola.

3 Ha mandato le sue ancelle a proclamare †
sui punti più alti dell'abitato: *
4 "Accorra qui chi è inesperto!".

A chi è privo di senno essa dice: †
5 "Venite, mangiate il mio pane, *
bevete il vino che io ho preparato.

6 Abbandonate la stoltezza e vivrete, *
andate diritti per la via dell'intelligenza".

10 Fondamento della sapienza è il timore di Dio, *
la scienza del Santo è intelligenza.

11 Per mezzo mio si moltiplicano i tuoi giorni, *
ti saranno aggiunti anni di vita.
12 Se sei sapiente, lo sei a tuo vantaggio, *
se sei beffardo, tu solo ne porterai la pena.

"Ascoltate, popoli, la parola del Signore, annunziatela alle isole più lontane" (Ger 31,10). Quale notizia sta per essere data con queste solenni parole di Geremia, che abbiamo ascoltato nel Cantico? Si tratta di una notizia consolante, e non a caso i capitoli che la contengono (cfr 30-31), sono qualificati come "Libro della consolazione". L'annuncio riguarda direttamente l'antico

Israele, ma fa già in qualche modo intravedere il messaggio evangelico. L'invito alla gioia è sviluppato con immagini che coinvolgono profondamente. È un oracolo che fa sognare! Delinea un futuro in cui gli esiliati "verranno e canteranno", e ritroveranno non soltanto il tempio del Signore, ma anche tutti i beni: il grano, il mosto, l'olio, i nati dei greggi e degli armenti. La Bibbia non conosce un astratto spiritualismo. La gioia promessa non riguarda soltanto l'intimo dell'uomo, giacché il Signore si prende cura della vita umana in tutte le sue dimensioni. Gesù stesso non mancherà di sottolineare questo aspetto, invitando i suoi discepoli a fidarsi della Provvidenza anche per le necessità materiali (cfr Mt 6,25-34). Il nostro Cantico insiste su questa prospettiva: Dio vuole rendere felice l'uomo intero. La condizione che egli prepara per i suoi figli è espressa dal simbolo del "giardino irrigato" (Ger 31,12), immagine di freschezza e fecondità. Il lutto si converte in festa, si è saziati di delizie (cfr v. 14) e colmati di beni, tanto che viene spontaneo danzare e cantare. Sarà una gioia incontenibile, una letizia di popolo.

Giovanni Paolo II

AT 9

SAPIENZA 3, 1-6

NELLE MANI DI DIO

1 Le anime dei giusti sono nelle mani di Dio, *
non le toccherà nessun tormento.
2 Agli occhi degli stolti parve che morissero; *
la loro fine fu ritenuta una sciagura,

3 la loro dipartita da noi una rovina, *
ma essi sono nella pace.
4 Anche se agli occhi degli uomini subiscono castighi, *
piena di immortalità è la loro speranza.

5 In cambio di una breve pena *
riceveranno grandi benefici,
perché Dio li ha provati *
e di sé li ha trovati degni;

6 li ha saggiati come oro nel crogiuolo *
e li ha graditi come un olocausto.

È il cantico della speranza nella vita eterna, speranza e assicurazione di quel posto che il Signore è andato a preparare per noi precedendoci e indicandoci la strada: "Cristo patì per voi, lasciandovi un esempio, perché ne seguiate le orme" (1 Pt 2, 21). Egli, infatti, per primo fu annoverato tra quelli che scendono nella fossa ma, per il potere che ha di sottomettere a sé ogni cosa, ha sconfitto la morte, divenendo la primizia dei Risorti. Per aver offerto spontaneamente il suo corpo al Padre secondo la sua stessa Parola: "Io offro la mia vita, per poi riprenderla di nuovo. Nessuno me la toglie, ma la offro da me stesso" (Gv 11, 17-18), egli è divenuto la vittima di olocausto perché anche noi potessimo ricevere la vita in lui. Diciamo, dunque, con san Francesco: "È tanto il bene che mi aspetto, che ogni pena mi è diletto" e non permettiamo che niente e nessuno ci scoraggi nel nostro cammino verso la casa del Padre dove tutto sarà pace e gioia nello Spirito.

AT 10

SAPIENZA 3, 7-9

LA FUTURA GLORIA DEI SANTI

7 I giusti nel giorno del loro giudizio risplenderanno; *
correranno qua e là, come scintille nella stoppia.

8 Governeranno le nazioni, avranno potere sui popoli *
e il Signore regnerà per sempre su di loro.

9 Comprenderanno la verità quanti confidano in lui; *
coloro che gli sono fedeli
vivranno presso di lui nell'amore,

perché grazia e misericordia *
sono riservate ai suoi eletti.

Riferiamo questo cantico al testo dell'Apocalisse 7, 9-10. 13-15. "Apparve una moltitudine immensa, che nessuno poteva contare, di ogni nazione, razza, popolo e lingua. Tutti stavano in piedi davanti al trono e davanti all'Agnello, avvolti in vesti candide, e portavano palme nelle mani. E gridavano a gran voce: 'La salvezza appartiene al nostro Dio seduto sul trono e all'Agnello'. Uno dei vegliardi si rivolse a me e disse: 'Quelli che sono vestiti di bianco chi sono e donde vengono?' Gli risposi: 'Signore mio, tu lo sai'. E lui: 'Essi sono coloro che sono passati attraverso la grande tribolazione e hanno lavato le loro vesti rendendole candide col sangue dell'Agnello. Per questo stanno davanti al trono di Dio e gli prestano servizio giorno e notte nel suo santuario; e colui che siede sul trono stenderà la sua tenda sopra di loro' ". Questa è la sorte dei giusti che "splenderanno come il sole nel regno del Padre loro" (Mt 13, 43).

AT 11

SAPIENZA 9, 1-6. 9-11

FA CHE IO SAPPIA CHE COSA TI È GRADITO

1 Dio dei padri e Signore di misericordia, *
che tutto hai creato con la tua parola,
2 che con la tua sapienza hai formato l'uomo, *
perché domini sulle creature che tu hai fatto,

3 e governi il mondo con santità e giustizia *
e pronunzi giudizi con animo retto,
4 dammi la sapienza, che siede accanto a te in trono *
e non mi escludere dal numero dei tuoi figli,

5 perché io sono tuo servo e figlio della tua ancella, †
uomo debole e di vita breve, *
incapace di comprendere la giustizia e le leggi.

6 Anche il più perfetto tra gli uomini, †
privo della tua sapienza, *
sarebbe stimato un nulla.

9 Con te è la sapienza che conosce le tue opere, *
che era presente quando creavi il mondo;
essa conosce che cosa è gradito ai tuoi occhi *
e ciò che è conforme ai tuoi decreti.

10 Mandala dai cieli santi, *
dal tuo trono glorioso, perché mi assista
e mi affianchi nella mia fatica *
e io sappia che cosa ti è gradito.

11 Essa tutto conosce e tutto comprende: †
mi guiderà con prudenza nelle mie azioni *
e mi proteggerà con la sua gloria.

Il presente cantico è un inno alla sapienza quale fonte di tutte le altre virtù, nonché un'accorata preghiera a Dio al fine di chiedere questo dono. Chi loda la sapienza, loda Dio, Sapienza Incarnata, loda lo Spirito di Sapienza in atto nella Chiesa. Essa, infatti, è un'emanazione della potenza di Dio, un'emanazione genuina della gloria dell'Onnipotente. È un riflesso di luce perenne, uno specchio senza macchia dell'attività di Dio e un'immagine della sua bontà" (Sap 7, 25. 26). Ma ci rendiamo conto di come in realtà queste parole siano riferite alla persona di Gesù secondo la lettera agli Ebrei: "Questo Figlio è irradiazione della gloria del Padre e impronta della sua sostanza e sostiene tutto con la potenza della sua parola" (Eb 1, 3).

SAPIENZA 10, 17-21

IL SIGNORE GUIDA IL SUO POPOLO ALLA SALVEZZA

17 Il Signore diede ai santi
la ricompensa delle loro pene, *
li guidò per una strada meravigliosa,

divenne per loro riparo di giorno *
e luce di stelle nella notte.

18 Fece loro attraversare il mare Rosso, *
guidandoli attraverso molte acque;
19 sommerse invece i loro nemici *
e li rigettò dal fondo dell'abisso.

20 Per questo i giusti depredarono gli empi †
e celebrarono, Signore, il tuo nome santo *
e lodarono concordi la tua mano protettrice,

21 perché la sapienza
aveva aperto la bocca dei muti *
e aveva sciolto la lingua degli infanti.

Il Signore veglia sul cammino dei giusti e segue con amore ogni loro passo. Il testo (1Pt 1,6-9) ben spiega il contenuto di questo cantico: "Fratelli, siete ricolmi di gioia, anche se ora, per un po' di tempo dovete essere afflitti da varie prove. Come l'oro, che, pur destinato a perire, tuttavia si prova col fuoco, così il valore della vostra fede, che è molto più preziosa dell'oro, torni a vostra lode, gloria e cuore nella manifestazione di Gesù Cristo. Perciò esultate di gioia, indicibile e gloriosa, mentre conseguite la mèta della vostra fede, cioè la salvezza delle anime". In Cristo, Roccia eterna che sostiene il nostro vigore, ogni speranza si nutre di immortalità.

AT 13

SAPIENZA 16, 20-21. 26; 17. 1a

IL PANE DEL POPOLO DI DIO

20 Hai sfamato il tuo popolo, Signore,
col cibo degli angeli, *
gli hai offerto un pane dal cielo,
pieno di ogni delizia, gradito a ogni gusto *
già pronto senza alcuna fatica.

21 L'alimento manifestava la dolcezza *
che sentivi verso i tuoi figli;
si adattava al gusto di chi ne mangiava *
si trasformava in ciò che ognuno desiderava,

26 perché i tuoi figli che ami capissero: *
non nutrono l'uomo le diverse specie di frutti,
la tua parola conserva chi in te crede. †

I tuoi giudizi sono grandi, *
difficili da spiegare.

Tutti sappiamo come Dio abbia sfamato il suo popolo nel deserto provvedendo loro il nutrimento necessario che avrebbe sostenuto il vigore di ciascuno per tutto il tempo della loro lunga pellegrinazione. Il cantico che ci viene presentato loda proprio Dio per la sua Provvidenza, ma noi abbiamo un duplice motivo di esultanza e di ringraziamento dal momento che non solo riceviamo il pane quotidiano, ma anche il Pane della Vita: Gesù Cristo che si dona gratuitamente a ciascuno di noi in ogni sacrificio eucaristico. Infatti, dice Gesù: "Il Padre mio vi dà il pane dal cielo, quello vero; il pane di Dio è Colui che discende dal cielo e dà la vita al mondo. Io sono il pane della vita. I vostri padri hanno mangiato la manna nel deserto e sono morti; questo è il pane che discende dal cielo, perché chi ne mangia non muoia" (Gv 6, 32-33, 48-50). Beati noi, invitati al banchetto dell'Agnello, alla Mensa della Parola e dell'Eucaristia dal momento che: "Non di solo pane vivrà l'uomo, ma di ogni parola che esce dalla bocca di Dio" (Mt 4, 4) secondo quanto detto in questo cantico: "Non nutrono l'uomo le diverse specie di frutti, la tua parola conserva chi in te crede".

AT 14

SIRACIDE 14, 20-21; 15, 3-5a. 6b (Vg 14, 22; 15, 3. 4. 6b)

FELICITÀ DEL SAGGIO

20 Beato l'uomo che medita sulla sapienza *
e ragiona con l'intelligenza,
21 considera nel cuore le sue vie: *
ne penetra con la mente i segreti.

3 Lo nutrirà con il pane dell'intelligenza, *
lo disseterà con l'acqua della sapienza.
4 Egli si appoggerà su di lei senza vacillare, *
si affiderà a lei e non resterà confuso.

5a Essa l'innalzerà sopra i suoi compagni *
6b e otterrà fama perenne.

È un cantico inerente la felicità del saggio che scruta continuamente le sue vie e le indirizza sul sentiero dei comandamenti di Dio. Pensiamo a Gesù che fin dalla più tenera età "cresceva in sapienza e grazia davanti a Dio e agli uomini" secondo quanto riferisce l'evangelista Luca (Lc 2, 52). "Parliamo, infatti, di una sapienza divina, misteriosa, che è rimasta nascosta, e che Dio ha preordinato prima dei secoli. Sta scritto infatti: Quelle cose che occhio non vide, né orecchio udì, né mai entrarono il cuore di uomo, queste ha preparato Dio per coloro che lo amano. Ma a noi Dio le ha rivelate per mezzo dello Spirito. Ora, noi non abbiamo ricevuto lo spirito del mondo, ma lo Spirito di Dio per conoscere tutto ciò che Dio ci ha donato" (1 Cor 2, 7, 9, 10, 12). L'uomo che cerca la sapienza la troverà se la cercherà in Cristo, Sapienza di Dio, ed allora sarà nutrito dallo Spirito Santo che scruta ogni cosa, anche la profondità di Dio (cfr. 1 Cor 2, 10).

AT 15

SIRACIDE 31, 8-11

BEATI I POVERI IN SPIRITO

8 Beato il ricco, che è trovato senza macchia, *
che non corre dietro all'oro.

9 Chi è costui? lo proclameremo beato, *
perché ha compiuto meraviglie
in mezzo al suo popolo.

10 Chi ha subito la prova, risultando perfetto? *
Sarà un titolo di gloria per lui.
Chi, potendo trasgredire non ha trasgredito, *
e potendo compiere il male, non lo ha fatto?

11 Si consolideranno i suoi beni *
e l'assemblea celebrerà le sue beneficenze.

Il testo presentatoci in questo cantico proclama la beatitudine dell'uomo prospero che vive secondo la legge del Signore e nel timore della sua Parola, sforzandosi di accumulare tesori soprattutto per il cielo secondo quanto detto da Gesù: "Fatevi un tesoro inesauribile nei cieli, dove i ladri non arrivano e la tignola non consuma. Perché dove è il vostro tesoro, là sarà anche il vostro cuore" (Lc 12, 33-34). Beato, dunque, chi amministra i suoi beni con giustizia dando a Cesare quello che è di Cesare e a Dio ciò che è di Dio (cfr. Mc 12, 17). Possiamo pensare anche alla prima comunità cristiana dove "chi aveva proprietà e sostanze le vendeva e ne faceva parte a tutti, secondo il bisogno di ciascuno" (At. 2, 45). E ricordiamo ancora le parole di Gesù: "Cercate prima il regno di Dio e la sua giustizia, e tutte queste cose vi saranno date in aggiunta" (Mt 6, 33). Sia Cristo il Sommo Bene verso il quale noi tutti vogliamo tendere e che tutti vogliamo possedere!

AT 16

SIRACIDE 36, 1-5. 10-13 (Vg 36, 1-7. 13-16)

TUTTI VEDANO E TI RICONOSCANO

1 Abbi pietà di noi,
Signore Dio dell'universo e guarda, *
infondi il tuo timore su tutte le nazioni.

2 Alza la tua mano sulle nazioni straniere, *
perché vedano la tua potenza.

3 Come ai loro occhi ti sei mostrato santo
in mezzo a noi, *
così ai nostri occhi mostrati grande fra di loro.

4 Ti riconoscano, come noi abbiamo riconosciuto *
che non c'è un Dio fuori di te, Signore.
5 Rinnova i segni e compi altri prodigi, *
glorifica la tua mano e il tuo braccio destro.

10 Raduna tutte le tribù di Giacobbe, *
rendi loro il possesso come era al principio.

11 Abbi pietà, Signore,
del popolo chiamato con il tuo nome, *
di Israele che hai trattato come un primogenito.

12 Abbi pietà della città tua santa, *
di Gerusalemme tua dimora.
13 Riempi Sion del tuo splendore, *
il tuo popolo della tua gloria.

Il Dio della Bibbia non è indifferente nei confronti del male. E anche se le sue vie non sono le nostre vie, i suoi tempi e progetti sono diversi dai nostri (cfr Is 55, 8-9), tuttavia egli si schiera dalla parte delle vittime e si presenta come giudice severo dei violenti, degli oppressori, dei trionfatori che non conoscono pietà. Ma questo suo intervento non tende alla distruzione. Mostrando la sua potenza e la sua fedeltà nell'amore, egli può generare anche nella coscienza del malvagio un fremito che lo porti a conversione. "Ti riconoscano, come noi abbiamo riconosciuto che non c'è un Dio fuori di te, Signore" (v. 4). Nella Bibbia il lamento dei sofferenti non si esaurisce mai nella disperazione, ma è sempre aperto alla speranza. Alla base c'è la certezza che il Signore non abbandona i suoi figli, non lascia cadere dalle sue mani coloro che egli ha plasmato. La selezione fatta dalla Liturgia ha tralasciato un'espressione felice nella nostra preghiera. Essa chiede a Dio di rendere "testimonianza alle creature che sono tue fin dal principio" (v. 14). Fin dall'eternità Dio ha un progetto di amore e di salvezza destinato a tutte le creature, chiamate a divenire suo popolo. È un disegno che san Paolo riconoscerà "rivelato ai suoi santi apostoli e profeti per mezzo dello Spirito:... disegno eterno che Dio ha attuato in Cristo Gesù nostro Signore" (Ef 3, 5-11).

Giovanni Paolo II

AT 17

SIRACIDE 36, 11-17 (Vg 36, 14-19)

LA PREGHIERA DELLA SPERANZA

11 Abbi pietà, Signore,
del popolo chiamato con il tuo nome, *
di Israele che hai trattato come un primogenito.

12 Abbi pietà della città tua santa, *
di Gerusalemme tua dimora.
13 Riempi Sion del tuo splendore, *
il tuo popolo della tua gloria.

14 Rendi testimonianza alle creature
che sono tue fin dal principio, *
adempi le profezie fatte nel tuo nome.

15 Ricompensa coloro che in te sperano, *
i tuoi profeti siano degni di fede.
16 Ascolta, Signore, la preghiera dei tuoi servi, *
secondo la benedizione di Aronne sul tuo popolo.

17 Sappiano quanti abitano sulla terra *
che tu sei il Signore, il Dio dei secoli.

Questo cantico si pone sulla stessa scia del precedente (difatti i primi tre versetti sono identici). In più, però, troviamo una preghiera al Padre affinché renda la ricompensa ai suoi servi che in lui hanno operato. Riprendiamo ancora il testo della Lettera ai Romani: "Con il cuore si crede per ottenere la giustizia e con la bocca si fa la professione di fede per avere la salvezza. Dice infatti la Scrittura: Chiunque crede in lui non sarà deluso. Poiché non c'è distinzione fra Giudeo e Greco, dato che lui stesso è il Signore di tutti, ricco verso tutti quelli che l'invocano. Infatti: Chiunque invocherà il nome del Signore sarà salvato" (Rm 10, 10-13). Veramente la nostra speranza è piena di immortalità e non dobbiamo dubitare sull'efficacia della salvezza donataci per mezzo di Cristo Gesù, mediatore della nuova ed eterna alleanza.

AT 18

SIRACIDE 39, 13-16a (Vg 39, 17-21)

COME SONO GRANDI LE TUE OPERE, O SIGNORE!

13 Ascoltatemi, figli santi, *
crescete come una pianta di rose su un torrente.
14 Come incenso spandete un buon profumo, *
fate fiorire fiori come il giglio,

spandete profumo e intonate un canto di lode; *
benedite il Signore per tutte le opere sue.

15 Magnificate il suo nome; †
proclamate le sue lodi *
con i vostri canti e le vostre cetre;

così direte nella vostra lode: *
16 "Quanto sono magnifiche
tutte le opere del Signore!".

Il cristiano è colui che fa risplendere la sua luce dinanzi agli uomini, a motivo delle sue opere buone, (cfr. Mt 5, 16) in modo che tutta la sua vita torni a lode e gloria di Dio in Cristo Gesù per la potenza dello Spirito Santo. Il testo ci richiama al contenuto di (2Cor 2,14-15): "Siano rese grazie a Dio, il quale ci fa partecipare al suo trionfo in Cristo e diffonde, per mezzo nostro, il profumo della sua conoscenza nel mondo intero! Noi siamo, infatti, dinanzi a Dio il profumo di Cristo fra quelli che si salvano e fra quelli che si perdono". Ecco allora per noi l'invito: "Magnificate il suo nome!", invito che vogliamo accogliere ad imitazione di Maria, Madre della Chiesa, che si pone sul nostro cammino quale maestra di vita interiore. La lode di Dio, il riferire tutto a lui è il segreto dell'umiltà che Maria ci insegna nel Magnificat dicendo: "L'anima mia magnifica il Signore e il mio spirito esulta in Dio, mio salvatore" (Lc 1, 46-47).

AT 19

ISAIA 2, 2-5

TUTTE LE GENTI VERRANNO ALLA CASA DEL SIGNORE

2 Alla fine dei giorni, †
il monte del tempio del Signore *
sarà elevato sulla cima dei monti,

e sarà più alto dei colli; *
ad esso affluiranno tutte le genti.

3 Verranno molti popoli e diranno: †
"Venite, saliamo sul monte del Signore *
al tempio del Dio di Giacobbe,

perché ci indichi le sue vie *
e possiamo camminare per i suoi sentieri".
Poiché da Sion uscirà la legge *
e da Gerusalemme la parola del Signore.

4 Egli sarà giudice fra le genti *
e sarà arbitro fra molti popoli.
Forgeranno le loro spade in vomeri, *
le loro lance in falci;

un popolo non alzerà più la spada
contro un altro popolo, *
non si eserciteranno più nell'arte della guerra.

5 Casa di Giacobbe, vieni, *
camminiamo nella luce del Signore.

Il presente cantico descrive la gloria del tempio del Signore che si manifesterà alla fine dei tempi e verso il quale affluiranno tutte le anime benedette per lodare il nome del Signore. Gerusalemme sarà una magnifica corona nelle mani di Dio secondo le parole dell'Apocalisse: "L'angelo mi trasportò in spirito su di un monte grande e alto, e mi mostrò la città santa, Gerusalemme che scendeva dal cielo, da Dio, risplendente della gloria di Dio" (Ap 21, 10). Nel giorno in cui si compirà pienamente la venuta del Regno di Dio, ci sarà regno di giustizia e di pace. Cristo è la porta che ci introduce nella gratitudine eterna dove tutte le cose saranno nuove perché quelle di prima sono passate.

AT 20

Isaia 5, 1-7

La vigna del Signore

1 Canterò per il mio diletto *
il mio cantico d'amore per la sua vigna.

Il mio diletto possedeva una vigna *
sopra un fertile colle.
2 Egli l'aveva vangata e sgombrata dai sassi *
e vi aveva piantato scelte viti;

vi aveva costruito in mezzo una torre *
e scavato anche un tino.
Egli aspettò che producesse uva, *
ma essa fece uva selvatica.

3 Or dunque, abitanti di Gerusalemme
e uomini di Giuda, *
siate voi giudici fra me e la mia vigna.

4 Che cosa dovevo fare ancora alla mia vigna *
che io non abbia fatto?
Perché, mentre attendevo che producesse uva, *
essa ha fatto uva selvatica?

5 Ora voglio farvi conoscere
ciò che sto per fare alla mia vigna; †
toglierò la sua siepe e si trasformerà in pascolo; *
demolirò il suo muro di cinta e verrà calpestata.

6 La renderò un deserto, †
non sarà potata né vangata

e vi cresceranno rovi e pruni; *
alle nubi comanderò di non mandarvi la pioggia.

7 Ebbene, la vigna del Signore degli eserciti †
è la casa d'Israele; *
gli abitanti di Giuda
la sua piantagione preferita.

Egli si aspettava giustizia *
ed ecco spargimento di sangue,
attendeva rettitudine *
ed ecco grida di oppressi.

Il presente cantico descrive la vigna del Signore e tanto da vicino richiama la parabola raccontata da Gesù ai principi dei sacerdoti e agli anziani del popolo in Matteo (Mt 21, 33-34, 37-38, 40-41): "C'era un padrone che piantò una vigna e la circondò con una siepe, vi scavò un frantoio, vi costruì una torre, poi l'affidò a dei vignaioli e se ne andò. Quando fu il tempo dei frutti, mandò i suoi servi da quei vignaioli a ritirare il raccolto. Da ultimo mandò loro il proprio figlio. Ma quei vignaioli, presolo, lo cacciarono fuori della vigna e l'uccisero. Quando dunque verrà il padrone della vigna che farà a quei vignaioli? Gli rispondono: Farà morire miseramente quei malvagi e darà la vigna ad altri vignaioli che gli consegneranno i frutti a suo tempo". Ebbene il Figlio dell'uomo è stato proprio pietra che, scartata dai costruttori è divenuta testata d'angolo (cfr. At 4, 11); egli che di sé ha detto: "Io sono la vera vite... Ogni tralcio che in me non porta frutto, (il Padre mio) lo toglie e ogni tralcio che porta frutto, lo pota perché porti più frutto" (Gv 15, 1-2). Cresca, dunque, in noi la consapevolezza e l'umiltà che ci fa riconoscere che senza Gesù non possiamo far nulla (cfr. Gv 15, 5).

AT 21

ISAIA 9, 1-6 (Vg 9, 2-7)

UN BAMBINO È NATO È NATO PER NOI

1 Il popolo che camminava nelle tenebre *
vide una grande luce;
su coloro che abitavano in terra tenebrosa *
una luce rifulse.

2 Hai moltiplicato la gioia, *
hai aumentato la letizia.

Gioiscono davanti a te *
come si gioisce quando si miete
e come si gioisce *
quando si divide il bottino.

3 Poiché tu, come al tempo di Madian, *
hai spezzato il giogo che l'opprimeva,
la sbarra sulle sue spalle *
e il bastone dell'aguzzino.

4 Poiché ogni calzatura di soldato nella mischia †
e ogni mantello macchiato di sangue *
sarà bruciato, sarà esca del fuoco.

5 Poiché un bambino è nato per noi, *
ci è stato dato un figlio.

Sulle sue spalle è il segno del potere *
ed è chiamato: "Consigliere ammirabile,
Dio potente, Padre per sempre, *
Principe della pace";

6 grande sarà il suo dominio e la pace non avrà finc *
sul trono di Davide e sul regno,
che egli viene a consolidare e rafforzare *
con il diritto e la giustizia, ora e sempre;

questo farà lo zelo *
del Signore degli eserciti.

È un cantico profetico sull'avvento e la nascita del Messia, il Salvatore che è Cristo Signore. Gesù è venuto a portare a ciscuno la gioia della salvezza offertaci gratuitamente in virtù dell'Amore infinito del Padre per noi, suoi figli. Egli vuole che ognuno di noi, nella propria vita, sperimenti la gioia dei pastori che tornarono alle loro case lodando e glorificando Dio (cfr. Lc. 2, 20). Gesù ha ricevuto il trono di Davide suo padre ed è venuto a stabilire tra noi un regno che non avrà mai fine. A chi è smarrito nei sentieri del proprio cuore, a chi cerca e non ha ancora trovato, diciamo come gli angeli a Betlemme: "Questo per voi il segno: Troverete un bambino avvolto in fasce, che giace in una mangiatoia" (Lc 2, 12).

AT 22

ISAIA 12, 1-6

TI RINGRAZIO, SIGNORE

1 Ti ringrazio, Signore; †
tu eri con me adirato, *
ma la tua collera si è calmata e tu mi hai consolato.

2 Ecco, Dio è la mia salvezza; *
io confiderò, non avrò mai timore,
perché mia forza e mio canto è il Signore; *
egli è stato la mia salvezza.

3 Attingerete acqua con gioia *
alle sorgenti della salvezza.

4 In quel giorno direte: *
"Lodate il Signore, invocate il suo nome;
manifesta te tra i popoli le sue meraviglie, *
proclamate che il suo nome è sublime.

5 Cantate inni al Signore,
perché ha fatto opere grandi, *
ciò sia noto in tutta la terra.

6 Gridate giulivi ed esultate, abitanti di Sion, *
perché grande in mezzo a voi è il Santo di Israele".

È un cantico di ringraziamento e di esultanza in Dio Salvatore che ha fatto per noi opere grandi. "Questa è l'opera di Dio: credere in colui che egli ha mandato" (Gv 6, 29) ossia il Cristo suo Figlio dal cui costato fuoriuscirono Sangue ed Acqua, simboli della grazia sacramentale. Infatti, la grazia è l'acqua che il cantico ci invita ad attingere "con gioia alle sorgenti della salvezza" e queste parole vengono riecheggiate da Gesù: "Chi ha sete venga a me e beva chi crede in me" (Gv 7, 37). Accostiamoci, dunque, alla mensa dell'Eucaristia per essere nutriti da questa grazia, affinché Dio possa fare opere grandi in noi e attraverso di noi.

AT 23

ISAIA 26, 1-4. 7-9. 12

INNO DOPO LA VITTORIA

1 Abbiamo una città forte; *
egli ha eretto a nostra salvezza mura e baluardo.
2 Aprite le porte: *
entri il popolo giusto che si mantiene fedele.

3 Il suo animo è saldo; †
tu gli assicurerai la pace, *
pace perché in te ha fiducia.

4 Confidate nel Signore sempre, *
perché il Signore è una roccia eterna.

7 Il sentiero del giusto è diritto, *
il cammino del giusto tu rendi piano.

8 Sì, nella via dei tuoi giudizi, Signore,
in te noi speriamo; *
al tuo nome e al tuo ricordo
si volge tutto il nostro desiderio.

9 Di notte anela a te l'anima mia, *
al mattino ti cerca il mio spirito,
perché quando pronunzi tuoi giudizi sulla terra, *
giustizia imparano gli abitanti del mondo.

12 Signore, ci concederai la pace, *
poiché tu dai successo a tutte le nostre imprese.

È un cantico che inneggia a Dio, Roccia eterna, che si schiera a nostro favore come prode valoroso e "dà successo a tutte le nostre imprese". Per questo ci esorta l'apostolo: "Per il resto, attingete forza nel Signore e nel vigore della sua potenza" (Ef. 6, 10). Cristo è la pietra angolare sulla quale dobbiamo costruire; come ci dice l'Apostolo: "In lui ogni costruzione cresce ben ordinata per essere tempio santo nel Signore" (Ef 2, 21). Il cantico ci invita ad avere Dio come fondamento di ogni nostro progetto e a porre la nostra fiducia in lui; così il Signore ci concederà la pace che tutti cerchiamo.

AT 24

ISAIA 33, 2-10

L'ORA DI DIO

2 Signore, pietà di noi, *
in te speriamo;
sii il nostro braccio ogni mattina, *
nostra salvezza nel tempo dell'angoscia.

3 Al sentore della tua minaccia fuggono i popoli, *
si disperdono le nazioni quando ti levi.

4 Si ammucchia la preda
come si ammucchiano le cavallette, *
vi si precipita sopra come fanno le locuste.

5 Eccelso è il Signore poiché lassù dimora; *
egli riempie Sion di diritto e di giustizia.

6 C'è sicurezza nelle sue leggi, †
ricchezze salutari sono sapienza e scienza; *
il timore di Dio è il suo tesoro.

7 Ecco, gli araldi gridano di fuori, *
i messaggeri di pace piangono amaramente.

8 Sono deserte le strade. *
non c'è chi passi per la via.
Egli ha violato l'alleanza, ha respinto i testimoni, *
non sì è curato di alcuno.

8 La terra è in lutto e piena di squallore, *

si scolora il Libano e intristisce;
la pianura di Saron è simile a una steppa, *
brulli sono il Basan e il Carmelo.

9 "Ora mi alzerò", dice il Signore, *
"ora mi innalzerò, ora mi porrò in alto".

In questo cantico viene descritta l'ora del giudizio, l'ora in cui le cose di prima passeranno e splenderà la nuova creazione in tutta la sua grandezza. Ma prima di questo momento, vi sarà una tribolazione grande, quale mai avvenne dall'inizio del mondo fino a ora, né mai più ci sarà. E se quei giorni non fossero abbreviati, nessun vivente si salverebbe; ma a causa degli eletti quei giorni saranno abbreviati. Subito dopo la tribolazione di quei giorni il sole si oscurerà, la luna non darà più la sua luce, gli astri cadranno dal cielo e le potenze dei cieli saranno sconvolte. Allora comparirà nel cielo il segno del Figlio dell'uomo e allora si batteranno il petto tutte le tribù della terra, e vedranno il Figlio dell'uomo venire sopra le nubi del cielo con grande potenza e gloria. Il cantico ci invita, dunque, ad essere vigilanti, affinché saremo pronti per la seconda venuta di Gesù, che accoglierà i fedeli con sé nel suo regno.

AT 25

ISAIA 33, 13-16

DIO GIUDICHERÀ CON GIUSTIZIA

13 "Sentiranno i lontani quanto ho fatto, *
sapranno i vicini qual è la mia forza".

14 Hanno paura in Sion i peccatori, *
lo spavento si è impadronito degli empi.
"Chi di noi può abitare presso un fuoco divorante? *
Chi di noi può abitare tra fiamme perenni?".

15 Chi cammina nella giustizia *
ed è leale nel parlare,
chi rigetta un guadagno frutto di angherie, *
scuote le mani per non accettare regali,

si tura gli orecchi per non udire fatti di sangue, *
chiude gli occhi per non vedere il male:

16 costui abiterà in alto, †
fortezze sulle rocce saranno il suo rifugio, *
gli sarà dato il pane,
avrà l'acqua assicurata.

Interpretiamo questo cantico alla luce di quanto è scritto nella Lettera ai Filippesi (Fil 2, 15-16): "Siate irreprensibili e semplici, figli di Dio immacolati in mezzo a una generazione perversa e degenere, nella quale dovete splendere come astri nel mondo, tenendo alta la parola di vita". Comprendiamo bene quanta responsabilità ogni cristiano assuma davanti a Dio e al mondo e come, attraverso la sobrietà della vita, sia chiamato a rallegrarsi nel Signore, sempre sottomesso al Padre nel suo santo timore. Così mentre "hanno paura in Sion i peccatori", il cristiano si rivolge a Dio, pieno di fiducia e chiamandolo Padre per i meriti di Gesù Figlio.

AT 26

ISAIA 38; 10-14. 17-20

NELL'ATTESA DEL GIORNO NUOVO

10 Io dicevo: "A metà della mia vita †
me ne vado alle porte degli inferi; *
sono privato del resto dei miei anni".

11 Dicevo: "Non vedrò più il Signore *
sulla terra dei viventi,
non vedrò più nessuno *
fra gli abitanti di questo mondo.

12 La mia tenda è stata divelta e gettata lontano, *
come una tenda di pastori.

Come un tessitore hai arrotolato la mia vita, †
mi recidi dall'ordito. *
In un giorno e una notte mi conduci alla fine".

13 Io ho gridato fino al mattino. *
Come un leone, così egli stritola tutte le mie ossa.
14 Pigolo come una rondine, *
gemo come una colomba.

Sono stanchi i miei occhi *
di guardare in alto.

17 Tu hai preservato la mia vita
dalla fossa della distruzione, *
perché ti sei gettato dietro le spalle
tutti i miei peccati.

18 Poiché non ti lodano gli inferi, *
né la morte ti canta inni;
quanti scendono nella fossa *
nella tua fedeltà non sperano.

19 Il vivente, il vivente ti rende grazie *
come io faccio quest'oggi.
Il padre farà conoscere ai figli *
la fedeltà del tuo amore.

20 Il Signore si è degnato di aiutarmi; †
per questo canteremo sulle cetre
tutti i giorni della nostra vita, *
canteremo nel tempio del Signore.

"Questo è il cantico di Ezechia, un sovrano giusto e amico del profeta Isaia che era stato colpito da una grave malattia che Isaia definisce mortale (cfr. Is 38,1). Esso ci insegna che nel giorno della malattia e della sofferenza è comunque giusto elevare a Dio il proprio lamento. Il Signore non resta indifferente alle lacrime del sofferente e, sebbene per vie che non sempre coincidono con quelle delle nostre attese, risponde, consola e salva. È quello che Ezechia confessa alla fine, invitando tutti a sperare, a pregare ad avere fiducia, nella certezza che Dio non abbandona le sue creature".

Giovanni Paolo II

AT 27

Isaia 40, 1-8

Ogni uomo vedrà la gloria del Signore

1 "Consolate, consolate il mio popolo, *
dice il vostro Dio.

2 Parlate al cuore di Gerusalemme e gridatele †
che la sua schiavitù è finita, *
la sua iniquità è stata scontata,

perché ha ricevuto dalla mano del Signore *
doppio castigo per tutti i suoi peccati".

3 Una voce grida: †
"Nel deserto preparate la via al Signore, *
appianate nella steppa la strada per il nostro Dio.

4 Ogni valle sia colmata, *
ogni monte e colle siano abbassati;

il terreno accidentato si trasformi in piano *
e quello scosceso in pianura.

5 Allora si rivelerà la gloria del Signore †
e la vedrà ogni uomo *
poiché la bocca del Signore ha parlato".

6 Una voce dice: "Grida" *
e io rispondo: "Che dovrò gridare?".

Ogni uomo è come l'erba *
e tutta la sua gloria è come un fiore del campo.

7 Secca l'erba, il fiore appassisce *
quando il soffio del Signore spira su di essi.

8 Secca l'erba, appassisce il fiore, †
ma la parola del nostro Dio dura sempre. *
Veramente il popolo è come l'erba.

Questo cantico è profezia della venuta del Messia, quale Parola di Dio che consolerà il suo popolo. Sì, perché Cristo è il Verbo di Dio, Colui che ci rivela l'amore e la gloria del Padre infatti: "Dio, che aveva già parlato nei tempi antichi molte volte e in diversi modi ai padri per mezzo dei profeti, ultimamente ha parlato a noi per mezzo del Figlio, che ha costituito erede di tutte le cose e per mezzo del quale ha fatto anche il mondo. Questo Figlio che è irradiazione della sua gloria e impronta della sua sostanza e sostiene tutto con la potenza della sua Parola ha compiuto la purificazione dei nostri peccati" (Eb 1, 1-3). Per questo possiamo gridare a Gerusalemme che "la sua schiavitù è finita, la sua iniquità è stata scontata". La venuta di Cristo è stata annunziata da Giovanni Battista: egli ha realizzato le parole di questo cantico, essendo "la voce che grida nel deserto 'preparate la via al Signore...' " (cfr. Gv 1, 23). Incessante, tuttavia, resta per noi il suo invito alla conversione perché, preparando la via al Signore, siamo pronti a riceverlo quando presto tornerà. "Beato quel servo che il padrone, arrivando, troverà al suo lavoro" (Lc 12, 43).

AT 28

ISAIA 40, 9-11. 27-31

IL BUON PASTORE

9 Sali su un alto monte, *
tu che rechi liete notizie in Sion;
alza la voce con forza, *
tu che rechi liete notizie in Gerusalemme.

Alza la voce, non temere; †
annunzia alle città di Giuda: *
"Ecco il vostro Dio!

10 Ecco, il Signore Dio viene con potenza, *
con il braccio egli detiene il dominio.
Ecco, egli ha con sé il premio *
e i suoi trofei lo precedono.

11 Come un pastore egli fa pascolare il gregge *
e con il suo braccio lo raduna;
porta gli agnellini sul petto *
e conduce pian piano le pecore madri.

27 Perché dici, Giacobbe, e tu, Israele, ripeti: †
"La mia sorte è nascosta al Signore *
e il mio diritto è trascurato dal mio Dio"?

28 Non lo sai forse? *
Non lo hai udito?
Dio eterno è il Signore, *
creatore di tutta la terra.

Egli non si affatica né si stanca, *
la sua intelligenza è inscrutabile.
29 Egli dà forza allo stanco *
e moltiplica il vigore allo spossato.

30 Anche i giovani faticano e si stancano, *
gli adulti inciampano e cadono;

31 ma quanti sperano nel Signore riacquistano forza, *
mettono ali come aquile,
corrono senza affannarsi, *
camminano senza stancarsi.

Questo cantico celebra la tenerezza e la premura affettuosa che Dio ha per i suoi figli, per coloro, cioè che lo riconoscono come loro Dio secondo la parola del Vangelo (Mt 10, 32): "Chi dunque mi riconoscerà davanti agli uomini, anch'io lo riconoscerò davanti al Padre mio che è nei cieli". Ma come potremmo riconoscere il Signore che viene se non avessimo familiarità con lui? Familiarità che, peraltro, va nutrita con l'olio della carità, con la frequenza ai sacramenti e con l'obbedienza alla sua Parola. Come ci insegna san Giovanni: "Chi dice: 'Lo conosco' e non osserva i suoi comandamenti, è bugiardo e la verità non è in lui; ma chi osserva la sua parola, in lui l'amore di Dio è veramente perfetto" (1 Gv 2, 4-5). Questa osservanza della Parola di Dio è il requisito richiesto a tutte le pecorelle del suo gregge, altrimenti come potrebbe egli condurle?: "Le mie pecore ascoltando la mia voce e io le conosco ed esse mi seguono. Io dò loro la vita eterna e non andranno mai perdute e nessuno le rapirà dalla mia mano" (Gv 10, 27-28). Veramente Gesù è il Buon Pastore che guida il suo gregge ai pascoli della vita eterna, che ci protegge e ha cura di noi, sostenendo il nostro vigore con il Pane della mensa eucaristica e della Parola.

ISAIA 40, 10-17

POTENZA E DOLCEZZA DEL BRACCIO DEL SIGNORE

10 Ecco, il Signore Dio viene con potenza, *
con il braccio egli detiene il dominio.
Ecco, egli ha con sé il premio *
e i suoi trofei lo precedono.

11 Come un pastore egli fa pascolare il gregge *
e con il suo braccio lo raduna;
porta gli agnellini sul petto *
e conduce pian piano le pecore madri.

12 Chi ha misurato con il cavo della mano
le acque del mare *
e ha calcolato l'estensione dei cieli con il palmo?

Chi ha misurato con il moggio la polvere della terra, †
ha pesato con la stadera le montagne *
e i colli con la bilancia?

13 Chi ha diretto lo spirito del Signore *
e come suo consigliere gli ha dato suggerimenti?

14 A chi ha chiesto consiglio, perché lo istruisse *
e gli insegnasse il sentiero della giustizia,
lo ammaestrasse nella scienza *
e gli rivelasse la via della prudenza?

15 Ecco, le nazioni son come una goccia da un secchio, †
contano come il pulviscolo sulla bilancia; *
ecco, le isole pesano quanto un granello di polvere.

16 Il Libano non basterebbe per accendere il rogo, *
né le sue bestie per l'olocausto.
17 Tutte le nazioni sono come un nulla davanti a lui, *
come niente e vanità sono da lui ritenute.

In questo cantico, che nella prima parte riprende il precedente, si esalta la grandezza di Dio Creatore che con il soffio dello Spirito ha plasmato i cieli, la terra, i mari e quanto contengono il mondo e i suoi abitanti. Egli tutto ha fatto con sapienza mirabile tanto che, dinanzi al germogliare della vita nell'universo intero, non possiamo fare a meno di stupire di fronte ai prodigi della mano di Dio ed esultare di gioia dal momento che siamo sue creature, create, appunto a sua immagine e somiglianza e per essere epifania della sua gloria. Eccelso è il Signore che non gradisce soltanto il sacrificio ma vuole che rispondiamo con la misericordia alla gratuità dei suoi doni, dal momento che in Cristo siamo diventati eredi di Dio e suoi familiari. Cristo è il Verbo del Padre per mezzo del quale tutto è stato fatto e senza il quale niente è stato fatto di tutto ciò che esiste (cfr. Gv. 1, 3).

AT 30

ISAIA 42, 10-16

INNO AL SALVATORE

10 Cantate al Signore un canto nuovo, *
lode a lui fino all'estremità della terra;
lo celebri il mare con quanto esso contiene, *
le isole con i loro abitanti.

11 Esulti con le sue città il deserto, *
esultino i villaggi dove abitano quelli di Kedar;

acclamino gli abitanti di Sela, *
dalla cima dei monti alzino grida.
12 Diano gloria al Signore *
e il suo onore divulghino nelle isole.

13 Il Signore avanza come un prode, *
come un guerriero eccita il suo ardore;
grida, lancia urla di guerra, *
si mostra forte contro i suoi nemici.

14 Per molto tempo, ho taciuto, *
ho fatto silenzio, mi sono contenuto;
ora griderò come una partoriente *
mi affannerò e sbufferò insieme.

15 Renderò aridi monti e colli, *
farò seccare tutta la loro erba;
trasformerò i fiumi in stagni *
e gli stagni farò inaridire.

16 Farò camminare i ciechi per vie che non conoscono, *
li guiderò per sentieri sconosciuti;
trasformerò davanti a loro le tenebre in luce, *
i luoghi aspri in pianura.

Il presente cantico è un inno di lode al Salvatore nello spirito della gioia pasquale in cui tutta la vita si rinnova mediante la vittoria di Cristo sul male e sulla morte: "Cantate al Signore un canto nuovo, lode a lui fino all'estremità della terra". È il cantico, della risurrezione che ci fa cercare e pensare alle cose di lassù dove si trova Cristo assiso alla Destra di Dio. Rinnovati dall'acqua e dallo Spirito Santo partecipiamo alla vittoria del Risorto che risplende quale Luce del mondo. Ricordiamo così le parole dell'apostolo Paolo: "Un tempo eravate tenebra: ora siete luce nel Signore. Camminate come i figli della luce" (Ef. 5, 8)

AT 31

ISAIA 45, 15-25

VOLGETEVI A ME E SARETE SALVI

15 Veramente tu sei un Dio misterioso, *
Dio di Israele, salvatore.

16 Saranno confusi e svergognati *
quanti s'infuriano contro di lui;
se ne andranno con ignominia *
i fabbricanti di idoli.

17 Israele sarà salvato dal Signore
con salvezza perenne. *
Non patirete confusione o vergogna
per i secoli eterni.

18 Poiché così dice il Signore,
che ha creato i cieli; †
egli, il Dio che ha plasmato e fatto la terra *
e l'ha resa stabile;

l'ha creata non come orrida regione, *
ma l'ha plasmata perché fosse abitata:

"Io sono il Signore; non ce n'è un altro.
19 Io non ho parlato in segreto, *
in un angolo oscuro della terra.

Non ho detto alla discendenza di Giacobbe: *
Cercatemi in un'orrida regione!
Io sono il Signore, che parlo con giustizia, *
che annunzio cose rette.

20 Radunatevi e venite, †
avvicinatevi tutti insieme, *
superstiti delle nazioni!

Non hanno intelligenza †
quelli che portano un idolo
da loro scolpito *
e pregano un dio che non può salvare.

21 Manifestate e portate le prove, *
consigliatevi pure insieme!
Chi ha fatto sentire ciò da molto tempo *
e chi l'ha predetto fin da allora?

Non sono forse io, il Signore? †
Fuori di me non c'è altro Dio; *
fuori di me non c'è Dio giusto e salvatore.

22 Volgetevi a me e sarete salvi, †
paesi tutti della terra, *
perché io sono Dio; non ce n'è un altro.

23 Lo giuro su me stesso, †
la verità esce dalla mia bocca, *
una parola irrevocabile:

davanti a me si piegherà ogni ginocchio, *
per me giurerà ogni lingua".

24 Si dirà: "Solo nel Signore *
si trovano vittoria e potenza!".
Verso di lui verranno, coperti di vergogna, *
quanti fremevano d'ira contro di lui.

25 Nel Signore saranno vittoriosi e si glorieranno *
tutti i discendenti di Israele.

L'invito all'adorazione e l'offerta della salvezza riguardano tutti i popoli: "Davanti a me si piegherà ogni ginocchio, per me giurerà ogni lingua" (Is 45,23). Leggere queste parole in ottica cristiana significa andare col pensiero alla rivelazione piena del Nuovo Testamento, che addita in Cristo "il Nome che è al di sopra di ogni altro nome" (Fil 2,9), cosicché "nel nome di Gesù ogni ginocchio si pieghi nei cieli, sulla terra e sotto terra; e ogni lingua proclami che Gesù Cristo è il Signore, a gloria di Dio Padre" (Fil 2,10-11). La nostra lode del mattino, attraverso questo Cantico, si dilata alle dimensioni dell'universo, e dà voce anche a quanti non hanno ancora avuto la grazia di conoscere Cristo. È una lode che si fa "missionaria", spingendoci a camminare per tutte le vie, annunciando che Dio si è manifestato in Gesù come il Salvatore del mondo.

Giovanni Paolo II

AT 32

ISAIA 49, 7-13

NEL GIORNO DELLA SALVEZZA

7 Dice il Signore, il redentore di Israele, il suo Santo, †
a colui la cui vita è disprezzata,
al reietto delle nazioni, *
al servo dei potenti:

"I re vedranno e si alzeranno in piedi, *
i principi vedranno e si prostreranno,
a causa del Signore che è fedele, *
a causa del Santo di Israele che ti ha scelto".

8 Dice il Signore: †
"Al tempo della misericordia ti ho ascoltato, *
nel giorno della salvezza ti ho aiutato.

Ti ho formato e posto come alleanza per il popolo, †
per far risorgere il paese, *
per farti rioccupare l'eredità devastata,

9 per dire ai prigionieri: "Uscite", *
e a quanti sono nelle tenebre: "Venite fuori".

Essi pascoleranno lungo tutte le strade, *
e su ogni altura troveranno pascoli.

10 Non soffriranno né fame né sete *
e non li colpirà né l'arsura né il sole,
perché li guiderà colui che ha pietà di loro, *
li condurrà alle sorgenti di acqua.

11 Io trasformerò i monti in strade *
e le mie vie saranno elevate.

12 Ecco, questi vengono da lontano, †
ed ecco, quelli vengono da mezzogiorno
e da occidente *
e quelli dalla regione di Sinim.

13 Giubilate, o cieli; rallegrati, o terra, *
gridate di gioia, o monti,
perché il Signore consola il suo popolo *
e ha pietà dei suoi miseri".

Questo cantico trova la sua compiutezza proprio nella persona di Gesù, Servo di Javhé che: "È vittima di espiazione per i nostri peccati; non soltanto per i nostri, ma anche per quelli di tutto il mondo" (1 Gv 2, 2). Per questo il Figlio dell'uomo fu disprezzato e reietto dagli uomini, ma il terzo giorno Dio lo ha risuscitato e gli ha dato il potere sulle opere delle sue mani, ponendo tutto sotto i suoi piedi. Gesù è il Mediatore della Nuova Alleanza che in virtù della sua risurrezione ci fa rinascere a vita nuova liberandoci dal potere delle tenebre. Tramite la sua morte è redenta la nostra morte; perché tutti i suoi servi potessero adorare e vedere il suo Volto, secondo la parola dell'Apocalisse: "Il Signore Dio li illuminerà e regneranno nei secoli" (Ap 22, 5). Ma prima di tutto questo ci sarà il giudizio che decreterà la sorte dell'uomo e saranno riunite dinanzi al trono dell'Agnello tutte le nazioni della terra e ciascuno verrà giudicato in base alle sue opere. Se ci saremo comportati da figli della luce allora udremo la voce del Signore che ci dirà: "Venite, benedetti del Padre mio ricevete in eredità il regno preparato per voi fin dalla fondazione del mondo" (Mt 25, 34).

AT 33

Isaia 61, 1-11

Il consacrato del Signore

1 Lo spirito del Signore Dio è su di me *
perché il Signore mi ha consacrato con l'unzione;
mi ha mandato a portare il lieto annunzio ai poveri, *
a fasciare le piaghe dei cuori spezzati,

a proclamare la libertà degli schiavi, *
la scarcerazione dei prigionieri,
2 a promulgare l'anno di misericordia del Signore, *
un giorno di vendetta per il nostro Dio,

per consolare tutti gli afflitti, *
3 per allietare gli afflitti di Sion,
per dare loro una corona invece della cenere, †
olio di letizia invece dell'abito di lutto, *
canto di lode invece di un cuore mesto.

Essi si chiameranno querce di giustizia, *
piantagione del Signore per manifestare la sua gloria.

4 Ricostruiranno le vecchie rovine, *
rialzeranno gli antichi ruderi,
restaureranno le città desolate, *
devastate da più generazioni.

5 Ci saranno stranieri a pascere i vostri greggi *
e figli di stranieri
saranno vostri contadini e vignaioli.

6 Voi sarete chiamati sacerdoti del Signore, *
ministri del nostro Dio sarete detti.
Vi godrete i beni delle nazioni, *
trarrete vanto dalle loro ricchezze.

7 Perché il loro obbrobrio fu di doppia misura, *
vergogna e insulto furono la loro porzione;
per questo possiederanno il doppio nel loro paese, *
avranno una letizia perenne.

8 Io sono il Signore che amo il diritto *
e odio la rapina e l'ingiustizia:
io darò loro fedelmente il salario, *
concluderò con loro un'alleanza perenne.

9 Sarà famosa tra i popoli la loro stirpe, *
i loro discendenti tra le nazioni.
Coloro che li vedranno ne avranno stima, *
perché essi sono la stirpe che il Signore ha benedetto.

10 Io gioisco pienamente nel Signore, *
la mia anima esulta nel mio Dio,

perché mi ha rivestito delle vesti di salvezza, *
mi ha avvolto con il manto della giustizia,
come uno sposo che si cinge il diadema *
e come una sposa che si adorna di gioielli.

11 Poiché come la terra produce la vegetazione *
e come un giardino fa germogliare i semi,
così il Signore Dio farà germogliare la giustizia *
e la lode davanti a tutti i popoli.

Gesù stesso commenta questo cantico dicendo di sé: "Oggi si è adempiuta questa Scrittura che voi avete udito con i vostri orecchi" (Lc 4, 21). Egli è il Cristo, l'unto di Dio, Colui che possiede pienamente lo Spirito Santo, quello stesso che Giovanni il Battista vide posarsi su di lui nel Battesimo del Giordano. Per la potenza di questo Spirito compie l'opera affidatagli del Padre e ci rivela la Parola di Verità che ci renderà liberi. Egli ha consacrato se stesso quale sommo ed eterno Sacerdote, perché anche i suoi discepoli fossero consacrati nella Verità e divenissero così la stirpe eletta, il sacerdozio regale.

AT 34

ISAIA 62, 1-12

ECCO, ARRIVA IL TUO SALVATORE

1 Per amore di Sion non mi terrò in silenzio, *
per amore di Gerusalemme non mi darò pace,
finché non sorga come stella la sua giustizia *
e la sua salvezza non risplenda come lampada.

2 Allora i popoli vedranno la tua giustizia, *
tutti i re la tua gloria;
ti si chiamerà con un nome nuovo *
che la bocca del Signore avrà indicato.

3 Sarai una magnifica corona
nella mano del Signore, *
un diadema regale
nella palma del tuo Dio.

4 Nessuno ti chiamerà più "Abbandonata", *
né la tua terra sarà più detta "Devastata",
ma tu sarai chiamata "mio compiacimento" *
e la tua terra, "Sposata",

perché di te si compiacerà il Signore *
e la tua terra avrà uno sposo.

5 Sì, come un giovane sposa una vergine, *
così ti sposerà il tuo creatore;
come gioisce lo sposo per la sposa, *
così per te gioirà il tuo Dio.

6 Sulle tue mura, Gerusalemme,
ho posto sentinelle; *
per tutto il giorno e tutta la notte
non taceranno mai.

Voi, che rammentate le promesse al Signore, *
non prendetevi mai riposo

7 e neppure a lui date riposo, †
finché non abbia ristabilito Gerusalemme, *
finché non l'abbia resa il vanto della terra.

8 Il Signore ha giurato con la sua destra *
e con il suo braccio potente:
"Mai più darò il tuo grano
in cibo ai tuoi nemici, *
mai più gli stranieri berranno il vino
per il quale tu hai faticato.

9 No! Coloro che avranno raccolto il grano *
lo mangeranno e canteranno inni al Signore,
coloro che avranno vendemmiato
berranno il vino *
nei cortili del mio santuario".

10 Passate, passate per le porte, †
sgombrate la via al popolo, *
spianate, spianate la strada,
liberatela dalle pietre, *
innalzate un vessillo per i popoli.

11 Ecco ciò che il Signore fa sentire *

all'estremità della terra:
"Dite alla figlia di Sion: *
Ecco, arriva il tuo Salvatore;
ecco, ha con sé la sua mercede, *
la sua ricompensa è davanti a lui.

12 Li chiameranno 'popolo santo', *
'redenti del Signore'.
E tu sarai chiamata 'Ricercata', *
'Città non abbandonata' ".

Questo cantico è un meraviglioso inno ecclesiologico che esalta la sponsalità della Chiesa, nonché la dignità regale della quale gode al cospetto di Dio. "Nessuno ti chiamerà più 'Abbandonata', né la tua terra sarà più detta 'Devastata', ma tu sarai chiamata 'mio Compiacimento' e la tua terra, 'Sposata' ". Sì, perché la Vergine ha concepito e ha dato alla luce un figlio, il Figlio di Dio e, a sua immagine la Chiesa è divenuta grembo di Incarnazione di Dio per gli uomini, mistico corpo del quale Cristo è il Capo, lo Sposo, il Pastore. Ecco, quindi, il mistero della santità della Chiesa "Voi siete la stirpe eletta, il sacerdozio regale, la nazione santa, il popolo che Dio si è acquistato perché proclami le opere meravigliose di lui che vi ha chiamato dalle tenebre alla sua ammirabile luce. Voi, che un tempo eravate non-popolo, ora invece siete il popolo di Dio; voi un tempo esclusi dalla misericordia, ora invece avete ottenuto misericordia" (1 Pt 2, 9-10). Di questo corpo, noi siamo membra vive che devono operare instancabilmente in forza del potere sacramentale conferito a noi dallo Spirito Santo.

AT 35

Isaia 63, 1-5

La vittoria dell'agnello

1 Chi è costui che viene da Edom, *
da Bozra con le vesti tinte di rosso?
Costui, splendido nella sua veste, *
che avanza nella pienezza della sua forza?
"Io, che parlo con giustizia, *
sono grande nel soccorrere".

2 Perché rossa è la tua veste
e i tuoi abiti come quelli di chi pigia nel tino?
3 "Nel tino ho pigiato da solo *
e del mio popolo con me non vi era nessuno.
Li ho pigiati con sdegno, *
li ho calpestati con ira.

Il loro sangue è sprizzato sulle mie vesti *
e mi sono macchiato tutti gli abiti,
4 poiché il giorno della vendetta
era nel mio cuore *
e l'anno del mio riscatto è giunto.

5 Guardai: nessuno aiutava; *
osservai stupito: nessuno mi sosteneva.
Allora mi prestò soccorso il mio braccio, *
mi sostenne la mia ira".

In questo cantico Dio viene presentato come un guerriero proveniente dal sud, dopo aver fatto strage. Pensiamo al trionfo di Cristo che si manifesterà in pienezza alla fine dei tempi quando cioè i capri "se ne andranno al supplizio eterno, e (le pecore), i giusti alla vita eterna" (Mt 25, 46). In Cristo vincitore sulla morte e sul peccato, in Cristo che ha debellato tutte le forze del male, sottomettendole a sgabello dei suoi piedi, saranno pure vincitore tutti coloro che avranno perseverato con lui nelle sue prove tanto che si vanteranno del suo stesso trionfo secondo le parole dell'Apocalisse: "Essi lo hanno vinto per mezzo del Sangue dell'Agnello e grazie alla testimonianza del loro martirio, poiché hanno disprezzato la vita fino a morire" (Ap 12, 11).

AT 36

Isaia 66, 10-14a

Come una madre consola un figlio...

10 Rallegratevi con Gerusalemme, *
esultate per essa quanti l'amate.
Sfavillate di gioia con essa *
voi tutti che avete partecipato al suo lutto.

11 Così succhierete al suo petto †
e vi sazierete delle sue consolazioni; *
succhierete con delizia
all'abbondanza del suo seno.

12 Poiché così dice il Signore: †
"Ecco io farò scorrere verso di essa,
la prosperità come un fiume; *
come un torrente in piena la ricchezza dei popoli;

i suoi bimbi saranno portati in braccio, *
sulle ginocchia saranno accarezzati.

13 Come una madre consola un figlio, †
così io vi darò consolazione; *
in Gerusalemme sarete consolati.

14 Voi lo vedrete e gioirà il vostro cuore, *
le vostre ossa saranno rigogliose
come erba fresca".

Questo cantico ci presenta Gerusalemme, figura della Chiesa, quale madre prospera, accogliente e tenera verso tutti i suoi figli. In Cristo Figlio tutti noi siamo divenuti eredi di Dio, e in forza di questa eredità, partecipi della sua gloria: "Rallegratevi con Gerusalemme, esultate per essa quanti l'amate". Sempre più pressante diventa per noi l'invito a considerarci realmente figli di questa madre chiesa che versa continuamente sulle nostre ferite derivanti da tanti disagi spirituali e personali, l'olio della consolazione e il balsamo della speranza. In essa, Cristo, Buon Samaritano continua a fermarsi, a venirci incontro, perché siamo perfettamente rinnovati e rigenerati a vita nuova, secondo la sua Parola: "Io sono la vita" (Gv 14, 6).

AT 37

GEREMIA 7, 2-7

I VERI ADORATORI

2 Ascoltate la parola del Signore,
voi tutti di Giuda *
che attraversate queste porte per prostrarvi al Signore.

3 Così dice il Signore degli eserciti, Dio di Israele: †
"Migliorate la vostra condotta e le vostre azioni *
e io vi farò abitare in questo luogo.

4 Pertanto non confidate nelle parole menzognere
di coloro che dicono: *
"Tempio del Signore, tempio del Signore,
tempio del Signore è questo!".

5 Poiché, se veramente emenderete la vostra condotta *
e le vostre azioni,
se realmente pronunzierete giuste sentenze *
fra un uomo e il suo avversario;

6 se non opprimerete lo straniero,
l'orfano e la vedova, †

se non spargerete il sangue innocente
in questo luogo *
e non seguirete per vostra disgrazia altri dèi,

7 io vi farò abitare in questo luogo, †
nel paese che diedi ai vostri padri *
da lungo tempo e per sempre".

In questo cantico ci viene presentata la descrizione dei veri adoratori di coloro, cioè che, secondo la Parola del Signore: "adoreranno il Padre in spirito e verità, perché il Padre cerca tali adoratori. Dio è spirito, e quelli che lo adorano devono adorarlo in spirito e verità" (Gv 4, 23-24). Ma questo cosa comporta? Ascoltiamo san Paolo nella Lettera ai Colossesi (3, 9. 12. 17): "Vi siete infatti spogliati dell'uomo vecchio con le sue azioni e avete rivestito il nuovo, che si rinnova, per una piena conoscenza, ad immagine del suo Creatore. Rivestitevi, dunque, come eletti di Dio, santi e amati, di sentimenti di misericordia, di bontà, di umiltà, di mansuetudine, di pazienza... E tutto quello che fate in parole ed opere, tutto si compia nel nome del Signore Gesù, rendendo per mezzo di lui grazie a Dio Padre" perché dice Gesù: "Non chiunque mi dice: Signore, Signore, entrerà nel Regno dei cieli, ma colui che fa la volontà del Padre mio che è nei cieli"(Mt 7, 21). Ancora una volta, dunque, guardiamo a Cristo quale modello di preghiera o, meglio, preghiera vivente per mezzo del quale Dio è stato pienamente glorificato.

AT 38

Geremia 14, 17-21

Lamento del popolo in tempo di fame e guerra

17 I miei occhi grondano lacrime *
notte e giorno, senza cessare.

Da grande calamità è stata colpita
la figlia del mio popolo, *
da una ferita mortale.

18 Se esco in aperta campagna, ecco i trafitti di spada; *
se percorro la città, ecco gli orrori della fame.

Anche il profeta e il sacerdote †
si aggirano per il paese *
e non sanno che cosa fare.

19 Hai forse rigettato completamente Giuda, *
oppure ti sei disgustato di Sion?
Perché ci hai colpito, *
e non c'è rimedio per noi?

Aspettavamo la pace, ma non c'è alcun bene, *
l'ora della salvezza ed ecco il terrore!

20 Riconosciamo la nostra iniquità, Signore, †
l'iniquità dei nostri padri: *
contro di te abbiamo peccato.

21 Ma per il tuo nome non abbandonarci, †
non render spregevole
il trono della tua gloria. *
Ricordati! Non rompere la tua alleanza con noi.

È un cantico di lamentazione per le grandi calamità e disgrazie che si sono abbattute su Gerusalemme. Esprime il senso di devastazione prodotta dal peccato che semina dovunque, attorno a sé, distruzione, morte, aridità, sterilità.... Ma pur in questa situazione aleggia la speranza, di una vita nuova: "Ricordati! Non rompere la tua alleanza con noi" e, ancora una volta, Dio rimane fedele perché "non può rinnegare Sé Stesso" (2 Tm 2, 13) e, non solo, ha mantenuto salda la sua alleanza con l'uomo, ma l'ha resa eterna nel Sangue del Figlio suo che in ogni Istituzione Eucaristica continua a ripeterci: "Prendete, e bevetene tutti; questo è il Calice della Nuova ed Eterna Alleanza versato per voi e per tutti in remissione dei peccati: fate questo in memoria di me". A noi il compito e la responsabilità di non rendere vana la croce di Cristo.

AT 39

Geremia 17, 7-8

Beato chi confida nel Signore

7 Benedetto l'uomo che confida nel Signore *
e il Signore è sua fiducia.

8 Egli è come un albero piantato lungo l'acqua, †
verso la corrente stende le radici; *
non teme quando viene il caldo,

le sue foglie rimarranno verdi; †
nell'anno della siccità non intristisce, *
non smette di produrre i suoi frutti.

Il presente cantico proclama la beatitudine dell'uomo che pone la sua fiducia interamente nel Signore e si radica, così, nella vita del Vangelo. A quella donna che, alzando la voce in mezzo alla folla, diceva a Gesù: "Beato il grembo che ti ha portato e il seno da cui hai preso il latte!", egli rispose: "Beati piuttosto coloro che ascoltano la Parola di Dio e la osservano!"(Lc 11, 27-28). È così: in Cristo, il Verbo di Dio che si è fatto carne per noi, ogni costruzione cresce perfetta e ben ordinata secondo quanto detto nel Vangelo di Luca (6, 47-48): "Chi viene a me e ascolta le mie parole e le mette in pratica, vi mostrerò a chi è simile: è simile a un uomo che, costruendo una casa, ha scavato molto profondo e ha posto le fondamenta sopra la roccia. Venuta la piena, il fiume irruppe contro quella casa, ma non riuscì a smuoverla perché era costruita bene".

AT 40

GEREMIA 31, 10-14

DIO LIBERA E RADUNA IL SUO POPOLO NELLA GLORIA

10 Ascoltate, popoli, la parola del Signore *
annunziatela alle isole più lontane
e dite: "Chi ha disperso Israele lo raduna *
e lo custodisce come un pastore il suo gregge",

11 perché il Signore ha redento Giacobbe, *
lo ha riscattato dalle mani del più forte di lui.

12 Verranno e canteranno inni sull'altura di Sion, *
affluiranno verso i beni del Signore,
verso il grano, il mosto e l'olio, *
verso i nati dei greggi e degli armenti.

Essi saranno come un giardino irrigato, *
non languiranno mai.
13 Allora si allieterà la vergine alla danza; *
i giovani e i vecchi gioiranno.

Io cambierò il loro lutto in gioia, *
li consolerò e li renderò felici, senza afflizioni.
14 Sazierò di delizie l'anima dei sacerdoti *
e il mio popolo abbonderà dei miei beni.

È un cantico che proclama la bontà e la tenerezza del Signore per il suo popolo esaltandone la premura di Buon Pastore: "Chi ha disperso Israele lo raduna e lo custodisce come un pastore il suo gregge". Gesù è il Buon Pastore che offre la vita per le sue pecore e che di sé ha detto: "Se uno entra attraverso di me, sarà salvo; entrerà e uscirà e troverà pascolo" (Gv 10, 9). In lui, infatti, l'umanità redenta si rinnova prospera e feconda.

AT 41

LAMENTAZIONI 5, 1-7. 15-17. 19-21

PREGHIERA NELLA DESOLAZIONE

1 Ricordati, Signore, di quanto ci è accaduto, *
guarda e considera il nostro obbrobrio.

2 La nostra eredità è passata a stranieri, *
le nostre case a estranei.
3 Orfani siam diventati, senza padre; *
le nostre madri come vedove.

4 L'acqua nostra beviamo per denaro, *
la nostra legna si acquista a pagamento.
5 Con un giogo sul collo siamo perseguitati *
siamo sfiniti, non c'è per noi riposo.

6 All'Egitto abbiamo teso la mano, *
all'Assiria per saziarci di pane.
7 I nostri padri peccarono e più non sono, *
noi portiamo la pena delle loro colpe.

15 La gioia si è spenta nei nostri cuori, *
si è mutata in tutto la nostra danza.
16 È caduta la corona dalla nostra testa; *
guai a noi, perché abbiamo peccato!

17 Per questo è diventato mesto il nostro cuore, *
per tali cose si sono annebbiati i nostri occhi.
19 Ma tu, Signore, rimani per sempre, *
il tuo trono di generazione in generazione.

20 Perché ci vuoi dimenticare per sempre? *
Ci vuoi abbandonare per lunghi giorni?
21 Facci ritornare a te, Signore, e noi ritorneremo; *
rinnova i nostri giorni come in antico.

"Ascoltate, popoli, la parola del Signore, annunziatela alle isole più lontane" (Ger 31,10). Quale notizia sta per essere data con queste solenni parole di Geremia, che abbiamo ascoltato nel Cantico or ora proclamato? Si tratta di una notizia consolante, e non a caso i capitoli che la contengono (cfr 30-31), sono qualificati come "Libro della consolazione". L'annuncio riguarda direttamente l'antico Israele, ma fa già in qualche modo intravedere il messaggio evangelico. L'invito alla gioia è sviluppato con immagini che coinvolgono profondamente. È un oracolo che fa sognare! Delinea un futuro in cui gli esiliati "verranno e canteranno", e ritroveranno non soltanto il tempio del Signore, ma anche tutti i beni: il grano, il mosto, l'olio, i nati dei greggi e degli armenti. La Bibbia non conosce un astratto spiritualismo. La gioia promessa non riguarda soltanto l'intimo dell'uomo, giacché il Signore si prende cura della vita umana in tutte le sue dimensioni. Gesù stesso non mancherà di sottolineare questo aspetto, invitando i suoi discepoli a fidarsi della Provvidenza anche per le necessità materiali (cfr Mt 6,25-34). Il nostro Cantico insiste su questa prospettiva: Dio vuole rendere felice l'uomo intero. La condizione che egli prepara per i suoi figli è espressa dal simbolo del "giardino irrigato" (Ger 31,12), immagine di freschezza e fecondità. Il lutto si converte in festa, si è saziati di delizie (cfr v. 14) e colmati di beni, tanto che viene spontaneo danzare e cantare. Sarà una gioia incontenibile, una letizia di popolo.

Giovanni Paolo II

AT 42

EZECHIELE 36, 24-28

DIO RINNOVERÀ IL SUO POPOLO

24 Vi prenderò dalle genti, †
vi radunerò da ogni terra *
e vi condurrò sul vostro suolo.

25 Vi aspergerò con acqua pura
e sarete purificati; †
io vi purificherò da tutte le vostre sozzure *
e da tutti i vostri idoli;

26 vi darò un cuore nuovo, *
metterò dentro di voi uno spirito nuovo,
toglierò da voi il cuore di pietra *
e vi darò un cuore di carne

27 Porrò il mio spirito dentro di voi †
e vi farò vivere secondo i miei precetti *
e vi farò osservare e mettere in pratica
le mie leggi.

28 Abiterete nella terra che io diedi ai vostri padri; †
voi sarete il mio popolo *
e io sarò il vostro Dio.

È un cantico pentecostale che descrive il rinnovamento che lo Spirito Santo compirà nella Chiesa preparandola per la celebrazione delle sue definitive nozze con l'Agnello, quando cioè Dio sarà tutto in tutti e la santità perfetta splenderà come pienezza della pace. Meditiamo allora le parole di san Paolo agli Efesini (4,

23-24): "Dovete rinnovarvi nello spirito della vostra mente, e rivestire l'uomo nuovo, creato secondo Dio nella giustizia e nella santità vera". E noi crediamo che in Cristo, nuovo Adamo, il quale ci ha promesso lo Spirito Santo, tutta l'umanità sottomessa alla caducità per il peccato sarà rinnovata, perché egli è venuto a far nuove tutte le cose.

AT 43

DANIELE 3, 26. 27. 29. 34-41

PREGHIERA DI AZARIA NELLA FORNACE

26 Benedetto sei tu, Signore Dio dei nostri padri; *
degno di lode e glorioso è il tuo nome per sempre.

27 Tu sei giusto *
in tutto ciò che hai fatto.

29 Poiché noi abbiamo peccato, †
abbiamo agito da iniqui, *
allontanandoci da te,
abbiamo mancato in ogni modo,

34 Non ci abbandonare fino in fondo, †
per amore del tuo nome, *
non rompere la tua alleanza;

35 non ritirare da noi la tua misericordia, †
per amore di Abramo tuo amico, *
di Isacco tuo servo, d'Israele tuo santo,

36 ai quali hai parlato, †
promettendo di moltiplicare la loro stirpe
come le stelle del cielo, *
come la sabbia sulla spiaggia del mare.
37 Ora invece, Signore, *
noi siamo diventati più piccoli
di qualunque altra nazione,

ora siamo umiliati per tutta la terra *

a causa dei nostri peccati.

38 Ora non abbiamo più né principe, †
né capo, né profeta, né olocausto, *
né sacrificio, né oblazione, né incenso,

né luogo per presentarti le primizie *
e trovar misericordia.

39 Potessimo esser accolti con il cuore contrito *
e con lo spirito umiliato, †
come olocausti di montoni e di tori, *
come migliaia di grassi agnelli.

40 Tale sia oggi il nostro sacrificio davanti a te *
e ti sia gradito,
non c'è delusione *
per coloro che in te confidano.

41 Ora ti seguiamo con tutto il cuore, *
ti temiamo e cerchiamo il tuo volto.

È una meravigliosa preghiera a Dio perché torni ad avere misericordia del suo popolo e a beneficiarlo con la sua Presenza per amore di Abramo, Isacco, Israele ... e per quella promessa di Dio ai padri fatta sin dai tempi antichi e realizzatasi pienamente nella Persona di Gesù Cristo. E se Azaria era costretto a confessare: "Ora non abbiamo più né principe, né capo, né profeta, né olocausto, né sacrificio, né oblazione, né incenso, né luogo per pre-

sentarti le primizie e trovar misericordia", noi, invece, gridiamo con la Chiesa: "Cristo per noi si è fatto altare, vittima e sacerdote" e vogliamo ancora ricordare le parole della Prima lettera di san Giovanni apostolo: "Figlioli miei, se qualcuno ha peccato, abbiamo un avvocato presso il Padre: Gesù Cristo giusto. Egli è vittima di espiazione per i nostri peccati; non soltanto per i nostri, ma anche per quelli di tutto il mondo" (1 Gv 2, 1-2). È Gesù il mediatore perfetto grazie al cui sacrificio possiamo con fiducia gridare a Dio: "Abbà, Padre!" certi di essere sempre ascoltati ed esauditi.

AT 44

DANIELE 3, 52-57

LODE AL CREATORE

52 Benedetto sei tu, Signore, Dio dei padri nostri, *
degno di lode e di gloria nei secoli.

Benedetto il tuo nome glorioso e santo, *
degno di lode e di gloria nei secoli.

53 Benedetto sei tu nel tuo tempio santo glorioso, *
degno di lode e di gloria nei secoli.

54 Benedetto sei tu sul trono del tuo regno, *
degno di lode e di gloria nei secoli.

55 Benedetto sei tu che penetri con lo sguardo gli abissi †
e siedi sui cherubini, *
degno di lode e di gloria nei secoli.

56 Benedetto sei tu nel firmamento del cielo, *
degno di lode e di gloria nei secoli.

57 Benedite, opere tutte del Signore, il Signore, *
lodatelo ed esaltatelo nei secoli.

È il cantico dei tre giovani nella fornace ardente che lodano e benedicano Dio Creatore esaltandone l'eccelsa maestà e sovranità su tutte le creature del cielo e della terra create per la sua gloria e fatte a sua Immagine e Somiglianza. Nella sua gloriosa potenza, Dio trascende ogni cosa ma, nello stesso tempo, imprime il suo volto in ciascuna delle sue creature. In Cristo, immagine del Dio invisibile, generato prima di ogni creatura, tutti noi, nella variopinta manifestazione del nostro essere, viviamo la nostra vocazione ad essere irradiazione della gloria del Padre riconducendo tutto a lui con gratitudine e riconoscenza: "Benedetto sei tu, Signore!".

DANIELE 3, 57-88. 56

OGNI CREATURA LODI IL SIGNORE

57 Benedite, opere tutte del Signore, il Signore, *
lodatelo ed esaltatelo nei secoli.
58 Benedite, angeli del Signore, il Signore, *
59 benedite, cieli, il Signore.

60 Benedite, acque tutte, che siete sopra i cieli,
il Signore, *
61 benedite, potenze tutte del Signore, il Signore.
62 Benedite, sole e luna, il Signore, *
63 benedite, stelle del cielo, il Signore.

64 Benedite, piogge e rugiade, il Signore, *
65 benedite, o venti tutti, il Signore.
66 Benedite, fuoco e calore, il Signore, *
67 benedite, freddo e caldo, il Signore.

68 Benedite, rugiada e brina, il Signore, *
69 benedite, gelo e freddo, il Signore,
70 Benedite, ghiacci e nevi, il Signore, *
71 benedite, notti e giorni, il Signore.

72 Benedite, luce e tenebre, il Signore, *
73 benedite, folgori e nubi, il Signore.
74 Benedica la terra il Signore, *
lo lodi e lo esalti nei secoli.

75 Benedite, monti e colline, il Signore, *
76 benedite, creature tutte che germinate sulla terra,
il Signore.

77 Benedite, sorgenti, il Signore, *
78 benedite, mari e fiumi, il Signore.

79 Benedite, mostri marini
e quanto si muove nell'acqua, il Signore, *
80 benedite, uccelli tutti dell'aria, il Signore.
81 Benedite, animali tutti, selvaggi e domestici,
il Signore, *
82 benedite, figli dell'uomo, il Signore.

83 Benedica Israele il Signore, *
lo lodi e lo esalti nei secoli.
84 Benedite, sacerdoti del Signore, il Signore, *
85 benedite, o servi del Signore, il Signore.

86 Benedite, spiriti e anime dei giusti, il Signore, *
87 benedite, pii e umili di cuore, il Signore.
88 Benedite, Anania, Azaria e Misaele, il Signore, *
lodatelo ed esaltatelo nei secoli.

Benediciamo il Padre e il Figlio con lo Spirito Santo, *
lodiamolo ed esaltiamolo nei secoli.
56 Benedetto sei tu, Signore, nel firmamento del cielo, *
degno di lode e di gloria nei secoli.

Questo cantico è un completamento del precedente: ogni creatura è invitata a lodare ed esaltare il Signore nei secoli. Ci sembra di sentire, così, tutta la creazione che irrompe in un grido di gioia attendendo lei pure di essere liberata dalla caducità e dalla corruzione che sono entrate nel mondo a causa del peccato. In questo cantico tutto il creato vibra sotto le corde dell'arpa di Dio e ogni cosa rivela il segreto del suo infinito amore. In Cristo l'universo è creato e tutto in lui sussiste in quanto egli è il Verbo di Dio che, secondo il Prologo del Vangelo di Giovanni: "Era in principio presso Dio: tutto è stato fatto per mezzo di lui, e senza di lui niente è stato fatto di tutto ciò che esiste. In lui era la vita. Dalla sua pienezza noi tutti abbiamo ricevuto e grazia su grazia"(Gv 1, 2-4.16). Gesù è il principio della creazione nuova prossima a manifestarsi negli ultimi tempi.

AT 46

OSEA 6, 1-6

RISORGERE CON CRISTO

1 Venite, ritorniamo al Signore: †
ci guarirà egli che ci ha straziato, *
ci fascerà egli che ci ha percosso.

2 Dopo due giorni ci ridarà la vita †
e il terzo ci farà rialzare *
e noi vivremo alla sua presenza.

3 Affrettiamoci a conoscere il Signore, *
la sua venuta è sicura come l'aurora.
Verrà a noi come la pioggia di autunno, *
come la pioggia di primavera,
che feconda la terra.

4 "Che dovrò fare per te, Efraim, *
che dovrò fare per te, Giuda?
Il vostro amore è come una nube del mattino, *
come la rugiada che all'alba svanisce.

5 Per questo li ho colpiti per mezzo dei profeti, †
li ho uccisi con le parole della mia bocca *
e il mio giudizio sorge come la luce:

6 poiché voglio l'amore e non il sacrificio, *
la conoscenza di Dio più degli olocausti".

È un cantico che ci esorta ad una vita rinnovata, una vita di conversione quotidiana che ci permetta di crescere nella comunione trinitaria e quindi, nella conoscenza sempre più profonda di Dio: "Affrettiamoci a conoscere il Signore, la sua venuta è sicura come l'aurora", infatti: "Il Signore non ritarda nell'adempiere la sua promessa, come certuni credono; ma usa pazienza verso di noi, non volendo che alcuno perisca, ma che tutti abbiano modo di pentirsi"(2 Pt 3, 9). Che veramente possiamo deciderci per Dio: la conversione è un'esperienza gioiosa del suo Amore fedele che anche nella sofferenza, nella prova, nel buio, nella solitudine non viene mai meno: "Venite, ritorniamo al Signore: ci guarirà egli che ci ha straziato, ci fascerà egli che ci ha percosso. Dopo due giorni ci ridarà la vita e il terzo ci farà rialzare e noi vivremo alla sua presenza"; questi versetti ci richiamano le parole di san Paolo che ci invitano ad avere una vita nuova in Cristo: "Se, dunque, siete risorti con Cristo, cercate le cose di lassù, dove si trova Cristo assiso alla destra di Dio. Voi, infatti, siete morti e la vostra vita è ormai nascosta con Cristo in Dio! Quando si manifesterà Cristo, la vostra vita, allora anche voi sarete manifestati con lui nella gloria"(Col 3, 3-4).

AT 47

AMOS 4, 13; 5, 8; 9, 5-6

SIGNORE È IL SUO NOME

13 Ecco colui che forma i monti e crea i venti, *
che manifesta all'uomo qual è il suo pensiero,
che fa l'alba e le tenebre †
e cammina sulle alture della terra, *
Signore, Dio degli eserciti è il suo nome.

8 Colui che ha fatto le Plèiadi e Orione †
cambia il buio in chiarore del mattino *
e stende sul giorno l'oscurità della notte;
colui che comanda alle acque del mare †
e le spande sulla terra, *
Signore è il suo nome.

5 Il Signore, Dio degli eserciti, †
colpisce la terra ed essa si fonde *
e tutti i suoi abitanti prendono il lutto;
essa si solleva tutta come il Nilo *
e si abbassa come il fiume d'Egitto.

6 Egli costruisce nel cielo il suo soglio *
e fonda la sua volta sulla terra;
egli chiama le acque del mare †
e le riversa sulla terra; *
Signore è il suo nome.

In un certo senso possiamo considerare questo cantico come una bella professione di fede, poiché in esso si riconosce la presenza di Dio nella natura e nella storia del mondo. È lui il princi-

pio e la fine di tutte le cose, lui che domina sovrano su ogni creatura, lui che ha fatto dal nulla tutto ciò che esiste e sempre lui che, pur nella sua onnipresenza e onnipotenza, si ferma davanti alla libertà dell'uomo e delle sue scelte. Sant'Agostino diceva bene, infatti: "Il Dio che ti ha creato senza di te, non può salvarti senza di te".

AT 48

GIONA 2, 3-10

IL SEGNO DI GIONA

3 Nella mia angoscia ho invocato il Signore *
ed egli mi ha esaudito;
dal profondo degli inferi ho gridato *
e tu hai ascoltato la mia voce.

4 Mi hai gettato nell'abisso, †
nel cuore del mare *
e le correnti mi hanno circondato;
tutti i tuoi flutti e le tue onde *
sopra di me sono passati.

5 Io dicevo: Sono scacciato
lontano dai tuoi occhi; *
eppure tornerò a guardare
il tuo santo tempio?

6 Le acque mi hanno sommerso fino alla gola, †
l'abisso mi ha avvolto, *
l'alga si è avvinta al mio capo:

7 Sono sceso alle radici dei monti, †
la terra ha chiuso le sue spranghe *
dietro a me per sempre.
Ma tu hai fatto risalire dalla fossa la mia vita, *
Signore mio Dio.

8 Quando in me sentivo venir meno la vita, *
ho ricordato il Signore.

Fino a te è giunta la mia preghiera, *
fino alla tua santa dimora.

9 Quelli che onorano cose vane *
abbandonano il loro amore.

10 Ma io con voce di lode,
offrirò a te un sacrificio †
e adempirò il voto che ho fatto; *
la salvezza viene dal Signore.

È il cantico di Giona nel ventre della balena, ma per noi esso diventa profezia di Cristo Risorto e Vivente in eterno. Infatti: "Come Giona rimase tre giorni e tre notti nel ventre del pesce, così il Figlio dell'uomo resterà tre giorni e tre notti nel cuore della terra. Ecco, ora qui c'è più di Giona!"(Mt 12, 40-41). Cristo, risalito dagli abissi della terra, non muore più; la morte non ha più potere su di lui: è l'annuncio pasquale che vogliamo far risuonare fino ai confini della terra perché "la salvezza viene dal Signore!"

AT 49

ABACUC 3, 2-4. 13a. 15-19

SEI VENUTO PER SALVARE

2 Signore, ho ascoltato il tuo annunzio, *
Signore, ho avuto timore della tua opera.

Nel corso degli anni manifestala †
falla conoscere nel corso degli anni. *
Nello sdegno ricordati di avere clemenza.

3 Dio viene da Teman, †
il Santo dal monte Paran.

La sua maestà ricopre i cieli, *
delle sue lodi è piena la terra.

4 Il suo splendore è come la luce, †
bagliori di folgore escono dalle sue mani: *
là si cela la sua potenza.

13 Sei uscito per salvare il tuo popolo, *
per salvare il tuo consacrato.
15 Hai affogato nel mare i cavalli dell'empio *
nella melma di grandi acque.

16 Ho udito e fremette il mio cuore, *
a tal voce tremò il mio labbro,
la carie entra nelle mie ossa *
e sotto di me tremano i miei passi.

Sospiro nel giorno dell'angoscia *
che verrà contro il popolo che ci opprime.

17 Il fico infatti non metterà germogli, †
nessun prodotto daranno le viti, *
cesserà il raccolto dell'olivo,

i campi non daranno più cibo, †
i greggi spariranno dagli ovili *
e le stalle rimarranno senza buoi.

18 Ma io gioirò nel Signore, *
esulterò in Dio mio salvatore.

19 Il Signore Dio è la mia forza, †
egli rende i miei piedi
come quelli delle cerve *
e sulle alture mi fa camminare.

È il cantico della manifestazione degli "ultimi tempi" quando, cioè, verrà il tempo in cui: "Vedranno il Figlio dell'uomo venire su una nube con potenza e gloria grande. Quando cominceranno ad accadere queste cose, alzatevi e levate il capo, perché la vostra liberazione è vicina" (Lc 21, 27-28). Attendiamo, dunque, il Signore che viene come la sentinella attende il mattino, perché il suo giorno non tarderà. Accogliamo allora e facciamo nostro il richiamo che Gesù rivolse ai suoi discepoli: "State bene attenti che i vostri cuori non si appesantiscano in dissipazioni, ubriachezze e affanni della vita e che quel giorno non vi piombi addosso improvviso. Vegliate e pregate in ogni momento, perché abbiate la forza di sfuggire a tutto ciò che deve accadere, e di comparire davanti al Figlio dell'uomo" (Lc 21, 34.36) in modo che possiamo cantare anche noi: "Ma io gioirò nel Signore, esulterò in Dio mio salvatore".

AT 50

Sofonia 3, 8-13

Confiderà nel Signore il resto di Israele

8 Aspettami, parola del Signore, *
quando mi leverò per accusare,
perché ho decretato di radunare le genti, *
di convocare i regni,

per riversare su di essi la mia collera, *
tutta la mia ira ardente:
poiché dal fuoco della mia gelosia *
sarà consumata tutta la terra.

9 Allora io darò ai popoli un labbro puro †
perché invochino tutti il nome del Signore *
e lo servano tutti sotto lo stesso giogo.

10 Da oltre i fiumi di Etiopia †
fino all'estremo settentrione, *
i miei supplicanti mi porteranno offerte.

11 In quel giorno non avrai vergogna
di tutti i misfatti *
commessi contro il Signore,

perché allora eliminerò da te
tutti i superbi millantatori *
e tu cesserai di inorgoglirti sopra il mio santo monte. *

12 Farò restare in mezzo a te *
un popolo umile e povero;
confiderà nel nome del Signore *

13 il resto d'Israele.
Non commetteranno più il male *
e non proferiranno menzogna;
non si troverà più nella loro bocca *
una lingua fraudolenta.

Potranno pascolare e riposare *
senza che alcuno li molesti.

Questo cantico è una profezia della conversione che avverrà nel popolo di Israele. All'inizio il Signore sfoga la sua ira: "Dal fuoco della mia gelosia sarà consumata tutta la terra", ma essendo un Padre ricco di misericordia, promette subito dopo di purificare il suo popolo affinché si salvi: "Io darò ai popoli un labbro puro... farò restare in mezzo a te un popolo umile e povero... non commetteranno più iniquità". Sarà lui il loro pastore che se ne prenderà cura: "Potranno pascolare e riposare senza che alcuno li molesti". Dio Padre desidera soprattutto convertire il cuore orgoglioso, eliminando "i superbi", lasciando "il resto di Israele"; coloro che confideranno nel nome del Signore e non in se stessi. E quando viene realizzata questa profezia? Certamente è il cammino di conversione che deve fare ogni cristiano, spogliandosi dell'orgoglio dell'uomo vecchio per rivestirsi di mitezza e umiltà. Però, lo spirito di povertà viene incarnato proprio nelle persone di Gesù e Maria, sua Madre. "Ha disperso i superbi nei pensieri del loro cuore; ha rovesciato i potenti dai troni, ha innalzato gli umili" canta Maria nel Magnificat dopo l'incarnazione del suo Figlio e infatti, egli viene nel mondo "non... per essere servito, ma per servire" (Mt 20, 28) ed è "mite e umile di cuore" (Mt 11, 29). Questa mitezza è frutto dello Spirito Santo ed è lo stesso Spirito che compie la conversione del nostro cuore. Invochiamo, dunque, perché anche noi possiamo far parte di questo popolo, povero in spirito; che erediterà il regno dei cieli" (cfr. Mt 5, 3).

I salmi

Nuovo Testamento (NT)

Canti biblici

NT 1

LUCA 1, 46-55

CANTICO DELLA BEATA VERGINE; IL MAGNIFICAT

46 L'anima mia magnifica il Signore *
47 e il mio spirito esulta in Dio, mio salvatore,

48 perché ha guardato l'umiltà della sua serva. *
D'ora in poi tutte le generazioni
mi chiameranno beata.

49 Grandi cose ha fatto in me l'Onnipotente *
e Santo è il suo nome:

50 di generazione in generazione la sua misericordia *
si stende su quelli che lo temono.

51 Ha spiegato la potenza del suo braccio, *
ha disperso i superbi nei pensieri del loro cuore;

52 ha rovesciato i potenti dai troni, *
ha innalzato gli umili;

53 ha ricolmato di beni gli affamati, *
ha rimandato i ricchi a mani vuote.

54 Ha soccorso Israele, suo servo, *
ricordandosi della sua misericordia,

55 come aveva promesso ai nostri padri, *
ad Abramo e alla sua discendenza,
per sempre.

È il cantico di esultanza con il quale Maria risponde al saluto di Elisabetta che la proclama beata per aver creduto alla Parola: "E beata colei che ha creduto nell'adempimento delle parole del Signore" (Lc 1, 45). Per la fede di Maria, per il suo casto abbandono a Dio, il Verbo si è fatto carne, è entrato nella storia, si è fatto storia e ha dato una svolta decisiva al destino dell'uomo. Nelle righe di questo cantico possiamo rinvenire tutta la pedagogia divina, il metodo mediante il quale egli educa con amore i suoi figli perché si conformino all'immagine del Santo che ci ha chiamati dalle tenebre alla sua mirabile luce: "Ha disperso i superbi ... ha innalzato gli umili... ha ricolmato di beni gli affamati, ha rimandato i ricchi a mani vuote...". Maria, estasi di un cuore perduto in Dio, contempla la potente destra del Signore spiegata in difesa del povero, dell'ultimo e, proprio in virtù del fatto che ella si è ritenuta l'ultima tra tutte le creature, ne è stata elevata al di sopra, divenendo dimora di Dio, Arca santa nella cui carne la promessa della venuta del Messia, fatta ai padri, ha trovato pieno compimento.

NT 2

LUCA 1, 68-79

CANTICO DI ZACCARIA; IL BENEDICTUS

68 Benedetto il Signore Dio d'Israele, *
perché ha visitato e redento il suo popolo,

68 e ha suscitato per noi una salvezza potente *
nella casa di Davide, suo servo,

70 come aveva promesso *
per bocca dei suoi santi profeti d'un tempo:

71 salvezza dai nostri nemici, *
e dalle mani di quanti ci odiano.

72 Così egli ha concesso misericordia ai nostri padri *
e si è ricordato della sua santa alleanza,

73 del giuramento fatto ad Abramo, nostro padre, *
di concederci, liberati dalle mani dei nemici,

di servirlo senza timore,
73 in santità e giustizia *
al suo cospetto, per tutti i nostri giorni.

76 E tu, bambino, sarai chiamato profeta dell'Altissimo *
perché andrai innanzi al Signore
a preparargli le strade,

77 per dare al suo popolo la conoscenza della salvezza *
nella remissione dei suoi peccati,

78 grazie alla bontà misericordiosa del nostro Dio, *
per cui verrà a visitarci dall'alto un sole che sorge,

78 per rischiarare quelli che stanno nelle tenebre
e nell'ombra della morte *

e dirigere i nostri passi
sulla via della pace.

È il cantico profetico di Zaccaria guarito dal mutismo derivante dalla sua incredulità circa la maternità matura di Elisabetta, che ora parla benedicendo e lodando Dio e, pieno di Spirito Santo, riconosce i segni del compimento della sua promessa: "Benedetto il Signore Dio di Israele perché ha visitato e redento il suo popolo e ha suscitato per noi una salvezza potente nella casa di Davide, suo servo, come aveva promesso per bocca dei suoi santi profeti d'un tempo...". È un cantico di lode per la fedeltà di Dio che, quando venne la pienezza del tempo mandò il suo Figlio ..." (Gal 4, 4) visitando il suo popolo e suscitando per esso questa salvezza tanto potente da sconfiggere la morte. Sì, Dio è fedele e per questo "si è ricordato della sua santa alleanza" stipulata definitivamente ed irrevocabilmente nel Sangue dell'Agnello perché finalmente "liberati dalle mani dei nemici possiamo servirlo in santità e giustizia al suo cospetto, per tutti i nostri giorni". Gioisca, dunque, la santa Chiesa, nell'adorare Gesù Cristo crocifisso e risorto che ha spalancato per noi la porta eterna e ci ha resi partecipi della sua gloria immortale. Tutti siamo stati invitati al banchetto di nozze dell'Agnello, divenendo non più servi, ma amici dello Sposo. E Giovanni il Battista, che Gesù stesso definisce "il più grande tra i nati di donna" (cfr. Mt 11, 11) è questo caro amico dello sposo che esulta di gioia alla sua voce (Gv 3, 29) e che è venuto a preparare le vie del Signore gridando nel deserto della nostra vita e rompendo il nostro silenzio di morte: "Io sono voce di uno che grida nel deserto: Preparate la via del Signore, come disse il profeta Isaia" (Gv 1, 23). È, infatti, la missione di ogni cristiano: preparare la via della conversione, perché il Signore viene e non tarderà.

NT 3

LUCA 2, 29-32

CANTICO DI SIMEONE; IL NUNC DIMITTIS

29 Ora lascia, o Signore, che il tuo servo *
vada in pace secondo la tua parola;

30 perché i miei occhi han visto la tua salvezza, *
31 preparata da te davanti a tutti i popoli,

32 luce per illuminare le genti *
e gloria del tuo popolo Israele.

È il cantico di Simeone "uomo giusto e timorato di Dio, che aspettava il conforto d'Israele; lo Spirito Santo che era sopra di lui, gli aveva preannunziato che non avrebbe visto la morte senza prima aver veduto il Messia del Signore" (Lc 2, 25-26) e ora che lo tiene tra le sue braccia prorompe in quest'inno di lode; finalmente adora e contempla la salvezza di Dio dal momento che "una luce si è levata per il giusto, gioia per i retti di cuore" (Sal 97, 11). Veramente il Signore è la luce che rischiara le nostre tenebre e illumina di significato la nostra vita. Simeone ha aspettato tutta la vita questo momento. Come sempre, il Signore non è venuto meno, non ha mancato all'appuntamento perché "egli rimane fedele, perché non può rinnegare se stesso" (2 Tm 2, 13). Alla fedeltà e puntualità del Signore, Simeone ha risposto con la perseveranza e la fiducia nella Parola di Dio che non delude mai. Cristo è questa Parola divenuta Pane di vita; nutriti di questo pane camminiamo con gioia incontro al Signore che viene.

NT 4

MATTEO 5, 3-12

PER IL REGNO DEI CIELI

3 Beati i poveri in spirito, *
perché di essi è il regno dei cieli.
4 Beati gli afflitti, *
perché saranno consolati.

5 Beati i miti, *
perché erediteranno la terra.
3 Beati quelli che hanno fame
e sete della giustizia, *
perché saranno saziati.

7 Beati i misericordiosi, *
perché troveranno misericordia.
8 Beati i puri di cuore, *
perché vedranno Dio.

9 Beati gli operatori di pace, *
perché saranno chiamati figli di Dio.
10 Beati i perseguitati per causa della giustizia, *
perché di essi è il regno dei cieli.

11 Beati voi quando vi insulteranno,
vi perseguiteranno †
e, mentendo, diranno ogni sorta di male *
contro di voi per causa mia.

12 Rallegratevi ed esultate, *
perché grande è la vostra ricompensa nei cieli.

Le Beatitudini che ci vengono presentate in questo cantico rientrano nel discorso della montagna fatto da Gesù, parte essenziale del Vangelo di Matteo. Le Beatitudini rappresentano l'identità del cristiano che, nello spirito evangelico, testimonia Cristo tenendosi a lui unito come il tralcio che non può far frutto se non rimane unito alla vite (cfr. Gv 14, 4). Le Beatitudini descrivono così il prototipo di chi vuol mettersi al servizio del Regno di Dio: ai piccoli infatti, ossia ai poveri, ai miti, a coloro che sono affamati e assetati di giustizia, ai misericordiosi, ai puri, agli operatori di pace, ai perseguitati, vengono rivelati i misteri del regno; essi sono gli invitati al banchetto di nozze dell'Agnello, invitati a conformarsi alla persona di Gesù Cristo per seguirlo sulla stessa strada da lui intrapresa, invitati quindi ad essere "Cristiformi" perché, nella misura in cui scegliamo Cristo, possiamo essere trasformati a sua immagine e somiglianza. Beati noi quando decidiamo di seguire il verbo della vita e di comportarci come lui si è comportato; beati noi quando accogliamo la volontà di Dio nella nostra vita e diveniamo costruttori di pace per un mondo assetato di pace; beati noi quando cerchiamo "prima il regno di Dio e la sua giustizia" (Mt 6, 34).

NT 5 

GIOVANNI 1, 1. 3-4. 9-11. 14. 16.

IL VERBO SI FECE CARNE

1 In principio era il Verbo, †
e il Verbo era presso Dio *
e il Verbo era Dio.

3 Tutto è stato fatto per mezzo di lui, *
e senza di lui nulla è stato fatto
di tutto ciò che esiste.
4 In lui era la vita *
e la vita era la luce degli uomini.

9 Veniva nel mondo la luce vera, *
quella che illumina ogni uomo.
10 Egli era nel mondo, †
e il mondo fu fatto per mezzo di lui, *
eppure il mondo non lo riconobbe.
11 Venne tra la sua gente, *
ma i suoi non l'hanno accolto.

14 E il Verbo si fece carne, *
e venne ad abitare in mezzo a noi;
e noi vedemmo la sua gloria, †
gloria come di unigenito dal Padre, *
pieno di verità e di grazia.

16 Dalla sua pienezza †
noi tutti abbiamo ricevuto *
e grazia su grazia.

Possiamo pensare al Prologo del Vangelo di san Giovanni, una parte cospicua del quale ci viene presentato in questo cantico come al più sublime trattato di teologia che mai è stato scritto. Ci troviamo infatti, di fronte ad un inno meraviglioso a Cristo, Verbo di Dio, che dà la vita e la dona in abbondanza. Il mistero della creazione e della redenzione si compendia proprio nella figura dello "Unigenito del Padre, pieno di grazia e di verità". Il Verbo si incarna: ecco quasi il paradosso della nostra fede, un sublime atto d'amore che l'uomo non sempre riconosce: "Venne fra la sua gente, ma i suoi non l'hanno accolto". Eppure "noi vedemmo la sua gloria... dalla sua pienezza noi tutti abbiamo ricevuto e grazia su grazia": ecco la teofania, la manifestazione di Dio rivelato dall'Unigenito Figlio suo: "Chi vede me, vede il Padre; io sono nel Padre e il Padre è in me" (Gv 14, 9). L'Incarnazione è il vertice sommo, il punto di coesione tra Antico e Nuovo Testamento dal momento che "la legge fu data per mezzo di Mosè, la grazia e la verità vennero per mezzo di Gesù Cristo. Dio nessuno l'ha mai visto: proprio il Figlio Unigenito, che è nel seno del Padre, lui lo ha rivelato" (Gv 1, 17-18). Riportiamo i primi versetti della prima lettera di san Giovanni a spiegazione di quanto abbiamo finora detto: "Ciò che era fin da principio, ciò che noi abbiamo udito, ciò che noi abbiamo veduto con i nostri occhi, ciò che noi abbiamo contemplato e ciò che le nostre mani hanno toccato, ossia il Verbo della vita ..., quello che abbiamo veduto e, udito, noi lo annunziamo anche a voi, perché anche voi siate in comunione con noi. La nostra comunione è col Padre e col Figlio suo Gesù Cristo. Queste cose vi scrìviamo, perché la nostra gioia sia perfetta" (1Gv 1, 1. 3-4).

NT 6

ROMANI 8, 14-17

SIAMO FIGLI DI DIO

14 Tutti quelli che sono guidati
dallo Spirito di Dio *
sono figli di Dio.

15 E voi non avete ricevuto uno spirito da schiavi *
per ricadere nella paura,
ma avete ricevuto uno spirito da figli adottivi *
per il quale gridiamo: “Abbà, Padre!”.

16 Lo Spirito stesso attesta al nostro spirito *
che siamo figli di Dio.

17 E se siamo figli siamo anche eredi: *
eredi di Dio, coeredi di Cristo,
se partecipiamo alle sue sofferenze *
per condividere anche la sua gloria.

“Fratelli, noi fin d’ora siamo figli di Dio ma ciò che saremo non è stato ancora rivelato”; ben spiega questo versetto della prima lettera di san Giovanni (1 Gv 3, 2) il contenuto di questo cantico che ci rivela la dignità filiale alla quale siamo stati elevati in virtù della grazia dello Spirito Santo donataci per mezzo di Cristo Gesù. In questo dobbiamo riconoscere come la Chiesa sia continuamente guidata dall’azione dello Spirito di Verità, Colui che ci guiderà alla verità tutta intera” (Gv 16, 13). Crediamo, allora, con fermezza che “non abbiamo ricevuto uno spirito da schiavi per ricadere nella paura, ma abbiamo ricevuto “uno spirito da figli adottivi per il quale gridiamo: ‘Abbà Padre’ ”. Gesù

Figlio ci ha trasmesso questa preziosa eredità, rendendoci partecipi dei beni futuri a condizione che "partecipiamo alle sue sofferenze per condividere anche la sua gloria"; è l'invito di Gesù ad ogni cristiano: "Chi non prende la sua croce e non mi segue, non è degno di me. Chi avrà trovato la sua vita, la perderà: e chi avrà perduto la sua vita per causa mia, la troverà" (Mt 10, 38-39).

NT 7

ROMANI 8,31-35. 37-39

CHI CI SEPARERÀ DALL'AMORE DI CRISTO?

31 Se Dio è per noi, chi sarà contro di noi? *

32 Dio, che non ha risparmiato il proprio Figlio, †
ma lo ha dato per tutti noi, *
come non ci donerà ogni cosa insieme con lui?

33 Chi accuserà gli eletti di Dio? *
Dio giustifica. Chi potrà condannare?
Cristo Gesù, che è morto,
anzi, che è risuscitato, *
sta alla destra di Dio e intercede per noi?

35 Chi ci separerà dunque dall'amore di Cristo? †
Forse la tribolazione, l'angoscia,
la persecuzione, *
la fame, la nudità, il pericolo, la spada?
37 Ma in tutte queste cose
noi siamo più che vincitori *
per virtù di colui che ci ha amati.

38 Io sono infatti persuaso che né morte, né vita †
né angeli, né principati,
né presente, né avvenire, *
39 né potenze, né profondità, né altezze,
né alcun'altra creatura †
potrà mai separarci dall'amore di Dio *
in Cristo Gesù, nostro Signore.

Questo cantico tratto dalla lettera ai Romani rivela e descrive la forza del cristiano che in Cristo, Roccia eterna, trova e vive il coraggio della propria fede: "Se Dio è per noi, chi sarà contro di noi?" e infatti Gesù stesso ha detto di Sé: "Ecco, io sono con voi tutti i giorni, fino alla fine del mondo" (Mt 28, 20). Certamente queste parole sono una garanzia che non stiamo combattendo invano le nostre battaglie: "Per il resto, attingete forza nel Signore e nel vigore della sua potenza. Rivestitevi dell'armatura di Dio, per poter resistere alle insidie del diavolo. La nostra battaglia, infatti, non è contro creature fatte di sangue e di carne, (e contro tutto ciò che in qualche modo da essa deriva: la tribolazione, l'angoscia, la persecuzione, la fame, la nudità, il pericolo, la spada), ma contro i Principati e le Potestà, contro i dominatori di questo mondo di tenebra, contro gli spiriti del male che abitano nelle regioni celesti" (Ef 6, 10-12). Tuttavia, il cristiano non deve perdersi d'animo perché "in tutte queste cose noi siamo più che vincitori per virtù di colui che ci ha amati". Sì, Gesù ha profetizzato che avremmo tribolazione nel mondo, ma ci ha dato questo ammonimento: "Abbiate fiducia; io ho vinto il mondo! (Gv. 16, 33).

NT 8 

ROMANI 11, 33-36

LE VIE DI DIO

33 O profondità della ricchezza,
della sapienza e della scienza di Dio! †
Quanto sono imperscrutabili i suoi giudizi, *
e inaccessibili le sue vie!

34 Infatti, chi mai ha potuto conoscere
il pensiero del Signore? *
O chi mai è stato suo consigliere?
35 O chi gli ha dato qualcosa per primo, *
sì che abbia a riceverne il contraccambio?

36 Poiché da lui, grazie a lui, e per lui †
sono tutte le cose. *
A lui la gloria nei secoli. Amen.

È un inno di lode a Dio che con sublime sapienza regge e governa tutte le cose guidandole secondo il suo mirabile e imperscrutabile disegno. Parliamo così di quella misteriosa Provvidenza divina che, snodandosi attraverso le molteplici vicende umane, indirizza tutto e tutti verso Colui che è principio e fine di tutte le cose: "Io sono l'Alfa e l'Omega"(Ap 1, 8). Affidiamo completamente la nostra esistenza alla Sapienza divina perché: "Tutto concorre al bene di coloro che amano Dio, che sono stati chiamati secondo il suo disegno" (Rm 8, 28).

NT 9

1CORINZI 13, 1-7

INNO ALLA CARITÀ

1 Se anche parlassi
le lingue degli uomini e degli angeli, †
ma non avessi la carità, *
sono come un bronzo che risuona
o un cembalo che tintinna.

2 E se avessi il dono della profezia *
e conoscessi tutti i misteri e tutta la scienza,
e possedessi la pienezza della fede *
così da trasportare le montagne,
ma non avessi la carità, *
non sono nulla.

3 E se anche distribuissi tutte le mie sostanze *
e dessi il mio corpo per essere bruciato,
ma non avessi la carità, *
niente mi giova.

4 La carità è paziente, *
è benigna la carità;
non è invidiosa la carità, *
non si vanta, non si gonfia.

5 Non manca di rispetto,
non cerca il suo interesse, *
non si adira,
non tiene conto del male ricevuto,

6 non gode dell'ingiustizia, *
ma si compiace della verità.

7 Tutto copre, tutto crede, *
tutto spera, tutto sopporta.

È uno degli inni più belli che troviamo nel Nuovo Testamento e che, in un certo senso, ne racchiude l'essenza: l'Amore. "Uno degli scribi si accostò a Gesù e gli domandò: Qual è il primo di tutti i comandamenti? Gesù rispose: Il primo è: Ascolta, Israele. Il Signore Dio nostro è l'unico Signore; amerai, dunque, il Signore Dio tuo con tutto il tuo cuore, con tutta la tua mente e con tutta la tua forza. E il secondo è questo: Amerai il prossimo tuo come te stesso. Non c'è altro comandamento più importante di questi"(Mc 12, 28-31). Ed ancora Gesù ha detto: "Da questo tutti sapranno che siete miei discepoli: se avrete amore gli uni per gli altri"(Gv 13, 35). L'amore è il fondamento di tutta la Legge e i Profeti, segno tangibile del nostro essere in Dio il Quale ci ha amati per primo: "Carissimi, amiamoci gli uni gli altri, perché l'amore è da Dio: chiunque ama è generato da Dio e conosce Dio. Chi non ama non ha conosciuto Dio, perché Dio è amore. Se Dio ci ha amato, anche noi dobbiamo amarci gli uni gli altri. (1 Gv 4, 7.11). Il cristiano, dunque, è colui che risponde con l'amore all'Amore e questo nelle piccole occupazioni quotidiane attraverso l'esercizio della pazienza, dell'umiltà, del desiderare il bene altrui secondo le indicazioni preziose offerteci da questo cantico che ben si presta al nostro quotidiano esame di coscienza.

NT 10

cfr. EFESINI 1, 3-10

CI HA BENEDETTI IN CRISTO

3 Benedetto sia Dio,
Padre del Signore nostro Gesù Cristo, *
che ci ha benedetti
con ogni benedizione spirituale nei cieli, in Cristo.

4 In lui ci ha scelti *
prima della creazione del mondo,
per trovarci, al suo cospetto, *
santi e immacolati nell'amore.

5 Ci ha predestinati *
a essere suoi figli adottivi
per opera di Gesù Cristo, *
6 secondo il beneplacito del suo volere,

a lode e gloria
della sua grazia, *
che ci ha dato
nel suo Figlio diletto.

7 In lui abbiamo la redenzione
mediante il suo sangue, †
la remissione dei peccati *
secondo la ricchezza della sua grazia.

8 Dio l'ha abbondantemente riversata su di noi
con ogni sapienza e intelligenza, *
9a poiché egli ci ha fatto conoscere
il mistero del suo volere,

10b il disegno di ricapitolare in Cristo
tutte le cose, *
quelle del cielo
come quelle della terra.

9b Nella sua benevolenza
lo aveva in lui prestabilito *
10a per realizzarlo
nella pienezza dei tempi.

Bene e male sono, quindi, considerati alla luce dell'opera redentrice di Cristo. Essa, come fa intuire Paolo, coinvolge tutto il creato, nella varietà delle sue componenti (cfr Rm 8,18-30). La stessa natura infatti, come è sottoposta al non senso, al degrado e alla devastazione provocata dal peccato, così partecipa alla gioia della liberazione operata da Cristo nello Spirito Santo. Si delinea, pertanto, l'attuazione piena del progetto originale del Creatore: quello di una creazione in cui Dio e uomo, uomo e donna, umanità e natura siano in armonia, in dialogo, in comunione. Questo progetto, sconvolto dal peccato, è ripreso in modo più mirabile da Cristo, che lo sta attuando misteriosamente, ma efficacemente nella realtà presente, in attesa di portarlo a compimento. Gesù stesso ha dichiarato di essere il fulcro e il punto di convergenza di questo disegno di salvezza quando ha affermato: "Io, quando sarò elevato da terra, attirerò tutti a me" (Gv 12,32). E l'evangelista Giovanni presenta quest'opera proprio come una specie di ricapitolazione, un "riunire insieme i figli di Dio che erano dispersi" (Gv 11,52). Quest'opera giungerà a pienezza nel compimento della storia, allorché, è ancora Paolo a ricordarlo, "Dio sarà tutto in tutti" (1Cor 15,28).

Giovanni Paolo II

NT 11

FILIPPESI 2, 6-11

OBBEDIENTE FINO ALLA MORTE

6 Cristo Gesù, pur essendo di natura divina, *
non considerò un tesoro geloso
la sua uguaglianza con Dio;

7 ma spogliò se stesso, †
assumendo la condizione di servo *
e divenendo simile agli uomini;

apparso in forma umana,
8 umiliò se stesso †
facendosi obbediente fino alla morte *
e alla morte di croce.

9 Per questo Dio l'ha esaltato *
e gli ha dato il nome
che è al di sopra di ogni altro nome;

10 perché nel nome di Gesù
ogni ginocchio si pieghi *
nei cieli, sulla terra
e sotto terra;

11 e ogni lingua proclami
che Gesù Cristo è il Signore, *
a gloria di Dio Padre.

È un inno cristologico che esalta l'umiltà del Servo di Jahve e la sua obbedienza alla Volontà del Padre: "mio cibo è fare la volontà di colui che mi ha mandato a compiere la sua opera"(Gv 4, 34). In questo cantico adoriamo Dio che spogliatosi della sua regalità eccelsa, ha assunto la nostra condizione umana obbedien-

te fino alla morte e alla morte di croce". Ma è scritto: "chiunque si esalta sarà umiliato, e chi si umilia sarà esaltato" (Lc 14, 11) Se Gesù è stato esaltato al di sopra di ogni altra creatura significa che si è reso il più piccolo di tutti e per questo il suo nome è glorioso "nei cieli, sulla terra e sotto terra". Gesù, nella sua persona, porta a compimento le parole del profeta Isaia: "Al Signore è piaciuto prostrarlo con dolori. Quando offrirà se stesso in espiazione vedrà una discendenza, vivrà a lungo, si compirà per mezzo suo la volontà del Signore... Io gli darò in premio le moltitudini, dei potenti egli farà bottino, perché ha consegnato se stesso alla morte ed è stato annoverato fra gli empi, mentre egli portava il peccato di molti e intercedeva per i peccatori" (Is 53, 10. 12).

NT 12

cfr. Colossesi 1, 3. 12-20

Primato e pienezza di Cristo

3 Ringraziamo con gioia Dio, *
Padre del Signore nostro Gesù Cristo,
12 perché ci ha messi in grado di partecipare *
alla sorte dei santi nella luce,

13 ci ha liberati dal potere delle tenebre, *
ci ha trasferiti nel regno del suo Figlio diletto,
14 per opera del quale abbiamo la redenzione, *
la remissione dei peccati.

15 Cristo è immagine del Dio invisibile, *
generato prima di ogni creatura;
17 è prima di tutte le cose *
e tutte in lui sussistono.

16 Tutte le cose sono state create per mezzo di lui *
e in vista di lui:
quelle nei cieli e quelle sulla terra, *
quelle visibili e quelle invisibili.

18 Egli è il capo del corpo, che è la Chiesa; *
è il principio di tutto,
il primogenito di coloro che risuscitano dai morti, *
per ottenere il primato su tutte le cose.

19 Piacque a Dio di far abitare in lui ogni pienezza, *
20 per mezzo di lui riconciliare a sé tutte le cose,
rappacificare con il sangue della sua croce, *
gli esseri della terra e quelli del cielo.

È un inno di ringraziamento a Dio Padre, rivelatosi a noi attraverso il suo Figlio. Cristo, "immagine del Dio invisibile", ci rivela l'amore del Padre, soprattutto con la sua morte in croce, con la quale ci ha redenti, donandoci la speranza della risurrezione. Infatti è "il primogenito di coloro che risuscitano dai morti". In tal modo, ci ha "liberati dal potere delle tenebre", dalla schiavitù del peccato: "laddove è abbondato il peccato, ha sovrabbondato la grazia, perché come il peccato aveva regnato con la morte, così regni anche la grazia con la giustizia per la vita eterna, per mezzo di Gesù Cristo nostro Signore" (Rm 5, 20-21). Infatti le parole di questo cantico esprimono il compimento della profezia di Isaia: "Il popolo che camminava nelle tenebre vide una grande luce; su coloro che abitavano in terra tenebrosa una luce rifulse, poiché il giogo (del peccato) che gli pesava tu hai spezzato; ci è stato dato un figlio, Dio potente, Principe della pace" (cfr. Is 9, 1-5).

NT 13

1 TIMOTEO 2, 5-6; 3, 16; 6, 15-16

MEDIATORE FRA DIO E GLI UOMINI

5 Uno solo è Dio †
e uno solo il mediatore fra Dio e gli uomini, *
l'uomo Gesù Cristo
6 che ha dato se stesso in riscatto per tutti.
Questa testimonianza egli l'ha data *
nei tempi stabiliti.

14 Dobbiamo confessare *
che grande è il mistero dell'amore:

Egli si manifestò nella carne, *
fu giustificato nello Spirito,
apparve agli angeli, *
fu annunziato ai pagani,
fu creduto nel mondo, *
fu assunto nella gloria.

15 Al tempo stabilito egli sarà a noi rivelato
dal beato e unico sovrano, *
il Re dei regnanti e Signore dei signori,
16 il solo che possiede l'immortalità, *
che abita una luce inaccessibile;
che nessuno fra gli uomini ha mai visto,
né può vedere. *
A lui gloria e potenza nei secoli. Amen.

È il cantico della Chiesa in cammino verso l'incontro con il suo Sposo, il cantico di ogni credente che riconosce in Cristo la causa e la sorgente prima della salvezza. Infatti: "Cristo, venuto come sommo sacerdote di beni futuri, con il proprio sangue entrò una volta per sempre nel santuario, procurandoci così una redenzione eterna"(Eb 9, 11-12). Per questo egli è il solo mediatore fra Dio e gli uomini, il sacerdote eterno che di sé ha detto: "Per loro io consacro me stesso"(Gv 17, 19). A sua immagine, la Chiesa è questo popolo sacerdotale che nell'annuncio evangelico e nella testimonianza della fede fa conoscere Cristo ai pagani e anima la fede del mondo in attesa dei beni futuri, quando, entrando nella vita eterna, potremo godere della luce del suo volto e dell'incontro gioioso con lui.

NT 14

cfr. 1 TIMOTEO 3, 16

IL MISTERO DI CRISTO

R Popoli tutti, lodate il Signore.

16 Cristo si manifestò nella carne, *
fu giustificato nello Spirito.

R Popoli tutti, lodate il Signore.

Apparve agli angeli *
fu annunziato ai pagani.

R Popoli tutti, lodate il Signore.

Fu creduto nel mondo, *
fu assunto nella gloria.

R Popoli tutti, lodate il Signore.

Questo cantico invita tutti i popoli a glorificare il Signore perché fu incarnato, rivelato ai pagani e finalmente ascese in cielo, dove siede alla destra del Padre. È una preghiera che ognuno può far sua in ringraziamento al Signore, rivelatosi a noi nel suo grande disegno di amore.

NT 15

2 TIMOTEO 2, 11-13

EGLI RIMANE FEDELE

11 Se moriamo con Cristo, *
vivremo anche con lui;
12 se con lui perseveriamo, *
con lui anche regneremo.
Se lo rinneghiamo, *

anch'egli rinnegherà noi;
13 se noi manchiamo di fede, †
egli rimane fedele, *
perché non può rinnegare se stesso.

Il cristiano è colui che si conforma pienamente alla persona di Gesù e lo segue con amore e fede nel cammino da lui stesso tracciato. Questo cantico evidenzia la profonda unione sussistente tra Cristo e la sua Chiesa ricordandosi le stesse parole pronunciate da Gesù nel Vangelo di Giovanni: "Voi siete già mondi, per la parola che vi ho annunziato. Rimanete in me e io in voi. Come il tralcio non può far frutto da se stesso se non rimane nella vite, così anche voi se non rimanete in me. Io sono la vite, voi i tralci. Chi rimane in me e io in lui fa molto frutto, perché senza di me non potete far nulla" (Gv 15, 3-5); Ecco spiegata, dunque, la necessità di vivere in Cristo la nostra vita, nella sofferenza perché possiamo partecipare alla sua gloria, facendo morire l'uomo vecchio in noi perché possiamo vivere una nuova vita in Colui che è "la via, la verità e la vita" (Gv 14, 6).

NT 16

TITO 3, 4-7

GIUSTIFICATI DALLA SUA GRAZIA

4 Quando si sono manifestati
la bontà di Dio, salvatore nostro, †
e il suo amore per gli uomini, *
5 egli ci ha salvati
non in virtù di opere di giustizia
da noi compiute, *
ma per la sua misericordia

mediante un lavacro di rigenerazione *
e di rinnovamento nello Spirito Santo,
6 effuso da lui su di noi abbondantemente *
per mezzo di Gesù Cristo, salvatore nostro,

7 perché giustificati dalla sua grazia *
diventassimo eredi, secondo la speranza,
della vita eterna.

"Quando venne la pienezza del tempo, Dio Padre mandò il suo Figlio, nato sotto la legge per riscattare coloro che erano sotto la legge, perché ricevessimo l'adozione a figli" (Gal 4, 4-5). Queste parole che spiegano i vv. 4 e 5 del presente cantico contengono in sé in maniera quasi compressa il mistero della bontà di Dio, del suo amore per gli uomini, della salvezza offertaci nel suo Figlio come leggiamo nel Benedictus: "Ha suscitato per noi una salvezza potente nella casa di Davide suo servo come aveva promesso.... " (Lc 1, 69-70) e questo non per alcun nostro merito ma, ci ricorda il cantico: "salvati per la sua misericordia"; "giustificati dalla sua grazia". Per entrare nel Regno dei cieli, dobbiamo però

collaborare con questa grazia donataci gratuitamente, spogliarci "dell'uomo vecchio con le sue azioni" e rivestirci del nuovo (cfr. Col 3, 9). E come rinnovarci? Il cantico stesso ci risponde: mediante lo Spirito Santo "effuso... su di noi abbondantemente per mezzo di Gesù Cristo". È lo Spirito che plasma il nostro cuore quando lo invochiamo con insistenza affinché diventiamo coeredi con Cristo della vita eterna.

NT 17

1 Pietro 1, 3-9

Rigenerati nella risurrezione di Cristo

3 Sia benedetto Dio
e Padre del Signore nostro Gesù Cristo; †
nella sua grande misericordia
egli ci ha rigenerati, *
mediante la risurrezione di Gesù Cristo
dai morti,
per una speranza viva,
4 per una eredità che non si corrompe, *
non si macchia e non marcisce.

Essa è conservata nei cieli per voi, †
5 che dalla potenza di Dio
siete custoditi mediante la fede, *
per la vostra salvezza
pronta a rivelarsi negli ultimi tempi.

6 Perciò siete ricolmi di gioia, †
anche se ora, per un po' di tempo, *
dovete essere afflitti da varie prove.
Come l'oro, che, pur destinato a perire,
tuttavia si prova col fuoco, †
7 così il valore della vostra fede,
che è molto più preziosa dell'oro, *
torni a vostra lode, gloria e onore
nella manifestazione di Gesù Cristo.

8 Voi lo amate, pur senza averlo visto; *
e ora, senza vederlo, credete in lui.
Perciò esultate di gioia, indicibile e gloriosa, †

9 mentre conseguite la meta della vostra fede, *
cioè la salvezza delle anime.

È il cantico della speranza cristiana derivante dalla gioia dell' annuncio pasquale: "Mediante la risurrezione di Gesù Cristo dai morti". La speranza, infatti, ci introduce nella dimensione della vita eterna e dà ragione e spiegazione ad ogni avvenimento della nostra vita, infatti: "Noi ci vantiamo anche nelle tribolazioni, ben sapendo che la tribolazione produce pazienza, la pazienza una virtù provata e la virtù provata la speranza. La speranza poi non delude, perché l'amore di Dio è stato riversato nei nostri cuori per mezzo dello Spirito Santo che ci è stato dato" (Rm 5, 3-5). Non parliamo di una forma di consolazione, ma del sostrato che contiene il deposito della nostra fede. In questo senso, la speranza cristiana diventa fonte di gioia "anche se ora, per un po' di tempo, dobbiamo essere afflitti da varie prove" e Gesù stesso, a tal proposito ci dice: "Voi avrete tribolazione nel mondo, ma abbiate fiducia; io ho vinto il mondo!" (Gv 16, 33). Camminiamo, dunque, nella fede, nella speranza e nella carità, rendendo così più vicina la venuta del Regno di Dio tra noi.

NT 18

cfr. 1 PIETRO 2, 21-25a

EGLI PORTÒ I NOSTRI PECCATI

21 Cristo patì per voi,
lasciandovi un esempio, *
perché ne seguiate le orme:

22 egli non commise peccato *
e non si trovò inganno
sulla sua bocca;

23 oltraggiato non rispondeva con oltraggi, *
e soffrendo
non minacciava vendetta,

ma rimetteva la sua causa *
a colui che giudica con giustizia.

Egli portò i nostri peccati nel suo corpo *
sul legno della croce,

perché, non vivendo più per il peccato, †
vivessimo per la giustizia; *
dalle sue piaghe siamo stati guariti.

Cristo patì per noi lasciandoci un esempio, perché ne seguiamo le orme. Aveva detto ai suoi discepoli durante la sua vita: "Se qualcuno vuol venire dietro a me, rinneghi se stesso, prenda la sua croce ogni giorno e mi segua" (Lc 9, 23). Con la sua morte in croce, ci ha dato l'esempio sublime per il cristiano di un amore talmente grande che si dona interamente agli altri. Egli era senza difetto, ma ha sofferto per le nostre colpe, liberandoci dalla schiavitù del peccato; si è fatto "vittima di espiazione" (cfr. 1 Gv 4, 10), caricando i peccati del mondo su di sé con tutte le malattie spirituali e fisiche. "Dalle sue piaghe siamo stati guariti" dice il cantico, riecheggiando la profezia di Isaia: "egli si è caricato delle nostre sofferenze, si è addossato i nostri dolori" (Is 53, 4). Un'espressione talmente profonda di amore esige una risposta da noi e, infatti, ci invita a completare con gioia nella nostra carne ciò che manca alla Passione di Cristo, a vantaggio del suo corpo che è la Chiesa (cfr. Col 1, 24).

NT 19

cfr. APOCALISSE 4, 11; 5, 9. 10. 12.13. 14.

IL CANTO NUOVO DEI REDENTI

11 Tu sei degno, o Signore e Dio nostro, *
di ricevere la gloria,
l'onore e la potenza,

perché tu hai creato tutte le cose, †
per la tua volontà furono create, *
per il tuo volere sussistono.

9 Tu sei degno, o Signore,
di prendere il libro *
e di aprirne i sigilli,

perché sei stato immolato †
e hai riscattato per Dio con il tuo sangue *
uomini di ogni tribù, lingua, popolo e nazione

10 e li hai costituiti per il nostro Dio
un regno di sacerdoti *
e regneranno sopra la terra.

12 L'Agnello che fu immolato è degno di potenza,
ricchezza, sapienza e forza, *
onore, gloria e benedizione.

13 A Colui che siede sul trono e all'Agnello †
lode, onore, gloria e potenza, *
nei secoli dei secoli.
14 Amen.

Il seguente cantico è un inno di lode a Gesù, Agnello Immolato che nel suo sacrificio ha pagato il prezzo del nostro riscatto, liberandoci dall'opprimente giogo del peccato affinché anche noi, morti con lui, potessimo risorgere a vita nuova. "Per le sue piaghe noi siamo stati guariti" (Is 53, 5). In virtù della salvezza offertaci nel suo Sangue ha riscattato per Dio con il suo sangue "uomini di ogni tribù, lingua, popolo e nazione". Egli è degno di prendere il libro della vita e di aprirne i sigilli perché la giustizia di Dio, che è primariamente misericordia, possa seguire il suo corso. È il cantico di ogni credente che vuol finalmente levare il capo in quanto vede vicina la sua liberazione (cfr. Lc 21, 28): è il cantico di chi ha combattuto con gioia "la buona battaglia" della fede (cfr. 2 Tm 4, 7); è il cantico che ognuno di noi può far proprio nella misura in cui, aderendo al Regno di Dio, riconosciamo in Cristo la fonte della nostra salvezza, Colui che nel Sangue dell'Alleanza "ha fatto dei due un popolo solo. Per mezzo di lui possiamo presentarci, gli uni e agli altri, al Padre in un solo Spirito" (Ef 2, 14, 18).

NT 20

cfr. APOCALISSE 11, 17-18; 12, 10b-12a

HANNO VINTO PER IL SANGUE DELL'AGNELLO

17 Noi ti rendiamo grazie,
Signore Dio onnipotente, *
che sei e che eri,

perché hai messo mano
alla tua grande potenza, *
e hai instaurato il tuo regno.

18 Le genti fremettero, †
ma è giunta l'ora della tua ira, *
il tempo di giudicare i morti,

di dare la ricompensa ai tuoi servi, †
ai profeti e ai santi *
e a quanti temono il tuo nome, piccoli e grandi.

10 Ora si è compiuta la salvezza,
la forza e il regno del nostro Dio *
e la potenza del suo Cristo,

poiché è stato precipitato l'accusatore; †
colui che accusava i nostri fratelli, *
davanti al nostro Dio giorno e notte.

11 Essi lo hanno vinto per il sangue dell'Agnello †
e la testimonianza del loro martirio *
perché hanno disprezzato la vita fino a morire.

12 Esultate, dunque, o cieli, †
rallegratevi e gioite, *
voi che abitate in essi.

Il cantico che ci è appena stato proposto è un inno di ringraziamento al Padre per l'instaurazione del suo Regno. Il credente che con fiducia e perseveranza ha pregato: "Venga il tuo regno" assiste ora esultante al suo definitivo compimento e per questo esplode in un atto di riconoscenza. È il tempo del giudizio e del premio per i servi di Dio che hanno vissuto nel suo santo timore; è il trionfo della Chiesa che, nel Sangue dell'Agnello, ha finalmente sconfitto il dominio di satana nel mondo e in Gesù Vincitore ha debellato le forze del male. Sembra di sentire, a questo proposito le parole di Gesù: "Tu sei Pietro e su questa pietra edificherò la mia chiesa e le porte degli inferi non prevarranno contro di essa" (Mt 16, 18) ed ancora ci sembra di veder fiorire innanzi a noi la Chiesa nei suoi primi tempi, rinsaldata e fortificata dalle persecuzioni e dalla suprema testimonianza dei martiri, coloro cioè che "hanno disprezzato la vita fino a morire".
Contempliamo, così, il cammino impervio ed accidentato della Sposa di Cristo che si prepara attraverso i secoli all'incontro con il suo Amato per essere introdotta per sempre nelle sue stanze. Lo Spirito Santo ci sta, dunque, preparando in questi ultimi tempi affinché le nostre lampade siano accese (cfr. Mt 25, 7) e ciascuno di noi abbia l'abito adatto per le nozze. "Esultate, dunque, o cieli, rallegratevi e gioite, voi che abitate in essi".

NT 21

cfr. APOCALISSE 15, 3-4

TUTTE LE GENTI VERRANNO A TE E SI PROSTRERANNO

3 Grandi e mirabili sono le tue opere, †
o Signore Dio onnipotente; *
giuste e veraci le tue vie, o Re delle genti!

4 Chi non temerà il tuo nome, †
chi non ti glorificherà, o Signore? *
Tu solo sei santo!

Tutte le genti verranno a te, Signore, †
davanti a te si prostreranno, *
perché i tuoi giusti giudizi si sono manifestati.

È un inno di lode a Dio Onnipotente per la sua santità, la sua giustizia e la grandezza delle sue opere. Allora, alla fine dei tempi, "Tutte le genti" verranno a lui, davanti a lui si prostreranno. Sì, perché Dio è degno della nostra lode. Acclamiamo, dunque, con l'apostolo Paolo: "Nel nome di Gesù ogni ginocchio si pieghi nei cieli, sulla terra e sotto terra ed ogni lingua proclami che Gesù Cristo è il Signore a gloria di Dio Padre" (Fil 2, 10-11).

NT 22

cfr. APOCALISSE 19, 1. 2. 5. 6. 7

LE NOZZE DELL'AGNELLO

1 Alleluia.
Salvezza, gloria e potenza sono del nostro Dio; *
2 veri e giusti sono i suoi giudizi.

Alleluia.
5 Lodate il nostro Dio, voi tutti suoi servi, *
voi che lo temete, piccoli e grandi.

4 Alleluia.
Ha preso possesso del suo regno il Signore, *
il nostro Dio, l'Onnipotente.

Alleluia.
7 Rallegriamoci ed esultiamo, *
rendiamo a lui gloria.

6 Alleluia.
Sono giunte le nozze dell'Agnello; *
la sua sposa è pronta.

È un inno che proclama la salvezza che viene da Dio in virtù della quale sono attribuite all'Onnipotente potenza e gloria. È il cantico dei credenti che lodano Dio: "Ha preso possesso del suo regno il Signore, il nostro Dio, l'Onnipotente". Radunati intorno alla mensa del cielo, i beati celebrano le nozze dell'Agnello con la sua sposa, la santa Chiesa; che alla fine dei tempi sarà "pronta"; cioè tutta gloriosa, senza macchia né ruga o alcunché di simile, ma santa e immacolata" (Ef 5, 26-27). Ogni membro della Chiesa è chiamato a prepararla per questo sposalizio con Cristo, con la testimonianza della propria vita, rendendo la stessa Chiesa sempre più bella e più gradita al suo Sposo.

SHALOM
editrice

"Quello che vi dico nelle tenebre ditelo nella luce, e quello che ascoltate all'orecchio predicatelo sui tetti (Mt 10,27). Il tema riprende le parole di Gesù stesso e non potrebbe essere altrimenti perché noi predichiamo Cristo soltanto (...). Oggi proclamare la fede dai tetti significa proclamare la Parola di Gesù nel mondo dinamico delle comunicazioni sociali e attraverso di esso".

Giovanni Paolo II

In questi tempi in cui la nostra fedeltà all'unica Chiesa di Cristo, è messa a dura prova è essenziale accogliere nella nostra esperienza cristiana la sottomissione, l'obbedienza e la comunione con il Papa, vivificati dal vincolo di amore trinitario e incoraggiati e guidati da Maria. Il Papa ha rinnovato l'invito a proclamare la parola di Dio "sui tetti", cioè utilizzando i mezzi di comunicazione e le tecnologie che il mondo attuale ci offre e l'Editrice Shalom si sente chiamata in prima persona a dar corpo all'invito attraverso la pubblicazione e la diffusione di libri religiosi.

Le pagine che seguono propongono testi ortodossi (cioè scritti in assoluta obbedienza alle leggi della Chiesa Cattolica) editi dall'Editrice SHALOM, casa editrice cattolica e mariana, che si prefigge di promuovere la preghiera tra il maggior numero possibile di lettori e di ristabilire il culto Eucaristico, al centro della vita umana sull'esempio dei primi cristiani: "assidui nell'ascoltare l'insegnamento degli apostoli e nell'unione fraterna, nella frazione del pane e nelle preghiere" (Atti 2,42). Infatti, solo tornando alla purezza e alla radicalità del Vangelo, come facevano le prime comunità cristiane, ogni credente, potrà recuperare un ruolo incandescente nel mondo contemporaneo; potrà riscoprire il coraggio dell'essere 'lievito del mondo' e membro del 'corpo di Cristo': la Chiesa ad imitazione del suo capo "rovina e resurrezione di molti, segno di contraddizione" (Lc 2,34).

Per rendere attuabile questo progetto l'Editrice pur essendo una società commerciale ha rinunciato ad ogni fine di lucro e non riconosce a nessuno alcun tipo di diritto d'autore (né patrimoniale né morale) su testi, traduzioni, foto, disegni ed illustrazioni di ogni tipo. Questa iniziativa viene sviluppata allo scopo di contribuire al trionfo del Cuore Immacolato di Maria, nella certezza di poter servire al Regno di Dio, partecipando alla fede e all'obbedienza di Maria, Serva e Madre del Signore, affidandosi totalmente alla sua protezione insieme a quella di San Giuseppe e di San Michele Arcangelo.

“Pregate, pregate, pregate”

Formato cm. 12 x 19
Pagine 480
Prezzo € 5,00

Collana:
La Madre di Dio

codice 8100

Un libro di Suor Maria Gabriella Turrin dell’Annunciazione.

Propone preghiere, coroncine, consacrazioni, suppliche e novene riunite in una ricchissima raccolta divisa per argomenti dei quali citiamo:

- Padre
- Figlio
- Spirito Santo
- Beata Vergine Maria
- Santa Famiglia
- Angeli
- Santi

Mons. Nicola Rotunno, Nunzio Apostolico e Vescovo, in una sua lettera ha così descritto il libro:“...La gente onesta si ritrova in un deserto arido di valori umani, smarriti senza forza, senza sapere quale strada percorrere. I credenti in Gesù, Figlio di Maria-Vergine-Madre, Figlio di Dio, sapranno trovare nel libro Pregate, Pregate, Pregate la voce di Dio che rinfranca, che indica il giusto cammino. Questo libro, nella scia del Concilio Ecumenico Vaticano Secondo, promuove il culto verso la Beata Vergine, ha in grande stima le pratiche e gli esercizi di pietà verso di Lei, raccomandati lungo i secoli dal Magistero della Chiesa, si astiene da falsa esagerazione, come pure dalla grettezza di mente.
La vera devozione non consiste né in uno sterile e passeggero sentimentalismo, né in una certa quale vana credulità, ma procede dalla fede vera e ci spinge alla imitazione di Maria, delle sue virtù”....

"Pregate il Rosario ogni giorno: pregate insieme"

Formato cm. 12 x 19
Pagine 256
Prezzo € 4,00

Collana: La Madre di Dio

codice 8102

Un libro di Padre Slavko Barbaric ofm che comprende:

- I Misteri della Gioia
- I Misteri del Dolore
- I Misteri della Gloria
- I Misteri della Luce

Espressi e commentati da ben otto meditazioni

- Consacrazioni alla Santissima Trinità, ai Cuori di Gesù e di Maria.
- Le preghiere di ogni giorno.
- Verità principali della fede cristiana.

"Desidero suggerire la recita del Rosario ai singoli, alle famiglie, alle comunità cristiane ed affidare ad essa, ancora una volta, la grande causa della pace.
Siamo davanti ad una situazione internazionale gravida di tensioni, a tratti incandescente. In alcuni punti del mondo dove lo scontro è più forte si tocca con mano che a poco valgono i tentativi della politica, pur sempre necessari, se gli animi rimangono chiusi e non si è capaci di un nuovo sguardo del cuore per riprendere con speranza i fili del dialogo. Ma chi può infondere tali sentimenti se non Dio solo? È più che mai necessario che salga da tutto il mondo l'invocazione per la pace. Proprio in tale prospettiva, il Rosario si rivela preghiera particolarmente indicata. Esso costruisce la pace anche perché, mentre fa appello alla grazia di Dio, depone in chi lo recita quel germe di bene, dal quale si possono sperare frutti di giustizia e di solidarietà nella vita personale e comunitaria.
Quanta pace verrebbe assicurata nei rapporti familiari, se si riprendesse la recita del Santo Rosario in famiglia!"

Giovanni Paolo II

Codice 8103	Edizione tascabile (cm 10x14 - pag. 128)	**€ 2,00**
Codice 8234	Edizione tascabile (cm 10x14 - pag. 32)	**€ 1,50**
Codice 8252	I Misteri della Luce (cm 10x14 - pag. 96)	**€ 1,80**
Codice 7298	Pagellina rosario: Misteri della Luce	**€ 0,15**

“Pregate senza stancarvi mai”

Liturgia delle Ore

Formato cm. 12 x 19
Pagine 1000
Prezzo € 9,00

Collana: Il Padre

Un libro a cura di Padre Ferdinando Campana ofm

codice 8144

“È cosa lodevole (...) che la famiglia, santuario domestico della chiesa, oltre alle comuni preghiere celebri anche, secondo l’opportunità, qualche parte della liturgia delle ore, inserendosi così più intimamente nella chiesa ". Nulla deve essere lasciato intentato, perché questa chiara e pratica indicazione trovi nelle famiglie cristiane crescente e gioiosa applicazione (..) La celebrazione della liturgia delle ore è il culmine a cui può giungere la preghiera domestica”

Paolo VI

Con l’aiuto di colori, immagini e spiegazioni, finalmente un testo che rende facile pregare con la Liturgia delle Ore anche per chi non è “addetto ai lavori” o per chi non le ha mai recitate! La Liturgia delle Ore, infatti, non è una preghiera della Chiesa, ma è la Chiesa stessa che prega, per cui questo libro è immancabile nello “zaino” di ogni fedele. Spesso, infatti, lo si mette da parte perché considerato difficile o perché non lo si capisce...per questo motivo si è cercato di offrire uno strumento pratico e comprensibile per tutti!

Preghiere per l'Adorazione Eucaristica

Formato cm. 12 x 19
Pagine 448
Prezzo € 7,00

Collana: Il Figlio

Un libro di un sacerdote della Chiesa Cattolica che contiene tra gli altri:

- I miracoli Eucaristici: luoghi e date
- Canti eucaristici
- Coroncina e Rosario eucaristico
- Visita al Santissimo Sacramento
- L'Adorazione Eucaristica
- L'Ora Santa - le quarantore
- Liturgia delle Ore, Santa Messa, Processione eucaristica

codice 8141

"Con decisione unanime, si è stabilito di fare un'ora di adorazione tutte le sere. Viene esposto il Santissimo Sacramento, e tutte le suore, comunitariamente, fanno un'ora di adorazione. Quest'ora trascorsa davanti a Gesù non toglie nulla al nostro servizio. Ci ha avvicinate le une alle altre, ha intensificato il nostro amore per i poveri, ha reso la presenza di Cristo più viva, più reale".

Madre Teresa di Calcutta

Codice 8273	Cofanetto con cod. 8141 e 8169	**€ 16,00**
Codice 8276	Preghiere prima e dopo la comunione (f.to 10x14 pag. 64)	**€ 1,50**

Preghiere per ottenere la Liberazione, la Guarigione e la Consolazione

Formato cm. 12 x 19
Pagine 448
Prezzo € 7,00

Collana: Il Figlio

Praticamente tre libri in uno:

1. Preghiere per ottenere la liberazione
- Alla santissima Trinità
- La liberazione materna di Maria

2. Preghiere per ottenere la guarigione
- Guarigione fisica e spirituale
- Guariti dall'amore di Gesù

3. Preghiere per ottenere la consolazione
- Consolati dalla santissima Trinità
- Amati dalla Beata Vergine Maria

codice 8169

Si tratta di un libro che invita a pregare, ma di per sé è tutto una preghiera; si tratta di un libro che prende vita dalla situazione contemporanea vissuta dall'uomo, e che rende più chiara la via da percorrere. **Preghiere di guarigione** perché in un mondo in cui l'interesse per il risanamento dell'uomo è aumentato a dismisura, a causa dell'ambiente inquinato e dallo stress della vita, la preghiera, come mezzo di risanamento, si innesta e si afferma provvidenzialmente nel contesto sociale. **Preghiere di liberazione** perché il mondo angelico, al vertice della sua positività o della sua negatività, vive e s'intreccia col mondo umano, e sono dunque a volte necessarie parole di liberazione da rivolgere umilmente al Padre, alla Vergine, agli angeli, ai santi. **Preghiere di consolazione** perché nessun uomo si senta solo, e sappia invece con certezza che Dio è presente con la sua misericordia, e che quanto più l'uomo è solo, tanto più Dio gli è vicino e lo fa sentire suo figlio.

Codice 8273 Cofanetto con cod. 8141 e 8169 **€ 16,00**

Preghiere al Preziosissimo Sangue di Gesù Cristo

Formato cm. 12 x 19
Pagine 256
Prezzo € 5,00

Collana:
Il Figlio

Un libro di un sacerdote della Chiesa Cattolica che contiene:

- Preghiere al Preziosissimo Sangue
- Consacrazioni al Preziosissimo Sangue
- Offerte al Preziosissimo Sangue
- Coroncine al Preziosissimo Sangue
- Litanie al Preziosissimo Sangue
- Giaculatorie al Preziosissimo Sangue
- Novene al Preziosissimo Sangue

codice 8158

"Questa umanità, non di rado ferita dall'odio e dalla violenza, ha più che mai bisogno di sperimentare l'efficacia del Sangue redentore di Cristo. Quel Sangue che, sparso non invano, porta in sé tutta la potenza dell'amore di Dio, è pegno di speranza, di riscatto, di riconciliazione. Ma per attingere da questa sorgente bisogna tornare alla Croce di Cristo, fissare, lo sguardo sul Figlio di Dio, sul suo cuore trafitto, su quel sangue versato".

Giovanni Paolo II

Preghiere al Sacratissimo Cuore di Gesù

Formato cm. 12 x 19
Pagine 448
Prezzo € 7,00

Collana: Il Figlio

Un libro di un sacerdote della Chiesa Cattolica che contiene:

- Atti di consacrazione
- Atti di riparazione
- Coroncine, novene e rosari al Sacro Cuore di Gesù
- La pratica dei nove primi venerdì del mese
- Liturgia delle Ore e Santa Messa

codice 8186

"Io ti prometto, nell'eccesso della Misericordia del mio Cuore, che il mio Amore Onnipotente concederà a tutti quelli che si comunicheranno il Primo Venerdì del mese per nove mesi consecutivi, la grazia della penitenza finale. Essi non moriranno in mia disgrazia, né senza ricevere i Sacramenti e il mio Cuore sarà loro asilo sicuro in quell'ora estrema".

Gesù a santa Maria Margherita Alacoque

Gesù ci promette che basta fare bene i "Primi Nove Venerdì" per non morire in peccato mortale: questa è la **Grande Promessa**, è la certezza della gioia del paradiso che il Sacro Cuore dà ad ognuno di noi!
Il Sacro Cuore ha promesso e non può tradirci, non può non ascoltare le nostre richieste per cui si hanno un gran numero di testimonianze sui miracoli che la devozione al Sacro Cuore produce: riavvicina coppie in crisi, riunisce famiglie divise, genera guarigioni.

Gesù, confido in Te

• Le preghiere di Suor Faustina
• Il culto della Divina Misericordia

Formato cm. 12 x 19
Pagine 256
Prezzo € 5,00

Collana: Il Figlio

codice 8130

Un libro tratto dal diario della Santa Faustina Kowalska e preparato dalla Congregazione delle Suore della Beata Vergine Maria della Misericordia che propone:

1. Forme di culto della Divina Misericordia
2. L'immagine di Gesù misericordioso
3. La Festa della Divina Misericordia
4. Novena
5. Coroncina
6. L' Ora della Misericordia
7. Via Crucis
8. La diffusione del culto della Divina Misericordia
9. Preghiere varie, Santo Rosario e Litanie.

"Oggi voglio solennemente affidare il mondo alla Divina Misericordia. Lo faccio con il desiderio ardente che il messaggio dell'amore misericordioso di Dio, proclamato mediante santa Faustina, giunga a tutti gli abitanti della terra e ne riempia i cuori di speranza".

Giovanni Paolo II, 17 agosto 2002

Oltre a presentare il contenuto e le forme del messaggio e del culto della Divina Misericordia, il libro ha la particolarità, forse unica, di offrire le preghiere di Santa Faustina permettendo a ciascuno di rivolgersi al Signore con lo stesso calore, intimità e amore con cui lei stessa, cuore innamorato di Gesù, ha dialogato con lui.

Codice 8131	Jesus, I trust in You! (inglese)	**€ 4,00**
Codice 8132	Jesus, confio en Ti (spagnolo)	**€ 4,00**

L'imitazione di Cristo

Formato cm. 12 x 19
Pagine 448
Prezzo € 7,00

Collana: Il Figlio

Traduzione del testo originale in latino del prof. Giulio Olivo, note di Padre Silvano Bracci ofm

Il libro più letto e diffuso dopo la Bibbia.
Stampato in milioni di copie.
Tradotto in tutte le lingue.

codice 8123

"Nel nuovo millennio non si tratta di inventare un nuovo programma perché c'è già, è quello di sempre, raccolto nel vangelo e incentrato su Cristo. L'autore de 'L'Imitazione di Cristo' ebbe una grande intuizione: finalizzare tutta la vita cristiana nell'imitazione di Gesù"
Mons. Bertone

"L'Imitazione di Cristo" è un piccolo gioiello di teologia ascetica e mistica del Tardo Medio Evo, non da leggere, ma da meditare e sorseggiare. Se si accetta così può cambiare radicalmente la vita di una persona. L'uomo di oggi, rispetto alle cose dello spirito è un disabile: cieco, sordo e muto. Non è incline al sacrificio e rifugge da esso, ma per risollevarsi dal peccato due sono le ali di cui ogni uomo ha bisogno: l'amore e il sacrificio; questo è il segreto della santità: colui che ha vinto definitivamente il peccato che è "via, verità e vita" ci prende per mano per vincere noi stessi e il peccato che è in noi.

Codice 8272 Cofanetto con cod. 8123 e 8147 **€ 16,00**

Preghiere allo Spirito Santo

"Vegliate e pregate in ogni momento" (Lc 21,36)

Prossima edizione

Formato cm. 12 x 19
Pagine 448
Prezzo € 7,00

Collana:
Lo Spirito Santo

Un libro di un sacerdote della Chiesa Cattolica che contiene:

- *Preghiere*
- *Consacrazioni*
- *Coroncine*
- *Rosario dello Spirito Santo*
- *Novene*

codice 8177

"Vuoi essere felice? Lasciati guidare dallo Spirito Santo che ti condurrà attraverso i pericoli di questa vita alla perfetta visione.
Tutti abbiamo bisogno dello Spirito Santo: ne hanno bisogno gli innocenti per non peccare; ne hanno bisogno i peccatori per convertirsi e i giusti per ottenere la perseveranza. Ne hanno bisogno i ciechi perché Egli è luce, i deboli perché è sostegno e gli afflitti perché è Consolatore. Ne hanno bisogno i tiepidi perché Egli è fuoco celeste, gli aridi perché è fonte viva e gli erranti perché è guida che fa schivare ogni male; ne hanno bisogno tutti coloro che aspirano agli eterni gaudi del cielo perché Egli è il santificatore delle anime. Ne ha bisogno e massimo bisogno la società moderna, caduta nel fango di tutti i vizi e di tutti gli errori...".

Beata Elena Guerra

Purtroppo molto spesso preghiamo in modo sbagliato, chiediamo grazie materiali, anziché domandare il dono dello Spirito Santo. Teniamo, invece, presente che chi riceve lo Spirito Santo riceve tutto!

Novene in onore dello Spirito Santo

Formato cm. 12 x 19
Pagine 128
Prezzo € 3,00

Collana:
Lo Spirito Santo

Un libro di un sacerdote della Chiesa Cattolica

codice 8237

Ben sei novene tra cui scegliere!

"Quando sentiamo raffreddare il fervore nel cuore, dobbiamo subito fare una novena allo Spirito Santo per chiedere l'amore e la fede. Una volta fatta siamo pieni di desideri buoni: essi sono il soffio dello Spirito Santo che è passato sulla nostra anima e ha rinnovato tutto, come il vento che fonde le nevi e riconduce la primavera" .

Santo Curato d'Ars

Trattato della vera devozione a Maria

codice 8113

Formato cm. 12 x 19
Pagine 320
Prezzo € 5,00

Collana:
La Madre di Dio

Un libro di San Luigi Maria Grignion de Montfort tradotto dal testo originale da Padre Battista Cortinovis SMM

Stampato in milioni di copie.

Tradotto in tutte le lingue.

Nessuno può seguire, amare e imitare la Madonna senza aver letto più volte questo libro.

"...Spesso vedo davanti ai miei occhi un piccolo libricino con la copertina celeste macchiata di soda.... Quand'ero operaio alla Solvay, lo portavo con me, insieme con un pezzo di pane, per il turno del pomeriggio e di notte. Durante il turno di mattina era più difficile poter leggere. Durante il turno pomeridiano spesso leggevo quel libretto; si intitolava "Trattato della vera devozione alla Santissima Vergine...". Lo leggevo, se così si può dire, da capo alla fine e di nuovo da capo. Da quel libricino ho imparato cosa vuol dire la devozione alla Madonna...." Mentre prima mi trattenevo nel timore che la devozione mariana facesse da schermo a Cristo invece di aprirgli la strada, alla luce del trattato di Grignion de Montfort compresi che accadeva in realtà ben altrimenti. Il nostro rapporto interiore con la Madre di Dio consegue organicamente dal nostro legame col mistero di Cristo."

Giovanni Paolo II

Codice 8143	True Devotion to Mary (inglese)	**€ 5,00**

Il segreto di Maria

Formato cm. 10 x 14
Pagine 128
Prezzo € 3,00

Collana:
La Madre di Dio

Un libro di San Luigi Maria Grignion de Montfort tradotto dal testo originale da P. Battista Cortinovis SMM

codice 8226

"San Luigi Maria Grignion de Montfort non propone una teologia senza influsso nella vita concreta e nemmeno un cristianesimo per procura; senza assunzione personale degli impegni derivanti dal battesimo. Al contrario, egli invita ad una spiritualità intensamente vissuta; stimola ad un dono, liberamente e consapevolmente deciso, di sè a Cristo e, mediante lui, allo Spirito Santo e al Padre".

Giovanni Paolo II

Il libro che il lettore ha in mano quando legge "Il segreto di Maria" è un libro piccolo di mole ma denso di contenuto e che ha un fine tutto particolare. "Il segreto di Maria" vuole scoprire il ruolo speciale della Madre del Signore nel mistero della salvezza, ed il modo di riconoscerlo attraverso un autentico rapporto con Lui. È un libro che vuole svelare un segreto, quel segreto a cui si giunge tramite la fede, che si percepisce nell'ascolto dello Spirito, e si comprende solo vivendo la vita cristiana. Un segreto semplice: "non si può essere cristiani senza essere mariani" (Paolo VI); non si può giungere alla maturità spirituale senza sintonizzarsi con Colei che ha trovato grazia presso Dio. Di qui, la via mariana come via sicura per orientarsi definitivamente a Cristo.

Codice 8263 The secret of Mary (inglese)		**€ 3,00**
Codice 8264 Le secret de Marie (francese)		**€ 3,00**
Codice 8265 El secreto de Maria (spagnolo)		**€ 3,00**
Codice 8266 Edizione in lingua tedesca		prossima edizione

Il segreto meraviglioso del Santo Rosario

Prossima edizione

Formato cm. 11 x 17
Pagine 192
Prezzo € 4,00

Collana:
La Madre di Dio

Un libro di san Luigi Maria Grignion de Montfort tradotto dal francese da Padre Battista Cortinovis SMM

"Guardo a voi tutti, fratelli e sorelle di ogni condizione, a voi, famiglie cristiane, a voi, ammalati e anziani, a voi giovani: riprendete con fiducia tra le mani la corona del Rosario, riscoprendola alla luce della Scrittura, in armonia con la Liturgia, nel contesto della vita quotidiana. Che questo mio appello non cada inascoltato!".

Giovanni Paolo II

Per il Montfort il Rosario è uno dei più grandi segreti venuti dal Cielo per irrigare i cuori e farvi germogliare la Parola di Dio. In modo semplice e vissuto il santo spiega il valore e il significato della preghiera più bella e cara alla tradizione e al cuore del Santo Padre.

Sulla tua Parola

Letture della Messa per seguire e vivere la Parola di Dio
Luglio-Agosto 2003

Formato cm. 10 x 14
Pagine 256
Prezzo € 3,00

Collana: Il Figlio

Un libro a cura di M. Margherita Asta, e della comunità Volontarie del Vangelo

Ogni libretto ti accompagna per due mesi e contiene:

- Le letture della Messa
- Spunti di riflessione e meditazione
- Propositi semplici per mettere in pratica la Parola

Tutte le letture del giorno, raccolte, due mesi per due mesi, commentate e attualizzate per seguire la Messa ed imparare a mettere in pratica la Parola ascoltata.

Prossima edizione

codice 8278

Questo libricino è un aiuto per seguire meglio e attentamente la Parola quando partecipi alla Santa Messa o l'ascolti per radio e TV. Oppure puoi usarlo per meditare con calma la Parola di Dio a casa per sapere cosa vuole ogni giorno il Signore da te. Per aiutarti a mettere in pratica la Parola ascoltala, ogni giorno troverai quattro modi per viverla:

Il modo del Cristiano. È l'impegno più semplice e alla portata di tutti.

Il modo del Discepolo, adatto per coloro che fanno un cammino di fede, che vivono secondo i consigli evangelici e hanno preso il Vangelo come unica regola di vita.

Il modo di Maria: un suggerimento per vivere la Parola insieme a Maria, pensando a come l'avrebbe vissuta Lei.

Il mio modo: ciò che il Signore ti suggeririsce durante la lettura attenta della Parola.

Codice 8279	Settembre-Ottobre 2003	prossima edizione
Codice 8280	Novembre-Dicembre 2003	prossima edizione
Codice 8281	Gennaio-Febbraio 2004	prossima edizione
Codice 8282	Marzo-Aprile 2004	prossima edizione
Codice 8283	Maggio-Giugno 2004	prossima edizione

La Consacrazione perfetta a Gesù Cristo per mezzo di Ma

Formato cm. 10 x 14
Pagine 128
Prezzo € 1,60

Collana:
La Madre di Di

Un libro di Padre Battista Cortinovis SMM

codice 8170

"Grande riconoscenza verso la Madonna per il suo tenero, materno amore e per l'aiuto che ha concesso a noi tutti. Consacriamo tutti insieme e totalmente la nostra vita a lei: sotto la sua guida e con il suo aiuto, ognuno di noi arriverà a formarsi nell'immagine di suo Figlio Gesù".

Madre Teresa di Calcutta

Preghiere ai dolori e alle lacrime della Madonna

Formato cm. 12 x 19
Pagine 192
Prezzo € 4,00

Collana:
La Madre di Dio

Un libro di un sacerdote della Chiesa Cattolica che comprende:

- Preghiere a Maria Addolorata
- Preghiere alla Vergine della Salette
- Suppliche ai dolori della Vergine
- Corona delle Lacrime della Madonna
- Via Matris
- Ora con la Desolata

codice 8182

I racconti evangelici non ricordano mai il pianto della Madonna, e non ci è dato di conoscere le sue lacrime di dolore nella notte di Betlemme, quando era giunto il momento di dare alla luce il Figlio di Dio, e neppure sul Golgota, così come non ci è dato conscere le sue lacrime di gioia. A ciò che le Sacre Scritture non accennano, supplisce l'intuizione della fede. Le preghiere contenute in questo libro sono un modo per avvicinarsi ancora di più alla Santissima Vergine, per chiederle aiuto, protezione, ma anche e soprattutto perdono per averla fatta piangere a causa dei nostri peccati, Lei, creatura così santa, così buona, così innocente.

Le devozioni contenute in questo libro si recitano servendosi di due Rosari speciali:
"Corona delle Lacrime" cod. 4430
"Corona dell'Addolorata" cod. 4431

Preghiere con gli Angeli

Formato cm. 12 x 19

Pagine 480

Prezzo € 7,00

Collana:
Gli Angel

Un libro di un sacerdote della Chiesa Cattolica che contiene ***preghiere, tridui, novene, coroncine, rosari e molte altre devozioni*** *con cui ci si può rivolgere:*

- Ai Cori Angelici
- Agli Arcangeli
- A San Michele Arcangelo
- All'Angelo Gabriele
- All'Angelo Raffaele
- All'Angelo Custode

codice 8127

Gli angeli hanno nella nostra vita una responsabilità che non possiamo immaginare: dall'infanzia, fino all'ora della morte, la vita umana è circondata dalla loro protezione e dalla loro intercessione. Ma chi sono gli angeli? In tutto il loro essere sono servitori e messaggeri di Dio, e per il fatto che "vedono sempre la faccia del Padre" (Mt 18,10), sono potenti esecutori della sua parola e dei suoi comandi. Sono creature puramente spirituali, e dunque dotate di intelligenza e volontà; ma sono altresì creature personali ed immortali, che superano in perfezione tutte le creature visibili. Essi accompagnano l'uomo fin dalla creazione e lungo tutta la sua storia, annunciando la salvezza. La stessa vita del Verbo divino, dall'Incarnazione all'Ascensione, è circondata dall'adorazione e dal servizio degli angeli. Questo libro di preghiere con gli angeli è un aiuto prezioso per avvicinarci a queste creature e per imparare ad amare, invocare e rispettare questi fedeli amici degli uomini, che condurranno tutti noi alla Vita.

Angeli, Demòni e Regno di Dio

Formato cm. 11 x 17
Pagine 384
Prezzo € 5,00

Collana: Gli Angeli

Un libro di un sacerdote della Chiesa Cattolica che contiene numerosi spunti di riflessione sugli angeli e sui demoni tratti da:

- Sacra Scrittura
- Catechismo e Magistero
- Testimonianze dei Santi
- Gustosi esempi di vita vissuta

Scritto in un linguaggio semplice e piacevole, si legge bene e con la tranquillità che ogni parola è stata scritta nel totale rispetto dell'ortodossia cattolica e in obbedienza alla Santa Chiesa.

codice 8164

"Vattene satana!" (Mc 4,10). L'atteggiamento deciso del Messia costituisce per noi un esempio ed un invito a seguirlo con coraggiosa determinazione. Il demonio "principe di questo mondo" (Gv 12,31) continua anche oggi la sua subdola azione. Ogni uomo, oltre che dalla propria concupiscenza e dal cattivo esempio degli altri è tentato anche dal demonio e lo è ancor più quando meno se ne avvede. Quante volte con leggerezza egli cede alle fallaci lusinghe della carne e del maligno e sperimenta, poi, amare delusioni! Occorre rimanere vigilanti per reagire con prontezza ad ogni attacco della tentazione.
La Chiesa, esperta maestra di umanità e santità, ci addita strumenti antichi e sempre nuovi per il quotidiano combattimento contro le suggestioni del male: sono la **preghiera**, i **sacramenti**, la **penitenza**, l'**ascolto attento della Parola di Dio**, la **vigilanza** e il **digiuno**. (...) Per partecipare appieno alla vittoria di Cristo occorre impegnarsi a **cambiare**, alla luce della Parola di Dio, il proprio modo di pensare e di agire.

Giovanni Paolo II

Le potenze malefiche

Formato cm. 11 x 17
Pagine 256
Prezzo € 5,00

Collana: Gli Ange

Un libro dell'esorcista Don Raul Salvucci che contiene numerosi spunti di riflessione sull'opera del Maligno divisi in tre parti:

- Le potenze malefiche esistono
- Come operano le potenze malefiche
- Solo Gesù ci salva

La nuova edizione contiene anche un'interessante Appendice dal titolo "I tre pericoli del terzo millennio: maghi, oroscopi e sette"

codice 8167

"È vivo nell'uomo il desiderio di conoscere il senso e la dinamica degli eventi personali e comunitari in cui si trova implicato. Vorrebbe sapere prima quel che succederà poi, così da non essere colto di sorpresa. Gesù però non ha mai assecondato questa curiosità. Gesù ci esorta a non investigare inutilmente su ciò che è riservato a Dio, che è appunto il corso degli eventi".

Giovanni Paolo II

Partendo dal presupposto che il futuro è solo nelle mani di Dio, verità fondata sulla nostra fede e dimostrata evidenza quotidiana, si offriranno ulteriori prove tratte dalla cronaca e dagli eventi recenti per ribadire, come se ancora ce ne fosse bisogno, che nessun uomo può anticipare il futuro!
Lo stesso CICAP (Comitato Italiano per il Controllo delle Affermazioni sul Paranormale, fondato nel 1989 da Piero Angela, a cui aderiscono Silvio Garattini, Rita Levi Montalcini e Carlo Rubbia) ha rivelato come le previsioni dei sedicenti maghi per il 2001 non se ne siano verificate neanche una!

Preghiere per le Anime dei nostri defunti in Purgatorio

Formato cm. 12 x 19
Pagine 448
Prezzo € 7,00

Collana:
Le anime del Purgatorio

Un libro a cura di un sacerdote della Chiesa Cattolica
che offre una dettagliata raccolta di:

- preghiere,
- rosari,
- meditazioni
- pratiche indulgenziate

Esse diminuiscono l'intensità e abbreviano la durata delle pene del Purgatorio.

codice 8147

Se amiamo veramente i nostri cari che non sono più tra noi, il più grande regalo che possiamo donare è cercare di liberare le loro anime dalle pene del Purgatorio: le loro Anime care sono lontane dai nostri occhi, ma non lo sono certo dai nostri cuori! L'offerta della Santa Messa e dell'Eucaristia, la recita del Santo Rosario e ogni preghiera per loro, dona ad esse sollievo e avvicina il momento della liberazione definitiva.
Le Anime dei nostri cari desiderano ardentemente e solamente la completa purificazione e la visione del Regno dei Cieli, rivedere il volto di Gesù Cristo; le Anime che si trovano in Purgatorio non possono però ridurre le proprie sofferenze da sole perché la loro prova terrena è ormai conclusa.
Solo noi possiamo aiutarle ed esse, dal canto loro, possono aiutarci e ricompensarci ottenendoci grazie indicibili!

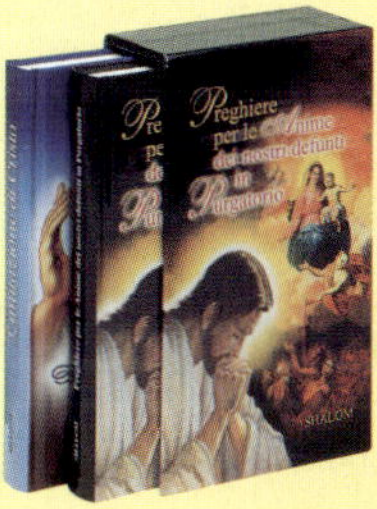

Codice 8272	Cofanetto con cod. 8123 e 8147	**€ 16,00**